"Consultoria Infalível não é apenas um livro prático, útil e convidativo para praticantes. É tudo isso mas também é um livro sobre algumas das questões mais vexatórias que enfrentamos quando damos consultoria a organizações — questões de resistência, verdade, dúvida, vulnerabilidade e responsabilidade. Se você se vê dando conselho a pessoas que estão fazendo escolhas, então este livro é obrigatório. Compre-o hoje, use-o amanhã."

— **Jim Kouzes**, coautor premiado dos livros *The Leadership Challenge* e *The Truth About Leadership*, executivo da reitoria e professor titular de Liderança na Leavey School of Business, Santa Clara University

"Consultoria é, em sua melhor acepção, ação e interação, relacionamentos e resultados. Em um guia de leitura altamente recomendável que é tanto inspirador quanto prático, Peter Block conduz o consultor e o cliente juntos por uma abordagem comprovada para realizarem seu futuro."

— **Samuel R. Strickland**, diretor financeiro e administrativo, Booz Allen Hamilton

"Este livro ultrapassa os elevados padrões de relevância, clareza e sabedoria característicos de versões anteriores... Quer a experiência que se tem em consultoria seja de cinco ou de cinquenta anos, há muito nesta nova edição que nos leva a refletir sobre nossas próprias práticas e a discutir com os colegas."

— **Roger Harrison**, Consultor independente e autor de *Consultant's Journey: A Dance of Work and Spirit* e *The Collected Papers of Roger Harrison*

"Peter Block escreveu uma terceira edição excepcional de sua obra-prima, *Consultoria Infalível*. Adições importantes à terceira edição são as estratégias baseadas na força que muitos estão começando a usar... para resolver problemas aparentemente sem solução em assistência médica e em outros setores. Eles são descritos no novo Capítulo 12 e formam um fio comum que corre por todo este livro inovador."

— **Jon C. Lloyd, Md, FACS**, colaborador sênior, Positive Deviance Initiative; conselheiro clínico, Plexus Intitute

"Peter mostra por que as versões anteriores do livro são profundamente valorizadas por aqueles que as leram. As atualizações nesta edição... mostram as premissas do livro. *Consultoria Infalível* é da maior importância para aqueles que desejam dominar as complexidades da consultoria."

— **Larry Browning**, professor titular, Departament of Communication Studies, University of Texas, Austin; professor adjunto de administração. Bodo Graduate School of Business, Bodo, Noruega

"Minha empresa usa este livro como guia básico para habilidades de consultoria. É interessante que nossos consultores mais experientes valorizam as ideias inovadoras de *Consultoria Infalível*. O livro fez uma grande diferença na maneira como pensamos sobre o trabalho com os clientes."

— **Tonnes Ingebrigtsen**, CEO, mnemônico

"Toda nova história e novas ideias nesta terceira edição de *Consultoria Infalível* é repleta de sabedoria para qualquer um que esteja aprendendo sobre a arte da influência. Com a voz calorosa, gentil de um amigo confiável, Peter orienta, incita e inspira."

— **Arvinder S. Dhesi**, diretor de talento em grupo, Aviva

"Esta nova edição de *Consultoria Infalível* é altamente relevante aos educadores de todos os níveis que levam a sério a reforma educacional. Professores e alunos podem abandonar seus papéis e se engajar autenticamente com a descoberta e o diálogo sobre expectativas mútuas. Peter também nos ajuda a confiar em nossa sensibilidade para seguir o que sabemos que faz sentido. Eu recomendo altamente esta nova edição para meus colegas na área de educação."

— **David W. Cox**, professor de educação, Arkansas State University

"Peter Block conseguiu outra vez! Com esta edição de *Consultoria Infalível* ele demonstra por que continua a inspirar milhões de líderes em mudança do mundo todo. Nossa prática tem mais impacto por causa dos ensinamentos de Peter."

— **Louise van Rhyn**, ativista e construtora da nação, África do Sul

"...Este livro é muito especial por ter me equipado para ser um capacitador de transformações, ajudando a nós e a nossos clientes a trabalharmos como verdadeiros parceiros para alcançar o bem-estar de todas as partes interessadas."

— **Anil Sachdev**, fundador e CEO de Grow Talent Company e da School of Inspired Leadership, Gurgaon, Índia.

"A obra-prima de Peter Block, *Consultoria Infalível* em 1980 formou meu ponto de vista sobre organizações em desenvolvimento. Este livro é o ponto alto — você não pode deixar de lê-lo."

— **Phil Harkins, CEO, Linkage Inc.**

"... Há ideias úteis e preciosas em *Consultoria Infalível.* Neste guia prático, uma coisa que se destaca para mim é a ênfase de Peter na importância da consultoria do ponto de vista das possibilidades e não dos problemas."

— **Marcia Mendes-d'Abreu**, vice-presidente, Recursos Humanos, Plano de Pensão dos Professores de Ontário

Nota do Editor

Consultoria Infalível é a tradução da terceira edição do livro *Flawless Consulting*, de Peter Block, cuja primeira edição foi publicada pela então Makron Books em 1991 sob o título de *Consultoria - o Desafio da Liberdade*. Esta nova edição inclui atualizações, comunicações no mundo virtual e novos *cases*.

CONSULTORIA INFALÍVEL

UM GUIA PRÁTICO,
INSPIRADOR E ESTRATÉGICO

PETER BLOCK

CONSULTORIA INFALÍVEL

UM GUIA PRÁTICO, INSPIRADOR E ESTRATÉGICO

TERCEIRA EDIÇÃO

PETER BLOCK

Ilustrado por Janis Nowlan

M. BOOKS

M.Books do Brasil Editora Ltda.

Rua Jorge Americano, 61 - Alto da Lapa
05083-130 - São Paulo - SP - Telefones: (11) 3645-0409/(11) 3645-0410
Fax: (11) 3832-0335 - e-mail: vendas@mbooks.com.br

Dados de Catalogação na Publicação

Block, Peter
Consultoria Infalível: Um Guia Prático, Inspirador e Estratégico/Peter Block
2013 – São Paulo – M.Books do Brasil Editora Ltda.
1. Consultoria 2. Administração 3. Negócios

ISBN: 978-85-7680-196-2

Do original: Flawless Consulting: a Guide to Getting Your Expertise Used
Original publicado pela Pfeiffer

Editor
Milton Mira de Assumpção Filho

Tradutor
Maria Lúcia Rosa

Produção Editorial
Lucimara Leal

Coordenação Gráfica
Silas Camargo

Desenhos
Janis Nowlan

Editoração
Crontec

2013

Para Dorothy, com amor...

AGRADECIMENTOS

É uma satisfação ter a oportunidade de expressar formalmente meu reconhecimento àqueles que criaram os conceitos contidos neste livro.

Conceitualmente, o papel das habilidades interpessoais em organizações e o papel fundamental que o comportamento autêntico desempenha foram apresentados pela primeira vez por Chris Argyris. O que aprendi como aluno dele na agora famosa década de 1960 ainda é marcante e relevante.

Muitos de nós aprendemos a dar consultoria observando alguém fazer isso. Tive sorte logo no início do jogo de acompanhar Barry Oshry, Roger Harrison e Dick Walton. Eles são os melhores e me deram apoio acima e além do que seria o dever deles.

Tony Petrella, parceiro desde o começo, e Marv Weisborg deram contribuições tão profundas para meu entendimento das habilidades de consultoria que não consigo separar minhas ideias das deles. Só posso expressar minha gratidão pela valiosa parceria que tem perdurado e sido inestimável.

Neale Clapp contribuiu imensamente de duas maneiras. Ele ofereceu apoio incalculável e amizade, e reconheceu o valor da teoria e dos *workshops* sobre habilidades em consultoria muito antes de mim. Ao conduzir muitos dos primeiros *workshops*, Neale contribuiu conceitualmente para as primeiras seções do livro sobre a equipe ou o papel de assistência e continua sendo um amigo querido e muito próximo.

Os capítulos sobre resistência tornaram-se mais claros com o auxílio de Jim Maselko. Com habilidade e entusiasmo, Jim ajudou a dar vida às abordagens de consultoria representadas por este livro.

A primeira tentativa de escrever a versão original do livro foi feita em colaboração com Mike Hill. Embora o livro acabasse tomando uma direção diferente, Mike foi fundamental para dar início a ele. Suas marcas digitais permanecem em partes da primeira versão do livro.

Os conceitos básicos sobre contratação derivam da psicologia Gestalt. Eles foram esclarecidos em um *workshop* do qual participei, conduzido por Claire Reiker e Mike Reiker. A capacidade deles em apresentá-los com simplicidade e força foi um imenso presente.

Os desenhos do livro são de Janis Nowlan. Eu enviei a ela o manuscrito inicial para a primeira edição, a fim de ver se poderia dar vida à obra com ilustrações. Pensei ter lhe dado uma tarefa impossível. Os desenhos enviados por Janis foram incríveis. Expressam visualmente os conceitos de muitos *cases* de forma muito mais clara que todas as palavras que eu empreguei. Isto não deve ser surpresa visto que ela é experiente na área de desenvolvimento organizacional, além de ser uma executiva com excelente formação. Janis continuou a fazer novas ilustrações para este livro, além de atualizar parte da redação contida nas ilustrações e criar um novo "guarda-roupa" para as antigas. Trinta anos depois, o talento dela continua a agraciar as páginas com novos *insights* e criatividade.

Agradeço a Ray Bard, que foi meu editor quando o livro começou. Ray acreditava que o livro seria possível quando eu pensei ter apenas algumas anotações para fazer um caderno de atividades para os participantes de *workshops*. O editor que adquiriu os direitos da obra, Matt Davis, com Jossey-Bass/Pfeiffer/Wiley, foi muito paciente comigo e seu apoio e incentivo levaram diretamente a esta edição.

Meus agradecimentos a Phil Grosnick, Bill Brewer e aos associados da Designed Learning. Eles conduziram e deram vida aos *workshops*

Habilidades em Consultoria Infalível que conduzimos no mundo todo. O grosso deste livro documenta a teoria que apresentamos nos *workshops*. A maioria dos conceitos surgiu como resposta às perguntas de pessoas que estavam aprendendo sobre consultoria. Sou grato também aos participantes dos *workshops* por sua paciência quando os conceitos estavam confusos e à disposição deles para nos ajudar a articular o processo de consultoria a partir de sua própria experiência.

Como em toda edição original, Leslie Stephen me ajudou na revisão dos originais. Este é o oitavo livro que ela me ajudou a revisar. Leslie apoia minhas ideias e dá estrutura, clareza e um profundo entendimento a tudo o que ela toca. Obrigado como sempre a Maggie Rogers, que faz tudo acontecer. Ela é excelente. Meus agradecimentos também a Beverly Miller, que fez a revisão desta edição, a Paula Goldstein que fez a diagramação do interior e a Susan Geraghty que dirigiu a produção da edição em inglês.

Meu pensamento sobre o poder da conversa sempre foi influenciado por minha ligação com o falecido Joel Henning. Dirigimos muitos *workshops* juntos e sinto falta dele. Os capítulos sobre implementação nesta edição foram imensamente influenciados por minha ligação com a Association for Quality and Participation School for Manageing and Leading Change. A escola foi o laboratório onde as novas ideias foram testadas. As ideias sobre planejar experiências de grupo foram influenciadas pela observação de Jill Hanov, que faz tão bem o seu trabalho. Sou extremamente grato à falecida Kathuie Dannemiller e seus funcionários na Dannemiller-Tyson Associates. Eles tinham um entendimento profundo sobre como funcionavam grandes reuniões. Também Dick Axelrod e Emily Axelrod deram um toque mágico ao seu trabalho com The Conference Model. Dick escreveu seus próprios livros sobre engajamento, e o material deste livro surgiu de muitas conversas com ele que mudaram minha consciência sobre o assunto.

Todos nós que damos consultoria hoje devemos gratidão ao trabalho de Ed Schein. Ele foi um farol, um dos primeiros a dar orientação e esclarecimentos àqueles entre nós que pensavam em trabalhar na área de mudança organizacional. Ele tornou compreensível e explícito o processo de consultoria que mais tarde passou a ser parte central de minha maneira de trabalhar, e por isso sou muito grato. Finalmente, há duas novas vozes nesta edição, Paul Uhlig e Ward Mailliard. Eles são grandes amigos e inovadores em assistência médica e educação, respectivamente. Aprendo muito cada vez que estamos juntos.

SUMÁRIO

CAPÍTULO 1

UM CONSULTOR COM QUALQUER OUTRO NOME... 35

Algumas Definições e Distinções... 36

Habilidades Técnicas... 39

Identificação das Habilidades de Consultoria... 40

Habilidades Interpessoais... 40

Habilidades de Consultoria... 40

Fase 1: Entrada e Contratação... 40

Fase 2: Descoberta e Diálogo... 41

Fase 3: Análise e Decisão de Agir... 41

Fase 4: Engajamento e Implementação... 41

Fase 5: Extensão, Reciclagem ou Encerramento... 42

A Promessa de uma Consultoria Infalível... 44

CAPÍTULO 2

TÉCNICAS NÃO BASTAM... 47

Além do Conteúdo... 48

Responsabilidade... 48

Sentimentos... 49

Confiança ... 50
Suas Próprias Necessidades ... 50
Resumindo ... 50
Os Pressupostos do Consultor ... 51
A Solução de Problemas Requer Dados Válidos ... 52
Tomada de Decisão Efetiva Requer uma Escolha Livre e Aberta ... 52
A Implementação Efetiva Requer Compromisso Interno ... 53
Objetivo 1: Estabelecer uma Relação de Colaboração ... 53
Objetivo 2: Dê uma Solução Definitiva aos Problemas ... 53
Os Objetivos dos Consultores ... 53
Objetivo 3: Assegure que a Atenção Seja Dada Tanto ao Problema Técnico/Profissional quanto às Relações Pessoais ... 54
Desenvolver o Compromisso do Cliente — um Objetivo Secundário da Ação de cada Consultoria ... 55
Papéis Escolhidos Pelos Consultores ... 56
Papel de Especialista ... 57
Problemas ... 58
Papel de Implementador ... 59
Problemas ... 60
Papel de Colaborador ... 60
Problemas ... 61
A Colaboração e o Medo de Ficar de Mãos Dadas com o Cliente ... 62
Etapas do Envolvimento do Cliente, Passo a Passo ... 64
Etapa 1: Defina o Problema Inicial ... 64
Exemplo: Consultor de TI ... 64
Etapa 2: Decida Se Vai Prosseguir com o Projeto ... 65
Exemplo: Consultor de Serviços Financeiros ... 65
Etapa 3: Selecione as Dimensões a Serem Estudadas ... 65
Exemplo: Consultor de TI ... 65
Etapa 4: Decida Quem Será Envolvido no Projeto ... 66
Exemplo: Consultor de Serviços Financeiros ... 66
Etapa 5: Selecione o Método ... 66
Exemplo: Consultor de TI ... 66
Etapa 6: Faça Diagnósticos ... 67
Exemplo: Consultor de TI ... 67
Etapas de 7 a 9: Filtre e Entenda os Dados ... 68
Exemplo: Consultor de Serviços Financeiros ... 68

Etapa 10: Forneça os Resultados ... 68
Exemplo: Consultor de Serviços Financeiros ... 68
Etapa 11: Faça Recomendações ... 69
Exemplo: Consultor de TI ... 69
Etapa 12: Decida Quanto às Ações ... 69
Exemplo: Consultor de Serviços Financeiros ... 69

CAPÍTULO 3

CONSULTORIA INFALÍVEL ... 73

Ser Autêntico ... 73

Completando os Requisitos de cada Fase ... 77

Resultados ... 83

Responsabilidade ... 83

O Direito de Falhar ... 86

CAPÍTULO 4

VISÃO GERAL DA CONTRATAÇÃO ... 89

Contratação: O Conceito e a Habilidade ... 90
A Palavra: Contrato ... 91
Consentimento Mútuo ... 91
Considerações de Validade ... 92
Habilidades de Contratação ... 94
Aspectos de um Contrato ... 95
Os Limites de Sua Análise ... 96
Objetivos do Projeto ... 96
O Tipo de Informação Buscada ... 98
Seu Papel no Projeto ... 99
O Produto Oferecido ... 100
Suporte e Envolvimento do Cliente ... 101
Cronograma ... 101
Confidencialidade ... 102
Feedback que o Consultor Terá Mais Tarde ... 102
Regras Básicas para a Contratação ... 103

CAPÍTULO 5

A REUNIÃO DE CONTRATAÇÃO 105

Quem é o Cliente? 106

Conduzindo a Reunião de Contratação 108

- Etapa 1: Faça um Reconhecimento Pessoal 108
- Etapa 2: Diga que Entende Qual É o Problema 109
  - Reconheça os Aspectos Singulares da Situação 110
  - Diga, com Suas Próprias Palavras, como Vê o Problema 111
  - Assegure ao Gerente que Há Soluções para Este Problema Específico e Complicado e que Pode Ajudar 112
- Etapa 3. Desejos e Propostas do Cliente 112
- Etapa 4. O que o Consultor Espera e Tem a Oferecer 114
  - Pontos desejáveis 116
  - Traduzir Expectativas em Palavras 117
- O que o Consultor Tem a Oferecer (Continuação da Etapa 4) 120
- Etapa 5: Chegue a um Acordo 121
- Etapa 6: Peça *Feedback* do Controle e Compromisso 121
  - Testando o Compromisso do Cliente 122
  - Testando o Controle 122
- Etapa 7: Dê Suporte 123

Quando se Chega a um Impasse 124

- Etapa 8: Reafirme Ações 124
- Etapa 5-I. Impasse quanto ao que se Espera e o que se Tem a Oferecer 125
  - Reconhecendo Quando se Está num Impasse 125
- Etapa 6-I: Pense/Faça uma Pausa 129
- Etapa 7-I: Novas Expectativas e Propostas 130
- Etapa 8-I: Novo Impasse 130
- Etapa 9-I: Elabore Como Estamos Conduzindo Esta Discussão 131

O Problema em Dizer Não 132

- Etapa 10-I: Rediscuta Expectativas e Propostas 132
- Etapa 11-I: Ainda o Impasse – Encerre ou Minimize Seu Investimento 132

Verificação da Contratação 134

Vendendo Seus Serviços: Saber Vender Gera um Bom Contrato 135

- Reverta a Expressão das Expectativas 136
- Vender É Remover Obstáculos, Mais do que Acender Fogueiras 136
- Um Comentário sobre Tempo e Dinheiro 139

A Reunião como Modelo de Trabalhar 139
Como Avaliar o Sucesso 141
Vinte Minutos Antes do Fim da Reunião 141
Encerrando a Reunião de Contratação 141
Após a Reunião de Contratação 141

CAPÍTULO 6

AS AGONIAS DA CONTRATAÇÃO 143

Lidando com a Baixa Motivação 143
Negociação Permanente: A Mudança de Seu Papel 145
Outras Dificuldades Específicas 150
O Cliente Observador 150
Credenciais? Com Sua Experiência! 150
Mediador 150
Definir o Problema até o Fim: Um Erro Comum 151
O Mundo Virtual 152
Os Sentidos Estão Obsoletos 153
O *E-mail* Não Conta 154
A Eficiência Tem Custos Indiretos 154
Faça Distinções no Mundo Virtual 155

CAPÍTULO 7

O CONSULTOR INTERNO 159

Diferenças Importantes entre Consultores Internos e Externos 160
Triângulos e Retângulos 162
Expectativas do Seu Chefe 164
Contratos com Seu Chefe 165
Experimente Este Exercício 166

CAPÍTULO 8

ENTENDENDO A RESISTÊNCIA 167

As Faces da Resistência 168
Dê Mais Detalhes 169

Inundando Você de Detalhes ... 169
Tempo ... 170
Inviabilidade ... 170
Não Estou Surpreso ... 171
Ataque ... 171
Confusão ... 172
Silêncio ... 172
Intelectualizar ... 172
Moralizar ... 173
Respeito ... 174
Metodologia ... 174
Melhora Repentina ... 175
Pressionando para Obter Soluções ... 176
A que os Clientes Estão Resistindo Quando Resistem a Nós? ... 177
Controle ... 179
Preocupações Subjacentes ... 179
Vulnerabilidade ... 180
Preocupações Subjacentes ... 181
O Medo e o Desejo ... 182
Ser Dependente, Pedir Ajuda ... 183
Querer Confirmação, e Não Mudança ... 184
Ogros E Anjos ... 186
...E [Os Consultores] Heroicos ... 187

CAPÍTULO 9

LIDANDO COM A RESISTÊNCIA ... 189
Etapa 1: Captar Pistas ... 191
Confie no Que Vê e Não no que Ouve ... 191
Três Etapas para Lidar com a Resistência ... 191
Ouça a Si Mesmo ... 192
Ouça Repetições e Explicações ... 192
Etapa 2: Verbalizar a Resistência ... 193
Uma Dica para Encontrar as Palavras Certas ... 194
Etapa 3: Ficar Calado, Deixar o Cliente Responder ... 195
Não Leve para o Lado Pessoal ... 195

Respostas Sinceras ... 197
Consultoria a um Cliente Durão ... 197

CAPÍTULO 10
DO DIAGNÓSTICO À DESCOBERTA ... 201
Ainda é o Relacionamento que Conta ... 203
Convocação para Agir ... 206
O Problema Não é o Problema ... 210
Como o Problema está sendo Conduzido ... 213
Descoberta Infalível ... 215

CAPÍTULO 11
DESCOBERTA DO SISTEMA COMO UM TODO ... 217
Consultoria de Terceiros ... 218
Adotando a Abordagem do Sistema como um Todo ... 220
Sua Opção ... 221
Colocando A Descoberta do Sistema como um Todo para Funcionar ... 222
O Processo do Sistema como um Todo ... 222
Confiar no Processo ... 223
A Compensação ... 225

CAPÍTULO 12
DESCOBRINDO TALENTOS, CAPACIDADES E POSSIBILIDADES ... 227
Quando Tudo Falha ... 229
O Poder do Desvio Positivo ... 230
As Implicações do Desvio Positivo para a Consultoria ... 233
Um Exemplo do que está Funcionando ... 234
A Reforma da Assistência Médica em Ação ... 235
Renegociando o Contrato Social ... 236
Mudando a Conversa, Mudando a Cultura ... 238

O Sucesso Carrega Seu Próprio Conjunto de Desafios 241
A Verdadeira Natureza da Assistência Médica e da Consultoria 243

CAPÍTULO 13

ENTENDER O QUE ESTÁ ACONTECENDO 245

As Etapas para Entender o Todo 246
Uma Palavra sobre Distorções 250
Avaliando como a Situação Está Sendo Conduzida 251
A Entrevista de Descoberta 254
A Entrevista como Acontecimento de Aprendizagem Conjunta 254
Entrevistas Difíceis 254
Níveis de Análise 255
Sua Experiência como Dados 258

CAPÍTULO 14

PREPARAÇÃO PARA O *FEEDBACK* 261

Uma Síntese Clara Pode Ser Suficiente 261
Resumindo os Dados 262
Não Seja Conivente 263
O que Você Deve e o que Não Deve Fazer 263
Não Projete 264
Apoie as Expectativas do Cliente 264
Confronte 265
Assertividade 265
Como Apresentar a Síntese 265
Agressividade 266
Não assertividade 266
O Objetivo: Assertividade e Autenticidade 266
Apresentando o Quadro... Como um Julgamento no Tribunal 268
O Consultor como Juiz 268
O Consultor como Júri 268
O Consultor como Promotor 268
O Consultor como Réu 269

O Consultor como Testemunha 269
Apoio e Conforto 270

CAPÍTULO 15

CONDUZINDO A REUNIÃO PARA A AÇÃO 273

Como Apresentar o Quadro da Situação 274
Estruturando a Reunião 275
Passos 1 e 2: Reafirme o Contrato Original; Enuncie a Pauta/Estrutura da Reunião 277
A Reunião para Ação, Passo a Passo 277
Passos 3 e 4: Apresente o Quadro e dê Recomendações 278
Passo 5: Espere o Cliente Reagir 280
Passo 6: No Meio da Reunião, Pergunte ao Cliente: "Era Isto o que Você Queria?" 282
Passo 7: Decisão de Prosseguir 283
PASSOS 8, 9 e 10: Procure identificar as Preocupações do Cliente sobre Controle e Compromisso, Pergunte a Si Mesmo Se Conseguiu o Que Queria, Dê Apoio 284
Uma Recapitulação 285
Resistência na Reunião 286
Quando os Integrantes do Grupo Não estão Entrosados 288
Dando Forma à Reunião 291

CAPÍTULO 16

IMPLEMENTAÇÃO 293

Preferindo o Engajamento à Implantação 294
Decidindo pela Não Realização 295
Os Limites da Implantação 296
Liderança por Laminação 297
Precisamos de Padrões Mais Altos, e Agora nos Referimos aos Negócios 300
As Pessoas Precisam Melhorar 301
Se Não Podemos Medir, Então É Algo Sem Importância 302
Apostando no Engajamento 303

CAPÍTULO 17

ASPECTOS DO ENGAJAMENTO 305

A Reunião é a Mensagem 306
Abrir com Transparência Quanto à Finalidade e com um Campo de Ação Equilibrado 307
Renegociar as Expectativas sobre a Participação 307
Oito Maneiras de Engajar 307
Fazer Mudanças na Sala de Reunião 309
Criar uma Plataforma para a Abertura e para as Dúvidas 310
Pergunte: "Queremos Criar Juntos?" 313
Mudar a Conversa 314
Optar por Compromisso e Responsabilidade 315
Responsabilidade Perante os Pares 316
Compromisso Sem Nada em Troca 317
Foco nos Talentos 318
O Ponto 319

CAPÍTULO 18

O PROFESSOR COMO CONSULTOR 323

A História 324
Pressupostos Sobre como Motivar os Alunos 325
A Realidade 327
Adotando a Postura de um Consultor 328
Contexto da Humanidade e da Abundância 328
Renegociando o Contrato Social 330
Focalizando a Verdade Entre os Alunos 331
A Construção da Confiança pelo Consultor 331
Conservando a Confiança e a Capacidade de Estabelecer Relações Sociais 332
O Novo Contrato 333
Preferindo a Verdade à Mentira 333
O Fracasso É uma Opção; O Que Importa São os Talentos 334
Conservando o Não Saber 335
Como Avaliamos o Sucesso? 336

Como Lidar com as Funções de Árbitro (Avaliador) e Consultor (Facilitador) ao Mesmo Tempo 336
Métodos de Aprendizagem Versus Métodos de Ensino 337
Viagem a Washington, D.C. 337
A Opção em Questão 340

CAPÍTULO 19
O CERNE DA QUESTÃO 343
Preferindo a Aprendizagem ao Ensino 344
Aprendizagem como Aventura Social 346
O Esforço é a Solução 347
A Pergunta é Mais Importante que a Resposta 348
Indo Além dos Procedimentos 349
O *Insight* Consiste em Momentos de Tensão 351
As Capacidades dão Mais Frutos que as Deficiências 354
Somos Responsáveis pela Aprendizagem uns dos Outros 355
Mudanças Culturais Atuais 356
Se As Mudanças São Tão Maravilhosas, Por Que Não ser o Primeiro a Fazê-las? 358
A Pergunta Final é Sobre a Fé 359

LEITURAS ADICIONAIS 361

SOBRE O AUTOR 365

O QUE HÁ DE NOVO?

Revisei este livro em 1999 quando estávamos pensando no novo milênio. Por um lado, temíamos que os negócios fossem desaparecer porque o mundo do computador iria abortar e se recusaria a crescer mais um ano. Por outro lado, havia a crença de que o novo milênio marcaria o início de uma nova consciência de paz e bem-estar.

Bem, nada disso aconteceu realmente. Nossa dependência de computadores e tecnologia apenas se intensificou, e uma década depois estamos em guerra, ainda dependentes de combustíveis fósseis e preocupados em ver se o sistema econômico ao qual nos acostumamos ainda é relevante. Isso significa que viver com um presente vulnerável e um futuro incerto será uma condição permanente.

Essa situação personifica bem o mundo da consultoria. Quanto mais complexidade, confusão e incerteza em nossas vidas, mais percebemos que não podemos fazer isso sozinhos nem continuar fazendo o que fizemos. A demanda por ajuda e conselho deve continuar crescendo.

A profunda incerteza de nossas vidas, tanto pessoal quanto profissional, também resulta em um número cada vez maior de pessoas trabalhando como consultores. A essência dessa posição é de querer ter influência quando não se tem controle direto. Esse desafio é verdadeiro não apenas para os consultores; é válido para pessoas que costumavam estar no comando: chefes, professores, pregadores, doutores, sargentos, prefeitos e, em grau não menor, os pais. A vulnerabilidade e a incerteza permanentes exigem certa capacidade de se relacionar baseada em ouvir, na autenticidade e não no conhecimento. É isso que torna o comportamento de comando e controle cada vez mais obsoleto. Nem todos nós entendemos isso, mas, mais cedo ou mais tarde, vamos desenvolver nossa capacidade de nos relacionar e de formar parcerias mais profundas ou teremos de procurar um novo emprego mais cedo do que planejamos.

Acrescentei nesta edição dois exemplos de como as habilidades de consultoria podem ser úteis, realmente transformadoras e em um contexto mais amplo do que estritamente para pessoas em um papel de suporte ou de consultoria. Escolhi dois setores da sociedade em que o apelo por mudança e reforma tem gritado em nossos ouvidos há décadas, com pouca visibilidade: assistência médica e educação. São novos setores de serviços, e exatamente neles muitos de nós trabalhamos hoje em dia.

Ambas as áreas estão sendo sujeitas a reformas. Mas a maioria das iniciativas trata mais de aprimoramentos do que de se repensar algo mais profundo. A "reforma" da assistência médica está mais associada ao controle de custos, quem paga e ao aumento da pressão sobre a padronização. Não há reforma nessa conversa, apenas se fala em gerenciar melhor ou de um modo diferente. A verdadeira reforma na assistência médica virá com a mudança de relacionamento com nosso provedor de serviços e de fazer os provedores mudarem o relacionamento entre si. Em termos de consultoria, precisamos de uma contratação mais equilibrada, de descobertas conjuntas e de um novo diálogo. Isso está começando a acontecer, e o Capítulo 12 apresenta um excelente exemplo de um cirurgião muito especial, Paul Uhlig.

Como a assistência médica, a atual conversa sobre reforma da educação também não é uma reforma; trata-se apenas de mais controles e padrões impostos, mascarados como reforma. A verdadeira reforma mudará nossa forma de pensar sobre a cultura da sala de aula, a responsabilidade do aprendiz e a relação entre professor e aluno. Um exemplo disso vem de um professor incrível do Ensino Médio, Ward Mailliard, e será apresentado no Capítulo 18.

Examinar a reforma nessas duas áreas nos dá pistas sobre maneiras de atingir mudanças para a liderança em outras áreas, como negócios, governo, religião e serviços humanos.

Além de viver na incerteza permanentemente, estamos levando uma vida cada vez mais virtual. Muitos de nossos relacionamentos são a longa distância. Somos parte de equipes virtuais espalhadas demais para estarmos juntos em uma mesma sala. Cada vez mais dependemos da interação eletrônica. Falamos com amigos pela internet, e substituímos seminários por discussões feitas pela web. Logo seremos capazes de realizar todas as nossas conversas, de nos divertir, encontrar um parceiro para a vida e estar com a família visualmente, por meio de um aparelho portátil.

Apesar do crescimento do mundo virtual, às vezes nossos dias ainda são habitados por seres humanos e quando estamos na presença dos outros, precisamos ser objetivos e aproveitar ao máximo esse momento. Desempenhar papéis, ser vago, falar generalidades e chegar ao que é fundamental na última hora leva à perda da singularidade de ter todos os nossos sentidos disponíveis quando estamos cara a cara com alguém. Queremos tirar vantagem das reuniões reais para nos tornarmos pessoalmente conectados e superar os efeitos do distanciamento e do isolamento inerentes a uma conexão eletrônica. Assim, a necessidade de autenticidade e clareza sobre questões delicadas, tratadas neste livro, aumenta. Existe uma discussão no Capítulo 6 sobre como aproveitar ao máximo as relações virtuais.

Outra novidade nesta edição é nos capítulos sobre a fase de *feedback* e de implementação. Dar *feedback* faz parte de toda iniciativa de suporte e consultoria, mas em quase toda reunião as ideias ou análises são apresentadas com a intenção de aprimorar ou mudar a estratégia ou operação de uma pessoa ou organização. Ainda perdemos tempo demais em nossa apresentação, sem perceber que a finalidade da maioria das reuniões não é fazer uma apresentação ou expressar ideias, nem vender alguma coisa, mas levar algo adiante. É por isso que ampliei a ideia de uma reunião de *feedback* para incluir qualquer reunião que tenha a intenção de produzir ação. A ação não vai para frente quando uma pessoa está falando e um grupo de pessoas está ouvindo. É o diálogo, a interação, as dúvidas e os compromissos que movem a ação. Isso parece tão simples e continua sendo tão raro que tratarei mais detalhadamente do assunto nos Capítulos 15 e 16.

Outro acréscimo se relaciona à mudança que está ocorrendo no mundo organizacional de um foco básico sobre necessidades e deficiências para um foco sobre possibilidades, talentos e forças. A crença é que ocorre mais mudança quando nos concentramos no futuro e em nossas capacidades em vez de tentarmos entender o passado ou mesmo o presente e nos determos em problemas e no que está errado. No Capítulo 12, dou alguns exemplos de onde isto está ocorrendo e ofereço algumas ideias sobre o significado disso para o trabalho de consultoria.

O QUE AINDA É VERDADE

O que precisa ser reafirmado é que as equipes e relações pessoais ainda são fundamentais para o sucesso técnico e empresarial. O valor das equipes e dos relacionamentos hoje é mais amplamente aceito do que foi no passado, pelo menos do ponto de vista intelectual. Podemos não ser melhores trabalhando juntos, mas pelo menos sabemos que isso é importante e queremos criar mais locais de trabalho colaborativo, sejam virtuais ou presenciais.

Uma razão para as ideias neste livro terem perdurado não é tanto porque as habilidades específicas de consultoria são apresentadas com uma especificidade distintiva. É mais pela atenção que o livro dá às dimensões emocional e pessoal de nossos locais de trabalho. Mesmo nos dias atuais, com toda a ênfase dada a relacionamentos, desenvolvimento pessoal e até à espiritualidade, nossas instituições ainda operam como se a estratégia, a estrutura e a tecnologia fossem o que realmente importa.

As relações continuam a ser tratadas como uma inconveniência necessária — como se elas tivessem que perdurar e sempre que há uma oportunidade de automatizarmos uma transação ou nos comunicarmos eletronicamente, fazemos isso. Em 2000 mais conversas pelo telefone envolveram uma máquina em uma das pontas; agora são as mensagens de texto, e-mails e, se quisermos parecer pessoais, Facebook, LinkedIn e seus sucessores. Estes são, com frequência, os meios escolhidos. Além disso, encorajamos as pessoas a trabalhar em casa, onde a interação humana é minimizada em nome da tranquilidade e de uma vida mais equilibrada.

A dificuldade em gerenciar relações humanas é que algo é demandado de nós que a tecnologia e as rotinas automatizadas não exigem: a necessidade de nos conhecermos e de sermos autênticos. Autenticidade significa simplesmente ser honesto consigo mesmo e ser direto e honesto com os outros. Qualquer que seja a razão, a autenticidade continua a ser rara em locais de trabalho. A maioria das interações envolve o desempenho de papéis, posicionamento e estratégia. Tudo é reflexo do desejo de controlar nosso ambiente e as pessoas nele.

De certa maneira, este livro é uma descrição longa e detalhada do cenário da autenticidade. O que tem resistido ao tempo é que esse ato raro não é bom apenas para a alma, mas também funciona muito bem. O "consultor autêntico" não é uma contradição, mas uma vantagem competitiva importante e, infelizmente, rara.

O que ainda é difícil na autenticidade é que se trata de uma estratégia de alto risco. Luta para sobreviver em uma cultura de controle, mantida pela maioria das organizações. Também exige certa fé em nós mesmos: temos de ficar afinados com a dimensão do sentimento de nossa conexão com os outros. Muitos de nós passamos os dias desenvolvendo nosso cérebro e deixamos o corpo e os sentimentos para trás, para as horas após o expediente. Por isso, mesmo quando decidimos arriscar ser autênticos, podemos não saber como.

Valorizar a relação entre consultor e cliente, entre professor e aluno ou entre provedor de serviço e cliente, e definir como gerenciar essa relação, é o nicho em que se situa este livro. A intenção desta edição é aprofundar e ampliar esse espaço em branco entre estratégia, estrutura e tecnologia a que chamamos de relacionamento.

Outubro de 2010

Peter Block

Cincinnati, Ohio

CAPÍTULO 1

UM CONSULTOR COM QUALQUER OUTRO NOME...

QUALQUER FORMA DE HUMOR ou sarcasmo tem um fundo de verdade. A verdade no ceticismo generalizado sobre consultores é que o consultor tradicional tende a agir apenas como um representante da direção da empresa: assumindo o papel do gerente no desempenho de atividades altamente técnicas que este não tenha condição de realizar ou desempenhando atividades desagradáveis e maçantes que o gerente não queira fazer. O exemplo mais claro de consultores que assumem o lugar de gerentes é quando identificam pessoas que sairão da empresa ou funções que serão eliminadas.

Quando nos pedem informações e dizemos a alguém para descer do ônibus dois pontos antes de nós, estamos agindo como consultores. Toda vez que damos conselhos a alguém que deve fazer uma escolha, estamos prestando consultoria. Quando não temos controle direto sobre as pessoas e, no entanto, desejamos que nos ouçam e sigam nosso conselho, estamos enfrentando o dilema do consultor. Alguns podem se ver nesta situação o tempo todo. Outros podem enfrentá-la de vez em quando, atuando uma parte do tempo como gerentes (tendo controle direto) e a outra parte como consultores (querendo influenciar, mas sem autoridade para controlar).

ALGUMAS DEFINIÇÕES E DISTINÇÕES

Consultor é a pessoa que tem certa influência sobre um indivíduo, um grupo ou uma organização, mas não tem poder direto para efetuar mudanças ou implementar programas. *Gerente* é alguém que tem responsabilidade direta sobre a ação. No momento em que assumimos responsabilidade direta, estamos agindo como um gerente.

A maioria das pessoas que participam de uma equipe ou assumem papéis de suporte em organizações são consultores, mesmo que não usem oficialmente essa denominação. Os profissionais que dão suporte funcionam em qualquer organização planejando, dando recomendações, suporte ou orientação em áreas como estas:

- Recursos humanos ou administração de pessoal
- Análise financeira
- Auditoria
- Análise de sistemas
- Pesquisa de mercado
- Design de produto
- Planejamento no longo prazo
- Eficiência organizacional
- Segurança
- Treinamento e desenvolvimento
- E muito mais

Os receptores de todos esses conselhos são chamados *clientes*. Às vezes, o cliente é um único indivíduo. Outras vezes, pode ser um grupo de trabalho, um departamento ou uma organização inteira. O cliente é a pessoa ou as pessoas a quem o consultor quer influenciar.[1]

Nas organizações, os clientes dos serviços fornecidos pelos profissionais que dão suporte são chamados *gerentes de linha*. Os gerentes de linha precisam trabalhar seguindo os conselhos dados por grupos de suporte, quer gostem ou não. Mas, por definição, nenhuma função de suporte tem autoridade, sendo sua autonomia restrita à utilização de seu tempo, à sua equipe interna e à natureza do serviço que oferece. Essa tensão entre o gerente de linha (ou cliente), que tem controle direto, e o profissional que dá suporte (ou consultor), e não tem controle direto, é um dos temas centrais deste livro.

A chave para entender o papel do consultor consiste em ver a diferença entre um consultor e um gerente.

Veja o que Alfred tem a dizer:

> Era um projeto incrível, de quatro meses. Chefiei a equipe de serviços administrativos que instalou o novo sistema de informação gerencial. Avaliamos os problemas, projetamos o sistema e conseguimos que Alice, a gerente de linha, nos deixasse instalar o sistema em toda a empresa.

A satisfação de Alfred é evidente — mas é própria de um gerente de linha. Ele não agiu realmente como um consultor e assumiu uma parte do trabalho da gerente de linha durante quatro meses.

Esta distinção é importante. Um consultor precisa atuar de modo diferente de um gerente de linha — pelo próprio bem do consultor e pelos objetivos de aprendizagem do cliente. É bom ter o controle direto — e muitos de nós queremos esse controle sob algum tipo de disfarce. É essencial, no entanto, saber a diferença entre os papéis que estamos assumindo quando temos e quando não temos o controle.

---

[1] Os termos *consultor* e *cliente* são usados no restante deste livro para reforçar esta crença e — principalmente se você fizer parte de uma equipe ou assumir um papel de suporte — para ajudá-lo a se considerar um consultor.

Muito do desprestígio associado ao termo *consultor* vem das ações daqueles que se dizem consultores mas agem como substitutos dos gerentes de linha. Quando age em nome ou em lugar do gerente, está se comportando como gerente substituto. Quando o cliente diz: "Complete este relatório para mim", "Contrate esta pessoa para mim", "Projete este sistema pra mim", "Oriente este funcionário" ou "Resolva os cargos que vão ficar e os que serão eliminados", o gerente está pedindo um substituto. A atração do papel de gerente substituto é que, pelo menos por um momento, se assume o poder do gerente — mas de fato você está fazendo o trabalho do gerente, e não o seu.

Seu objetivo ou produto final em qualquer atividade de consultoria é algum tipo de mudança. A mudança vem de duas formas. Em um nível, consultamos para gerar mudanças de natureza estrutural, política ou processual na organização — por exemplo, um novo pacote de remuneração, um novo processo de *comunicação* ou um novo programa de segurança. O segundo tipo de mudança tem como resultado final o que uma ou várias pessoas na organização linear aprenderam. Elas podem ter aprendido quais normas vigoram nas reuniões de sua equipe, o que fazem para manter seus subordinados em uma posição de alta dependência na tomada de decisões, como envolver as pessoas mais diretamente no estabelecimento de objetivos ou como conduzir melhores avaliações de desempenho.

Em seu uso mais geral, a *consultoria* descreve qualquer ação realizada em um sistema do qual não se faz parte. Uma conversa com alguém que está pedindo ajuda é um ato de consultoria. Um levantamento de problemas, um programa de treinamento, uma avaliação, um estudo — tudo isso são consultorias que visam à mudança. O objetivo do consultor é se engajar em ações eficientes que levem pessoas ou organizações a se conduzirem de um modo diferente.

Considero os termos *equipe, serviços de suporte* e *consultoria* como intercambiáveis, refletindo minha crença de que, a fim de serem eficientes, as pessoas que assumem um papel de suporte precisam ter habilidades para dar consultoria — independentemente de seu campo de competência técnica (finanças, planejamento, engenharia, recursos humanos, sistemas, leis). Toda vez que aconselhamos alguém que está na posição de fazer escolhas, estamos dando consultoria. Para cada uma dessas situações de consultoria, existem três tipos de habilidades que é preciso ter, a fim de fazer um bom trabalho: técnica, interpessoal e de consultoria.

Seguem as distinções entre elas.

Habilidades Técnicas

Acima de tudo, precisamos saber do que a pessoa está falando. Precisamos ter conhecimento sobre a questão. Na faculdade ou em nosso primeiro emprego, fomos treinados em uma área ou função específica, que pode ser engenharia, vendas, contabilidade, consultoria ou qualquer um dos milhares de outros modos que as pessoas escolhem para viver. Este é nosso treinamento básico. Só mais tarde, depois de adquirir certa competência técnica, é que começamos a dar consultoria. Se não tivermos competência, então as pessoas não solicitarão nossa orientação. A base para as habilidades de consultoria é a *competência* — seja ela científica, como medição do tamanho das partículas da coca-cola, ou não científica, como administração ou desenvolvimento organizacional. Este livro supõe que você domine uma área de *competência*.

Habilidades Interpessoais

Para lidar com as pessoas, precisamos ter algumas habilidades interpessoais, ou seja, capacidade de expressar ideias em palavras, ouvir, dar suporte, argumentar, basicamente para desenvolver uma relação pessoal. Existem muitos livros e seminários disponíveis para ajudar as pessoas a desenvolverem essas habilidades. De fato, existe um setor inteiro dedicado ao aprimoramento das relações pessoais. Assim como as habilidades técnicas, as habilidades interpessoais são necessárias para a consultoria efetiva.

Habilidades de Consultoria

Todo projeto de consultoria, dure dez minutos ou dez meses, passa por cinco fases. As etapas em cada fase são sequenciais; se pular uma ou supuser que já tem domínio dela, terá problemas. A consultoria hábil consiste em ser competente na condução de cada uma dessas etapas. Saber completar com sucesso cada fase é o foco básico deste livro.

IDENTIFICAÇÃO DAS HABILIDADES DE CONSULTORIA

Segue uma visão geral do que está envolvido nas cinco fases de consultoria.

Fase 1: Entrada e Contratação

Esta fase tem a ver com o contato inicial com um cliente sobre o projeto. Inclui combinar a primeira reunião e explorar o problema, ver se o consultor é a pessoa certa para trabalhar nesse problema, quais são as expectativas do cliente, quais são as expectativas do consultor e como iniciar. Quando os consultores falam sobre seus equívocos, a conclusão deles em geral é que o projeto falhou na etapa inicial de contratação.

Fase 2: Descoberta e Diálogo

Os consultores precisam identificar tanto o problema quanto os pontos fortes do cliente. Esta pode ser sua ação mais proveitosa. Eles também precisam de habilidade para ajudar o cliente a fazer o mesmo. Aqui, as perguntas para o consultor são: Quem será envolvido na definição do problema ou da situação? Que métodos serão usados? Que tipo de dados deve ser coletado? Quanto tempo levará? A investigação deverá ser feita pelo consultor ou pelo cliente?

Fase 3: Análise e Decisão de Agir

A investigação e o diálogo devem ser organizados e relatados de alguma maneira. Cabe ao consultor reduzir grandes quantidades de dados a um número gerenciável de problemas. Ele também deverá fazer as escolhas sobre como envolverá o cliente no processo de análise das informações. Ao dar *feedback* a uma organização, há sempre certa resistência aos dados (se estes se referem a questões importantes). O consultor deve lidar com essa resistência antes de tomar uma decisão adequada sobre como proceder. Esta fase é realmente o que muitas pessoas chamam de planejamento. Inclui o estabelecimento dos objetivos para o projeto e a seleção das melhores ações ou mudanças.

Fase 4: Engajamento e Implementação

Esta envolve executar o planejamento da Fase 3. Em muitos casos, a implementação poderá ser totalmente a cargo da organização. Para mudanças maiores, o consultor pode se envolver profundamente. Alguns projetos começam a implementação com um evento educacional. Este poderia ser uma série de reuniões para introduzir uma mudança, uma única reunião para que diferentes partes da organização, juntas, tratem do problema ou realizem um treinamento. Nesses casos, o consultor em geral está envolvido no trabalho bastante complicado do plano de trabalho e na condução da reunião ou da sessão de treinamento.

Fase 5: Extensão, Reciclagem ou Encerramento

A Fase 5 consiste em aprender com o engajamento. Em seguida, cabe decidir se o processo deve ser estendido a um segmento maior da organização. Às vezes só depois de uma parte da implementação ser efetuada é que temos uma ideia clara do verdadeiro problema. Neste caso, o processo sofre uma reciclagem e um novo contrato precisa ser discutido. Se a implementação foi um enorme sucesso ou um fracasso leve ou moderado, encerrar esse projeto pode ser a saída. Existem muitas opções para o encerramento e este deve ser considerado uma parte legítima e importante da consultoria. Se bem conduzido, pode prover uma importante experiência de aprendizagem para o cliente e para o consultor, e também manter a porta aberta para o futuro trabalho com a organização.

Na Figura 1, temos a visualização de algumas das habilidades e dos tópicos tratados nas ações preliminares que levam ao engajamento e à implementação. As habilidades de consultoria são agrupadas em quatro fases: contratação, descoberta, *feedback* e decisão. Elas incluem os contatos iniciais, a investigação e análise, e as reuniões para dar *feedback* e para a tomada de decisões.

Engajamento/implementação é quando finalmente se faz algo com um impacto suficiente para ser notado por muitas pessoas da organização, e elas têm a expectativa de que a mudança, ou a aprendizagem, ocorrerá por causa desse evento. Acredito que as ações preliminares são, em muitos sentidos, mais importantes para o sucesso do que o engajamento. Entender quais são as habilidades de consultoria, portanto, é realmente entender as ações preliminares.

Figura 1. Uma Visão Geral das Habilidades de Consultoria.

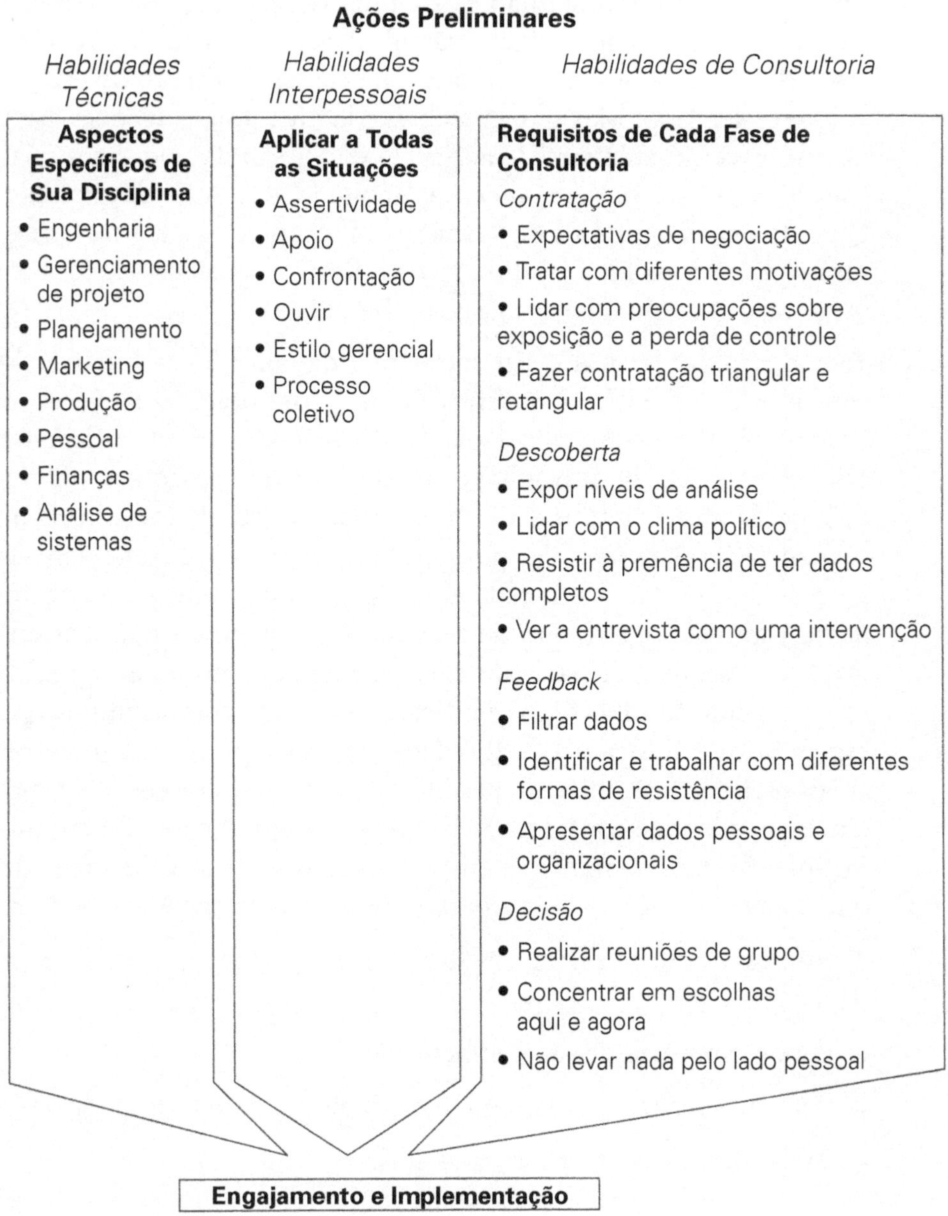

A PROMESSA DE UMA CONSULTORIA INFALÍVEL

Uma razão para a consultoria ser frustrante é que estamos gerenciando continuamente relacionamentos laterais. Como consultor ou profissional que dá suporte, trabalhamos com um gerente de linha em um contexto no qual não existe uma relação clara de chefe-subordinado. As relações verticais são mais fáceis de entender. Se o seu chefe lhe dá uma ordem, você sabe que ele tem o direito de dizer o que deve ser feito. Mas se o seu cliente lhe faz uma exigência, você não necessariamente terá de acatar. O equilíbrio de poder em relações laterais está sempre sujeito à ambiguidade — e à negociação. Quando enfrentamos a resistência de um cliente, às vezes não sabemos se adotamos uma postura mais inflexível ou se cedemos. Este livro trata de como lidar com essa ambiguidade.

Tomado como um todo, este livro trata da consultoria infalível — consultoria sem falhas. Concentra-se nas ações preliminares porque eu acredito que a competência na contratação, descoberta e *feedback* criará a base para bons resultados na etapa de implementação. Evitei deliberadamente discutir e demonstrar habilidades de consultoria na sequência geral de capítulos porque alguns conceitos e competências devem ser abordados em cada etapa de uma consultoria. Portanto, incluí capítulos que tratam de pressupostos, objetivos para consultoria e as escolhas de papel do consultor, bem como o que significa uma consultoria infalível na prática, juntamente com capítulos que especificam e ilustram as habilidades exigidas para cada uma das ações preliminares. Intercalei capítulos sobre assuntos como a resistência do cliente e considerações especiais sobre o papel do consultor interno para demonstrar que a consultoria eficaz exige mais do que uma aplicação metódica, passo a passo, de competência técnica.

A promessa é que se seguir este livro, sua consultoria poderá ser perfeita e você:

- Fará melhor uso de sua competência.
- Terá suas recomendações implementadas com mais frequência.
- Trabalhará em parceria com os clientes.

- Evitará situações de consultoria em que nenhum ganho é obtido.
- Desenvolverá o compromisso interno de seus clientes.
- Receberá apoio de seus clientes.
- Aumentará sua alavancagem junto aos clientes.
- Estabelecerá relações mais confiáveis com os clientes.

O uso que faço da expressão *consultoria infalível* pode parecer presunçoso, mas não é por acaso. Um valor básico, subjacente deste livro é que existe em cada um de nós a possibilidade de perfeição. Existe um profissional de consultoria em cada um de nós, e nossa tarefa é permitir que o consultor infalível se revele. De modo geral, este livro trata de métodos e técnicas. Mas cada técnica transmite uma mensagem consistente mais importante que qualquer método: Cada ato que expressa confiança em nós mesmos quando acreditamos na validade de nossa própria experiência é sempre o caminho certo a seguir. Cada ato que é manipulador ou cheio de fingimento é sempre autodestrutivo.

Trabalhar em organizações significa que somos constantemente bombardeados pela pressão de sermos inteligentes, dissimulados e de ignorarmos o que estamos sentindo no momento. A consultoria infalível oferece a possibilidade de nos permitir um comportamento coerente com nossas crenças e sentimentos e também de sermos bem-sucedidos no trabalho com nossos clientes. O foco deste livro em técnicas e habilidades de consultoria consiste simplesmente em uma maneira de identificar a opção de confiar profundamente em nós mesmos que todos temos quando trabalhamos em organizações. Desde o primeiro dia de nosso primeiro emprego, lutamos com o conflito entre sermos autênticos e agir de conformidade com as expectativas que pensamos que nossos empregadores ou clientes têm de nós. O desejo de sucesso pode nos levar ao desempenho de papéis e à adoção de comportamentos que nada têm a ver com nosso eu interior e representam um afastamento de nós mesmos.

Nós, consultores, somos extremamente vulneráveis a esse conflito porque devemos atender às necessidades de nossos clientes. Nossos projetos também tendem a ser de curto prazo e trabalhamos para deixar o cliente satisfeito. É mais fácil demitir um consultor ou profissional de suporte que um subordinado. Em tempos difíceis, os gerentes eliminam os projetos de consultoria antes de reduzir o número de funcionários. Essa noção de vulnerabilidade pode se tornar uma razão para os consultores negarem suas próprias necessidades e sentimentos, e não serem autênticos.

Este livro oferece uma alternativa. A confiança que temos em nós mesmos é o caminho que nos coloca em posição favorável ao lado dos clientes e aumenta as chances de empregarmos nossa competência repetidas vezes.

CAPÍTULO 2

TÉCNICAS NÃO BASTAM

EXISTEM DIMENSÕES para o papel de consultoria que transcendem qualquer método específico que poderíamos empregar a fim de contribuir para nossa eficiência, não importa qual seja nossa experiência técnica. Um aspecto singular e enganador da consultoria é que seu próprio eu está envolvido no processo em uma extensão muito maior do que se estivesse aplicando sua experiência de outra maneira. Sua reação a um cliente, seus sentimentos durante as discussões, sua capacidade de solicitar *feedback* do cliente — tudo são dimensões importantes para a consultoria.

Ao agir como consultor, sempre se opera em dois níveis. Um deles é o conteúdo — a parte cognitiva de uma discussão entre o consultor e o cliente. Ele apresenta um problema organizacional. Talvez seja a necessidade de treinamento para aprimorar as habilidades dos funcionários. Talvez seja a forma como a organização toma decisões. Ou pode ser um problema de projeto do sistema ou de controles financeiros. O nível do conteúdo é a parte analítica, racional ou explícita da discussão, onde se trabalha no que pode ser chamado de situação técnica ou profissional. Ao mesmo tempo e em outro nível, tanto o consultor quanto o cliente estão gerando e percebendo os sentimentos um do outro — quer haja aceitação ou resistência, quer haja muita ou pouca tensão, quer haja apoio ou confrontação. Logo, o relacionamento com o cliente durante cada fase gera um segundo nível de dados que merece tanta atenção quanto o conteúdo.

ALÉM DO CONTEÚDO

Há muito mais aspectos na relação do cliente com o consultor do que o simples conteúdo do problema ou projeto no qual o consultor está trabalhando. Os sentimentos são o lado afetivo da discussão e uma fonte importante de informação para o consultor — sobre as preocupações reais do cliente e quais são as possibilidades para estabelecer um bom relacionamento.

Um objetivo importante de toda consultoria é encorajá-lo para focar e valorizar o aspecto afetivo ou interpessoal do relacionamento que se tem com o cliente. Muitos de nós temos larga experiência em trabalhar com o nível cognitivo ou de conteúdo da discussão. Participamos de uma reunião equipados com nossa experiência, e nos sentimos à vontade em falar sobre problemas que conhecemos. Mas deve haver um equilíbrio na atenção dada ao conteúdo do problema e a maneira como se percebe a interação com o cliente à medida que trabalha com ele.

Uma vez que valoriza o lado afetivo do relacionamento como uma área que merece atenção, o segundo passo é aumentar seu nível de conforto ao expressar como você está se sentindo no relacionamento. O terceiro passo é melhorar sua habilidade de expressar em palavras como percebe o relacionamento para que o cliente não aumente sua defensiva.

Existem quatro aspectos do lado afetivo da interação consultor-cliente que estão sempre operando: responsabilidade, sentimentos, confiança e suas próprias necessidades.

Responsabilidade

Para ter um bom contrato com o cliente, a responsabilidade pelo que é planejado e acontece precisa ser equilibrada em partes iguais.

Na maioria dos casos, o cliente o procura com a expectativa de que, uma vez conhecedor do problema, você deve oferecer a solução. Seu objetivo é deixar claro que se trata de uma proposição em que a responsabilidade é igualmente dividida.

Veja um exemplo. Quando você inicia um programa, em geral é necessário divulgá-lo — quando ele acontecerá, quais são os preparativos, por que você o está realizando. É importante que o cliente assuma a responsabilidade de comunicar tudo isso para a organização — não por ser uma tarefa que só o cliente pode fazer (de fato, o consultor poderia estar em melhor posição para fazer isso) mas porque é uma maneira de expressar visibilidade para a organização de que o cliente está assumindo pelo menos 50% da responsabilidade pelo programa.

Se o cliente quer que o consultor faça isso comunicando e cuidando de todos os detalhes administrativos, o cliente está demonstrando que ele quer limitar sua responsabilidade. Como consultor, às vezes faz sentido resistir a essa postura. Esta é uma questão muito pequena, mas é um exemplo do que deve ser ponderado quando se tenta identificar se a responsabilidade está sendo dividida igualmente.

Sentimentos

O segundo fator é até que ponto os clientes são capazes de arcar com seus próprios sentimentos. Em certo sentido, isto é trabalhar com responsabilidade equilibrada. O consultor precisa saber constantemente o quanto o cliente está lidando com seus próprios sentimentos ou conversando como se ele fosse apenas um observador da organização. O consultor também precisa estar atento a seus próprios sentimentos sobre o cliente. É importante saber se o consultor está sentindo que o cliente é defensivo ou muito controlador, ou não ouve nem assume responsabilidade.

Os funcionários da organização se sentirão da mesma maneira que o consultor se sente ao trabalhar com o cliente. É igualmente importante para você prestar atenção aos seus sentimentos durante a consultoria, principalmente durante as primeiras etapas, e usá-los como informação valiosa sobre como a organização funciona e como o cliente a administra.

Confiança

O terceiro fator é a confiança. Quando a maioria das pessoas trabalha com um consultor como cliente, elas trazem consigo não só a imagem prevalecente do consultor como um especialista mas também que se deve ter cuidado com ele. Com frequência, convém perguntar aos clientes se eles confiam em nós, se confiam que não os tornaremos vulneráveis, sem poder assumir o controle da situação. Pergunte quais dúvidas eles têm em trabalhar com você. Dessa forma, estará trabalhando para construir a confiança. Quanto mais essa desconfiança for expressada, maior a probabilidade de construir a confiança.

Suas Próprias Necessidades

O quarto aspecto do lado afetivo da relação consultor-cliente é que os consultores têm o direito a manifestar suas necessidades.

É fácil cair na mentalidade de que está prestando um serviço, em que você se vê encarregado de resolver os problemas do cliente e atender às necessidades dele — e é possível agir de modo que, como consultor, pareça não ter necessidade nenhuma. A realidade é que você tem necessidades. Você pode ter a necessidade de ter um cliente, de modo que sua própria organização considere que está oferecendo um serviço valioso. Você tem necessidade de aceitação e inclusão pelo cliente, e requer o reconhecimento do valor dos serviços que está oferecendo.

Em nível prático, você tem necessidade de acesso àquela organização — de conversar com as pessoas, fazer perguntas. Além de ter necessidade de apoio do gerente, de reunir-se com os funcionários da organização para lidar com o tipo de resistência que provavelmente enfrentará. É um direito seu ter suas necessidades atendidas.

Resumindo

Apresentamos os aspectos que constituem a base para o resto do livro: preste atenção ao seu próprio estilo e a seus sentimentos como dimensões importantes à relação de consultoria. Ter competência para dar consultoria não envolve apenas a capacidade de oferecer um programa, um processo e procedimentos que respondam às necessidades do cliente. Também envolve sua capacidade para identificar e expressar em palavras questões sobre confiança, sentimentos, responsabilidade e suas próprias necessidades.

OS PRESSUPOSTOS DO CONSULTOR

Qualquer visão do que é necessário para uma consultoria eficaz conta fortemente com os pressupostos que o consultor tem sobre o que torna uma organização eficaz. Esses pressupostos farão implícita ou explicitamente parte de qualquer recomendação que o consultor faça.

Os consultores devem ser muito claros sobre o que acreditam. Nosso próprio comportamento deve ser consistente com o estilo gerencial que defendemos aos clientes. Se estamos recomendando que eles tenham mais controle, sejam mais decididos e estabeleçam metas claras, estaremos abalando nossa credibilidade se nos faltar controle, se não tomarmos decisões e não tivermos certeza do rumo que tomaremos. Se achamos que nossos clientes devem trabalhar para ser mais participativos e colaboradores, nossa imagem será abalada caso mantenhamos forte controle do projeto de consultoria e não ajamos de modo colaborativo com os próprios clientes que estamos tentando estimular a experimentar a colaboração.

Pense em quais seriam seus pressupostos sobre o bom gerenciamento. Há inúmeros modelos à sua escolha. A maioria das organizações, por exemplo, opera com uma variação do modelo patriarcal tradicional, de raiz religiosa ou militar. Do ponto de vista estrutural, existe uma ênfase imensa na pirâmide hierárquica e a clara distinção entre autoridade e responsabilidade. O ponto fundamental do gerenciamento patriarcal é a "forte" liderança. Esse tipo de liderança é visto como a capacidade individual de planejar o trabalho, organizar as pessoas para fazer o trabalho, manter controle dessas pessoas e seus resultados, e delegar responsabilidade para as pessoas certas atingirem resultados. Os produtos desses pressupostos centrados no líder são indivíduos com uma orientação que garanta ações de conformidade com o nível superior de comando e com o controle de cima para baixo.

Essa ênfase tradicional no controle e na liderança tem mudado nos últimos trinta anos (pelo menos na literatura) para concepções de organizações mais colaborativas ou participativas. O gerenciamento participativo e o emponderamento são temas que permeiam a maioria dos pressupostos sobre organizações eficazes atualmente.

Seus próprios pressupostos sobre organizações determinam de maneiras sutis seu próprio estilo de consultoria e as habilidades que devem ser desenvolvidas. Existe uma série de pressupostos que embasam a abordagem à consultoria apresentada neste livro.

A Solução de Problemas Requer Dados Válidos

Usar dados válidos elimina uma causa importante de confusão, incerteza e a ineficiência resultante na solução de problemas. Dados válidos abrangem dois aspectos: (1) dados objetivos sobre ideias, acontecimentos ou situações que todos aceitam como fatos e (2) dados pessoais. Os dados pessoais também são "fatos", mas dizem respeito a como os indivíduos se sentem com o que está acontecendo com eles e a sua volta. Se as pessoas acham que não terão um tratamento justo, é um "fato" que elas sentem dessa forma, e também é um "fato" que esse sentimento terá um efeito em seu comportamento. Ignorar isso é descartar dados que podem ser cruciais para se tentar solucionar qualquer problema.

Tomada de Decisão Efetiva Requer uma Escolha Livre e Aberta

Tomar decisões é fácil. Tomar decisões que as pessoas apoiarão não é tão fácil. As organizações parecem trabalhar melhor quando as pessoas têm a oportunidade de influenciar decisões que impactam diretamente em seu trabalho. Quando as pessoas acham que alguma coisa é importante e têm certo controle, se sentirão motivadas a empreender um esforço para que as coisas funcionem. Quando elas consideram que é algo importante mas não podem exercer controle, a tendência comum é ter cautela ou ficar na defensiva, não se arriscar, guardar informação e se proteger de culpa.

A Implementação Efetiva Requer Compromisso Interno

As pessoas se comprometem prontamente com coisas que acreditam atender a seus interesses. Quando elas não veem ligação entre o que lhe pedem para fazer e o que querem fazer, a probabilidade de se contar com o esforço delas é pequena. Você faz solicitações às pessoas e normalmente elas atendem — pelo menos enquanto estiver vigiando. Mas se quiser que elas ajam por si mesmas, o compromisso interno é necessário.

OS OBJETIVOS DOS CONSULTORES

Nossos pressupostos sobre o que contribui para o bom desempenho do consultor e do gerente geram um conjunto de objetivos em cada trabalho de consultoria. Nem sempre é possível atingir todos eles, mas podemos ser claros quanto à nossa preferência.

Objetivo 1: Estabelecer uma Relação de Colaboração

Há duas razões para os consultores lutarem para ter relações colaborativas com seus clientes. Uma delas é que a colaboração promete o máximo uso da potencialidade das pessoas — tanto do consultor quanto do cliente. Ela também divide a responsabilidade pelo sucesso ou pelo fracasso e pela implementação, além de ser uma boa forma de trabalhar. A segunda razão é que, quer saibam ou não, os consultores estão sempre funcionando como modelos de como resolver problemas. A mensagem contida na maneira como o consultor age é muito mais forte do que suas palavras. Falar em colaboração e ter um comportamento diferente é confuso e depõe contra a própria pessoa.

Objetivo 2: Dê uma Solução Definitiva aos Problemas

É possível agir de modo que apenas o problema imediato seja solucionado. Se o problema é que os funcionários costumam chegar atrasados ao trabalho, por exemplo, podem-se tomar medidas para preveni-los: posicionar o chefe à porta, de manhã, fazer verificações das salas no início de cada manhã, elaborar normas sobre atrasos ou fazer reuniões com os funcionários sobre a necessidade de ser pontual. Essas ações podem reduzir o problema dos atrasos. E se os consultores internos (ou externos) se envolveram em dar tais recomendações, eles podem ter contribuído para o melhor funcionamento da organização. Mas isso não significa que os gerentes aprenderam a resolver problemas similares e se tornaram mais competentes.

A alternativa do consultor é trabalhar com gerentes de linha em outro nível de análise: de que forma eles lidam com problemas de atraso. Por exemplo, os gerentes podem não ver os atrasos como um sintoma de descontentamento nem como um sintoma de uma supervisão inexperiente, ou qualquer dos outros possíveis problemas que os atrasos poderiam estar sinalizando. Também, é possível que o consultor seja solicitado a resolver problemas com os quais os gerentes de linha estejam se confrontando. Ensinar aos gerentes as habilidades para resolver um problema da próxima vez exige que eles entendam que o comportamento perturbador do funcionário é um sintoma de problemas mais profundos e que eles não devem pedir aos outros para tratar de seus problemas.

Objetivo 3: Assegure que a Atenção Seja Dada Tanto ao Problema Técnico/Profissional quanto às Relações Pessoais

Cada situação apresenta dois aspectos: o problema técnico/profissional que precisa ser resolvido e a forma como as pessoas estão interagindo em torno desse problema. Na maioria das organizações, a atenção básica é dada ao problema técnico/profissional. Os consultores, no entanto, estão em uma posição singular para tratar de questões relativas às pessoas ou a processos de uma forma produtiva. Por não pertencerem a nenhum dos lados, eles não têm interesse pelas questões envolvendo processos — não têm força para ganhar ou perder, nem território para expandir ou contratar, nem orçamento para aumentar ou diminuir. Os consultores podem solicitar atenção para questões processuais e os gerentes de linha lhes darão ouvidos, o que não costumam fazer em relação aos outros gerentes.

DESENVOLVER O COMPROMISSO DO CLIENTE — UM OBJETIVO SECUNDÁRIO DA AÇÃO DE CADA CONSULTORIA

Uma vez que os consultores ou o pessoal de suporte não têm controle direto sobre a implementação, eles dependem dos gerentes de linha para produzir resultados. São os gerentes de linha que decidirão se devem tomar medidas e essa opção se baseará em seu grau de compromisso sincero com os conceitos que o consultor está sugerindo. Portanto, o consultor precisa estar atento à construção do compromisso verdadeiro durante o processo de consultoria.

As habilidades para realizar uma boa consultoria envolvem as etapas e comportamentos que criam o compromisso sincero por parte dos gerentes. Todos nós já vimos exemplos de projetos de consultoria onde o estudo ou o relatório acabou sendo guardado na prateleira apesar de seu custo e relevância. Quando isso acontece, com frequência significa que em algum momento, o processo de consultoria perdeu os gerentes a quem cabia a decisão de usar os resultados do estudo. Para uma consultoria infalível, devem-se seguir as etapas de um processo de consultoria que visam construir o compromisso e reduzir a chance de perder o cliente.

O compromisso do cliente é a chave para a alavancagem e o impacto do consultor. Não podemos mandar o cliente agir. (Às vezes, decidimos procurar o chefe do cliente e pedir que ele o oriente a seguir nossas recomendações, mas esta é uma proposição arriscada — principalmente se queremos ter um bom relacionamento com nosso cliente.) Portanto, nosso impacto é determinado pelo compromisso do cliente em seguir nossas sugestões. Construir esse compromisso com frequência é um processo que envolve a remoção dos obstáculos que impedem o cliente de seguir nossos conselhos.

Podemos nos ater à fantasia de que se nosso pensamento for claro e lógico, se falarmos com eloquência e com convicção, a força de nossos argumentos será imbatível. E não se engane: argumentos claros ajudam. Mas não são suficientes. O cliente e seus colegas terão dúvidas e dilemas que bloquearão o compromisso.

PAPÉIS ESCOLHIDOS PELOS CONSULTORES

Ter alavancagem exige o confronto das dúvidas em cada etapa do processo de consultoria — durante a contratação, o diagnóstico, a análise e enquanto se prepara para a reunião de *feedback*. Se esperarmos até a fase de implementação para superar a resistência, será tarde demais.

Ed Schein identificou três maneiras de os consultores trabalharem com os gerentes de linha: desempenhando um papel de especialista, de implementador ou de colaborador.[1] A escolha depende das diferenças individuais no estilo gerencial, da natureza da tarefa e da preferência pessoal do consultor.

Como consultor em várias situações, ajuda saber o papel que você costuma assumir e ser capaz de identificar situações em que este papel ajudará ou prejudicará o seu desempenho. Somente então será possível fazer uma escolha consciente dos papéis alternativos. As pessoas que costumam fazer essa autoanálise começam a identificar situações em que podem atuar com mais sucesso se assumir o papel de colaboradoras. Entretanto, a realidade da maioria das organizações é tal que ha-

---

1 Esses papéis foram formulados pela primeira vez por Ed Schein nos anos 1960. Ele foi um dos primeiros a ver as limitações do papel dos consultores e, como especialista, definiu e abriu a porta ao potencial do consultor colaborador ou de processo. Seu livro *Process Consulting Revisited: Building the Helping Relationship* (Reading, Mass.: Addison-Wesley/Longman, 1998) descreve plenamente o poder da consultoria de processo como uma capacidade vital para aqueles em uma posição de assistência. É um livro que recomendo.

verá momentos em que os papéis de implementador ou de especialista são mais adequados e outras vezes em que eles não podem ser evitados.

Papel de Especialista

A relação cliente-especialista é comumente vista entre os gerentes de linha e os consultores externos ou profissionais que oferecem serviços de suporte. O profissional que dá suporte se torna o "especialista" no desempenho de uma dada tarefa. Por exemplo:

O novo *website* corporativo de uma organização passou por uma reformulação recentemente, e ficou claro que o site não atendeu às expectativas. O *design* geral está bom; o problema está na navegação e na forma não intuitiva como os funcionários precisam inserir informações no site.

A essa altura, o gerente chama uma equipe especializada em *design* de site, descreve as dificuldades e diz ao *designer*: "Não tenho tempo nem disposição para lidar com esse problema. Você é o especialista; descubra o que está errado e resolva. Você tem total liberdade para examinar o sistema todo, fazer a análise que precisar e resolver o que for necessário. Mantenha-me informado de suas conclusões e do que pretende fazer". O *designer* de *website* se torna, de fato, um integrante da equipe do gerente com autoridade delegada para planejar e implementar um programa de mudança sujeito às mesmas restrições que os outros membros da equipe do gerente.

Veja o que está acontecendo neste tipo de relacionamento:

- O gerente preferiu assumir um papel inativo. Ele espera responsabilizar o consultor, ou seja, o *designer*, pelos resultados. O consultor no papel de *designer* aceita a responsabilidade e se sente livre para desenvolver e implementar planos de ação. Espera-se que o gerente seja atencioso e ofereça a assistência necessária para resolver o problema.
- Decisões sobre como proceder são tomadas pelo consultor com base em seu julgamento de especialista. Não há necessidade de envolver o gerente em detalhes técnicos. O consultor reúne as informações necessárias para a análise de problema e decide quais os métodos de coleta e análise de dados deverá usar.

- O consultor escolhe as informações necessárias para análise do problema e decide quais os métodos de coleta de dados e análise deve usar.
- O controle técnico cabe ao consultor. É improvável que haja discordâncias porque seria difícil para o gerente questionar o raciocínio do "especialista". Se o gerente quiser exercer controle sobre decisões técnicas, o consultor verá isso como uma interferência injustificada.

Nesta situação, a colaboração não é necessária porque as tentativas de resolver os problemas se baseiam em procedimentos especializados.

A comunicação em duas vias é limitada neste caso. O consultor inicia e o cliente reage. O consultor espera iniciar a comunicação com perguntas e respostas e isto também é esperado dele. O consultor planeja e executa o engajamento ou a implementação ou fornece instruções detalhadas para a implementação pelo gerente, cujo papel é julgar e avaliar após o fato.

O objetivo do consultor neste exemplo é resolver o problema imediato. Nem o gerente nem o consultor esperam que o gerente desenvolva habilidades para resolver problemas similares no futuro.

Problemas

Os consultores internos conhecem muito bem os problemas envolvidos em se assumir o papel de especialista. Veja dois problemas sérios.

Em primeiro lugar, considere a capacidade do consultor em fazer uma avaliação exata. Dado um problema de natureza puramente técnica, o consultor pode usar a experiência técnica para isolar o problema e desenvolver uma solução. Mas os problemas que são puramente técnicos são raros. A maioria dos problemas envolve um aspecto humano, e se o clima organizacional prevalecente for de medo, insegurança ou desconfiança, as pessoas podem guardar ou distorcer informações essenciais sobre o lado humano do problema. Sem dados válidos, a avaliação exata se torna impossível. Programas de ação baseados em diagnósticos falhos têm pouca chance de sucesso.

Em segundo lugar, considere o compromisso das pessoas em seguir recomendações. Estudos feitos por especialistas externos raramente conseguem o tipo de compromisso e envolvimento pessoal necessário para lidar com questões gerenciais difíceis.

Papel de Implementador

Aqui o gerente vê o consultor como um profissional à sua disposição. O gerente diz: "Não tenho tempo nem disposição para lidar com este problema. Examinei as deficiências e preparei um resumo do que precisa ser feito. Quero que você faça isso assim que possível". O gerente mantém o pleno controle. O consultor deve aplicar conhecimento especializado para implementar planos de ação a fim de atingir os objetivos definidos pelo gerente.

Aqui vão algumas pistas de que o consultor está agindo como um implementador.

- *O consultor assume um papel passivo.* A ordem do dia é atender às solicitações do gerente, e o consultor não questiona seus planos de ação.
- *O gerente toma as decisões sobre como proceder.* O consultor pode preparar recomendações para a análise do gerente, mas a aprovação é dada pelo gerente.
- *O gerente seleciona os métodos para diagnóstico e análise.* O consultor pode fazer a coleta de dados, mas segue os procedimentos ditados pelo gerente.
- *O controle é do gerente.* O consultor deve dar sugestões, mas evita discordância porque o gerente veria isso como um desafio à sua autoridade.
- *A colaboração não é realmente necessária.* O gerente sente que é responsabilidade dele especificar os objetivos e procedimentos. O consultor pode fazer perguntas para obter esclarecimentos.
- *A comunicação em duas vias é limitada.* O gerente inicia e o consultor responde. O gerente inicia de um modo descritivo ou fazendo uma avaliação.

- *O gerente especifica procedimentos de mudança para o consultor implementar.*
- *O papel do gerente é julgar e avaliar de perto.*
- *O objetivo do consultor é fazer o sistema funcionar melhor pela aplicação de conhecimentos especializados.*

Problemas

O principal problema surge na fase de diagnóstico. No papel de implementador, o consultor depende da capacidade do gerente para entender o que está acontecendo e desenvolver um plano de ação efetivo. Se a avaliação do gerente for falha, o plano de ação não funcionará, e o consultor que prestou serviços se torna um bode expiatório conveniente.

Para evitar esta cilada, o consultor pode pedir tempo para verificar a avaliação do gerente. E então pode enfrentar outro problema: os gerentes que têm preferência por consultores que assumem o papel de um implementador podem interpretar tais solicitações como um questionamento de sua experiência, de sua autoridade ou de ambos.

Papel de Colaborador

O consultor que assume um papel de colaborador inicia seu relacionamento com o gerente com a noção de que as questões gerenciais só poderão ser tratadas efetivamente quando seu conhecimento especializado se somar ao conhecimento que o gerente tem da organização. A solução de problemas se torna um empreendimento conjunto, com igual atenção tanto às questões técnicas quanto às interações humanas.

Quando os consultores assumem o papel de colaboradores, eles não resolvem problemas para o gerente. Aplicam suas habilidades especiais para ajudar os gerentes a resolver os problemas por si mesmos. A distinção é significativa. O principal pressuposto do papel de colaborador é que o gerente deve estar ativamente envolvido na coleta e análise de dados, no estabelecimento de objetivos e desenvolvimento de planos de ação e, finalmente, no compartilhamento da responsabilidade pelo sucesso ou fracasso.

Veja o que acontece:

- *O consultor e o gerente trabalham para se tornarem interdependentes.* Eles compartilham responsabilidade pelo plano de ação, implementação e resultados.
- *A tomada de decisão é bilateral.* É caracterizada pela troca e respeito mútuo pelas responsabilidades e competência de ambas as partes.
- *A coleta e análise de dados são iniciativas conjuntas.* A seleção do processo de diagnóstico a ser usado é feita tanto pelo consultor quanto pelo gerente.
- *Questões de controle se tornam assunto para discussão e negociação.* Discordâncias são esperadas e vistas como uma fonte de novas ideias.
- *A colaboração é considerada essencial.* O consultor se empenha em chegar a um entendimento e acordo sobre a natureza e o escopo de expectativas mútuas antes de iniciar as medidas para a solução de problemas.
- *A comunicação segue mão dupla.* Tanto o consultor quanto o gerente tomam iniciativas, dependendo das questões. A troca de informações é realizada para se solucionar os problemas.
- *A implementação de responsabilidades é determinada pela discussão e pelo acordo.* Atribuições são feitas para maximizar o uso dos recursos disponíveis de acordo com as responsabilidades adequadas a cada parte.
- *O objetivo é chegar a uma solução definitiva dos problemas.* Ou seja, o consultor estabelece um relacionamento de assistência destinado a ampliar o nível de competência dos gerentes para desenvolverem e implementarem planos de ação que tornem o sistema mais efetivo. Da próxima vez que surgir um problema semelhante, o gerente terá as habilidades para resolvê-lo.

Problemas

Também existem problemas em se tentar um trabalho colaborativo. Os consultores muitas vezes têm habilidades especiais (por exemplo, em tecnologia da informação ou gestão orçamentária) que os gerentes veem como uma resposta rápida aos seus problemas. Os gerentes que preferem trabalhar com consultores que assumem o papel de especialistas podem interpretar qualquer tentativa de colaboração como indiferença ou como relutância. Os gerentes com preferência por trabalhar com consultores que assumem o papel de implementadores podem interpretar as iniciativas de colaboração como insubordinação. Além disso, o trabalho colaborativo exige tempo.

A COLABORAÇÃO E O MEDO DE FICAR DE MÃOS DADAS COM O CLIENTE

Em uma apresentação sobre consultoria colaborativa, uma pessoa da plateia fez várias perguntas sobre a natureza da colaboração: "Isto não pode ser sinal de fraqueza?", "Você não está negando sua experiência se atua de uma maneira colaborativa demais?", "Os clientes querem respostas, e não perguntas, não é mesmo?". Finalmente, com muita frustração, ele disse: "Não quero que meus consultores fiquem sentados, de mãos dadas com o cliente!" Ele estava apontando para uma área em que há muita confusão sobre a distinção entre o papel de especialista e o papel de colaborador.

O ponto fundamental de qualquer contrato de consultoria é a transferência dos conhecimentos especializados e da experiência do consultor para o cliente. Isto é válido quando a especialização for muito tangível, como a habilidade em desenhar circuitos ou sistemas ou quando a especialização for muito intangível, como a habilidade de solucionar problemas ou de formar equipes. Qualquer que seja a área de especialização, ela é a base para o trabalho do consultor.

Parte do medo de "dar as mãos" parece ser que se você se ligar muito ao cliente, sua competência de alguma forma se diluirá e ficará indeterminada. Uma abordagem colaborativa pode acabar implicando que o consultor e o cliente têm igual competência e são parceiros em questões técnicas. Isto pode forçar o consultor a subestimar inconscientemente sua própria competência a fim de manter um relacionamento com responsabilidade compartilhada. Se isso acontecer, o medo de diluir a competência pode se tornar realidade. Um consultor expressou esse medo e confusão dizendo: "Tenho esquecido mais sobre gerenciamento de estoques do que a maioria de meus clientes pode vir a saber um dia. Eles mal conseguem pronunciar essa palavra e eu sou o guru corporativo! Como eu posso ser colaborador nessas condições?"

A confusão está entre colaborar em aspectos técnicos do problema (não é a isso que eu me refiro) e colaborar na forma como as etapas da consultoria serão realizadas (é disso que eu estou falando). Segue um exemplo de onde se traça a linha que separa essas duas ações.

Áreas de Colaboração	**Áreas de Competência**
Expressar as expectativas do cliente	Design de circuito
Planejar como informar a organização sobre o estudo	Plano de treinamento
Decidir quem está envolvido na fase de diagnóstico	Elaboração de questionário
Gerar o tipo certo de dados	Design de pacote
Interpretar os resultados do diagnóstico	Análise de sistemas
Decidir como fazer uma mudança	Estratégia de precificação

Independentemente da área de competência, a maneira como o processo de consultoria em si é conduzido (o lado esquerdo desta lista) afetará imensamente o modo como o cliente usará a competência mais técnica. Quanto mais o processo de consulta puder ser colaborativo, melhores as chances de sucesso depois que o consultor concluir seu trabalho.

ETAPAS DO ENVOLVIMENTO DO CLIENTE, PASSO A PASSO

Discutimos de um modo geral a orientação do papel do consultor e as maneiras de tornar um projeto mais colaborativo. A sequência a seguir tornará este conceito mais concreto. As etapas que levam à implementação de uma mudança — que são chamadas de ações preliminares — podem ser divididas em doze passos que envolvem ações específicas. Cada passo fornece oportunidade para envolver o cliente no processo sem diminuir sua competência específica.

O envolvimento e o compromisso máximos do cliente ocorrerão na medida em que você, como consultor, agir em cada etapa das maneiras apresentadas a seguir. Esses passos podem ser dados para que a responsabilidade por um projeto seja compartilhada.

Etapa 1: Defina o Problema Inicial

Peça ao cliente para lhe dizer qual é o problema. Se ele estiver pensando mais em uma nova possibilidade do que em um problema, expresse isso com suas próprias palavras. Acrescente a essa declaração as causas mais prováveis do problema ou os aspectos importantes da possibilidade.

Exemplo: Consultor de TI

Consultor de TI: Em sua opinião, qual é o problema?

Cliente: O *software* que vocês projetaram para nós não faz o que precisa ser feito a metade das vezes. Acho que o *design* pode ter falhas. Quero que vocês chequem o código e verifiquem se funciona como deveria.

Consultor de TI: Vou verificar o código de programação e verei se o *software* está funcionando. Parte do problema pode ser que deveríamos considerar se os usuários entendem bem esse aplicativo. E também devemos ver o tipo de treinamento e supervisão que eles recebem, principalmente no turno da noite.

Comentário: Não cabe ao cliente fazer a declaração inicial do problema. Você deve se sentir livre para acrescentar seus 50%, mesmo nessa etapa inicial.

Etapa 2: Decida Se Vai Prosseguir com o Projeto

Ao decidir se vai prosseguir, você também tem escolha. Se o projeto for elaborado de modo que você ache que não terá sucesso, negocie as condições.

Exemplo: Consultor de Serviços Financeiros

Cliente: Vamos em frente com o projeto para fazer uma auditoria completa da função de compras. E vamos fazer isso em trinta dias.

Consultor de serviços financeiros: Uma auditoria completa de compras é uma tarefa extensa. Fazê-la em trinta dias é quase impossível. Temos uma lista de projetos que precisam ser analisados por nossa comissão. Se suas expectativas se mantiverem, é melhor reavaliarmos se temos condição de lhe oferecer o que precisa.

Comentário: Em geral os clientes acham que a decisão de ir em frente cabe estritamente a eles. Ao questionar a decisão, o consultor está agindo como um parceiro com iguais responsabilidades. A intenção não é dizer não aos clientes, mas tomar em conjunto a decisão de ir em frente.

Etapa 3: Selecione as Dimensões a Serem Estudadas

Dada a sua competência no projeto, você pode saber melhor qual o aspecto do problema que deve ser analisado. O cliente, no entanto, tem experiência operacional com o problema e com os funcionários e é possível perguntar a ele o que deve ser procurado.

Exemplo: Consultor de TI

Consultor de TI: Na próxima segunda-feira eu começarei a examinar o código do programa e a testar a funcionalidade. Também entrevistarei os usuários para saber como eles usam o *software* para certos procedimentos de rotina. Ajudaria se você e os gerentes de departamento afetados fizessem uma lista das áreas que gostaria que fossem investigadas e também qualquer pergunta que vocês gostariam que os usuários do *software* respondessem.

Comentário: Embora uma pergunta simples baste para envolver o cliente na decisão do que deve ser examinado, com frequência a pergunta não é feita. Se um questionário precisar ser usado, peça ao cliente para selecionar algumas das perguntas.

Etapa 4: Decida Quem Será Envolvido no Projeto

O cliente muitas vezes espera que o consultor faça o trabalho todo. Criar uma equipe que envolva o cliente e o consultor para fazer o trabalho é uma boa maneira de obter o compromisso do cliente.

Exemplo: Consultor de Serviços Financeiros

Consultor de serviços financeiros: Para que este projeto tenha bons resultados, eu gostaria que duas pessoas de sua organização trabalhassem comigo. Precisarei trabalhar com um de seus gerentes de compras regionais durante cinco dias e trabalhar durante oito dias com um dos funcionários de compras do seu escritório. Nós três seremos responsáveis por chegar a uma análise das deficiências e forças do sistema de compras existente e por recomendar um novo *design* para resolvê-lo. Eu serei o encarregado pelo projeto e comprometerei a maior quantidade de tempo, mas duas pessoas de seu grupo ajudarão imensamente no projeto.

Comentário: Fazer o trabalho independentemente é sempre mais simples e mais rápido. Trabalhar com pessoas da organização do cliente requer mais tempo e agonia, porém, esse envolvimento estimula diretamente o compromisso e promove a eventual implementação do trabalho.

Etapa 5: Selecione o Método

O cliente tem ideias sobre como os dados devem ser coletados. Peça a opinião dele.

Exemplo: Consultor de TI

Consultor de TI: Sem dúvida vou examinar o *software*, testar sua funcionalidade e conversar com os usuários finais. Com quem mais eu deveria conversar? Eu deveria me reunir com pessoas em grupo ou individualmente? Quais outras áreas operacionais eu deveria examinar, e como devemos abordá-las?

Comentário: Novamente, estas são perguntas simples, mas é importante fazê-las ao cliente. Você está fazendo isso 30% para obter novas informações e 70% para ser um modelo e demonstrar como compartilhar a responsabilidade por esse tipo de projeto. Pelo seu comportamento, você está ajudando o cliente a aprender a resolver problemas como este por si mesmo.

Etapa 6: Faça Diagnósticos

Faça o cliente descobrir o problema com você.

Exemplo: Consultor de TI

Consultor de TI: Eu gostaria que um de seus supervisores trabalhasse comigo quando eu visitar a divisão e conversar com as pessoas. Talvez os supervisores possam entrevistar uma amostra dos usuários de *software* para o programa determinar o que pode ser feito para o programa funcionar melhor. Então eu gostaria de fazer uma reunião com um grupo grande para engajá-los na maneira como procederemos.

Comentário: Há dois riscos principais quando o cliente participa do diagnóstico de um problema: (1) as pessoas podem guardar informação porque estão falando com aqueles que têm poder sobre elas, e (2) alguns dados podem ser distorcidos porque a organização tem interesse em se fazer passar por competente e se livrar de qualquer culpa.

Talvez esteja disposto a assumir estes riscos. Você obterá seus próprios dados, e em geral terá experiência suficiente para entender rapidamente o que está acontecendo. Se for necessário, procure as pessoas uma segunda vez, sozinho. A vantagem de ter os funcionários da produção fazendo parte da coleta de dados é que qualquer que seja a informação compartilhada com os superiores, as pessoas certas estarão ouvindo — pessoas que podem fazer alguma coisa. Não adianta o consultor ouvir a "verdade", mas os funcionários da produção não acreditam nela. Acima de tudo, no entanto, o processo continua mantendo a responsabilidade compartilhada.

Etapas de 7 a 9: Filtre e Entenda os Dados

Filtrar uma quantidade enorme de dados em uma quantidade gerenciável, organizá-los e entendê-los exige muito tempo. Você também tem uma noção real do que tem ao passar por essas três etapas. Insista com o cliente para que ele fique com você em certos momentos desse procedimento. Analisar os dados é interessante, portanto envolva o cliente nisso também.

Exemplo: Consultor de Serviços Financeiros

Consultor de serviços financeiros: Passe três dias comigo organizando os dados que descobrimos e imaginando quais são as implicações para o sistema de compras que estamos investigando.

Comentário: Novamente, uma solicitação simples e assertiva lhe permite usar seu tempo de modo mais eficiente para um cliente que tem mais interesse no resultado. Quando o projeto é altamente técnico, o cliente pode não ter formação para contribuir significativamente nessa etapa. Nesse caso, não há escolha senão realizá-la sozinho. Entretanto, tenha cuidado; a falta de formação do cliente é nossa desculpa preferida para excluí-lo de várias etapas.

Etapa 10: Forneça os Resultados

Faça o cliente compartilhar a análise de dados na reunião de *feedback*.

Exemplo: Consultor de Serviços Financeiros

Consultor de serviços financeiros: Para esta reunião, vou relatar o que aprendemos sobre o sistema de compras. George, o diretor de compras, relatará o que descobrimos sobre as habilidades e atitudes dos agentes de compras nos procedimentos e controles de compras.

Comentário: Quando os gerentes de linha têm a experiência de relatar achados negativos, a defensiva deles cai, e é menos provável que a etapa de *feedback* se torne um argumento.

Etapa 11: Faça Recomendações

Mais do que em qualquer outra etapa, elaborar recomendações viáveis exige a integração de seu conhecimento técnico ao conhecimento prático e organizacional do cliente. Pergunte ao cliente o que ele faria nessa situação, agora que sabe dos resultados da investigação.

Exemplo: Consultor de TI

Consultor de TI: Sabemos que um curto programa de treinamento formal para usuários finais é um importante obstáculo para operarem o *software* adequadamente. O que podemos recomendar para reduzir a dependência desses e para que os usuários descubram como usar o *software* sozinhos?

Comentário: A ação é simples depois que sua estratégia se torna mais clara. Mesmo que os clientes não possam ser criativos quanto ao que recomendar, é importante que eles lidem com a questão.

Etapa 12: Decida Quanto às Ações

Uma vez feito o estudo e dadas as recomendações, o cliente pode querer assumir o processo e dispensar o consultor da reunião para a tomada de decisão. Sempre resisto a isso.

Exemplo: Consultor de Serviços Financeiros

Cliente: Muito obrigado pelo novo processo de compras que você desenvolveu e pelas mudanças estruturais e de processos necessárias para apoiá-lo. Pensaremos nele e o informaremos quando acharmos que a organização estiver pronta para isso.

Consultor de serviços financeiros: Gostaria de participar da reunião quando vocês discutirem isso. Eu me importo muito com o projeto e sei que poderia contribuir com a questão do momento oportuno de implementá-lo. Percebo que normalmente vocês discutem isso sem a presença do consultor, mas, neste caso eu gostaria de saber se fariam uma exceção.

Comentário: O perigo aqui é que o cliente assuma a responsabilidade total pela ação e o deixe de fora. Por isso, você precisa pedir para ser incluído. Além de suas próprias necessidades de inclusão você também está dizendo ao cliente, por meio de suas ações, que, quando alguém na organização deles dá uma contribuição importante a um projeto, a pessoa deve ser incluída na reunião para a tomada de decisão. Se o cliente ainda assim preferir excluí-lo, haverá pouco que você possa fazer além de ficar amuado ou magoado.

Cada uma dessas doze etapas é uma entre várias oportunidades de engajar o cliente, reduzir a resistência e aumentar as probabilidades de sucesso. Tirar vantagem dessas oportunidades envolve abrir mão de algumas prerrogativas e da liberdade de ação do consultor a serviço do objetivo de longo prazo, que é ter um impacto real.

Lista de Verificação #1: Avaliando o Equilíbrio da Responsabilidade

Nas escalas abaixo, classifique quem está assumindo responsabilidade em um projeto importante em que você está engajado. Assinale a coluna onde ocorre o equilíbrio.

	O ciente tem muita responsabilidade, eu tenho pouca	**50/50**	**Eu tenho muita responsabilidade, o cliente tem pouca**
1. Defina o problema inicial	I	I	I
2. Decida se deve prosseguir com o projeto	I	I	I
3. Selecione as dimensões a serem estudadas	I	I	I
4. Decida quem será envolvido no projeto	I	I	I
5. Selecione o método	I	I	I
6. Faça diagnósticos	I	I	I
7. a 9. Filtre e interprete os dados	I	I	I
10. Forneça os resultados	I	I	I
11. Faça recomendações	I	I	I
12. Decida quanto às ações	I	I	I

Ligue as marcas que você fez. Os pontos onde a linha desviar do centro mostram uma oportunidade para reestruturar este projeto ou o próximo a fim de tirar o máximo de vantagem em envolver o cliente para aumentar suas chances de sucesso — principalmente as chances de seu projeto ainda continuar funcionando e ser usado depois que você tiver saído de cena.

CAPÍTULO 3

CONSULTORIA INFALÍVEL

A CONSULTORIA PODE PARECER VAGA e extremamente complicada, quando de fato é possível oferecê-la sem falhas e fazer isso de modo muito simples. Concentrando-se em apenas duas dimensões, pode-se manter a simplicidade da consultoria. Faça duas perguntas a si mesmo, sempre que estiver com um cliente:

1. Estou sendo autêntico com essa pessoa?
2. Completei a fase da consultoria em que estou envolvido?

SER AUTÊNTICO

Ser autêntico com o cliente significa verbalizar o que você tem sentido ao trabalhar com ele. Esta é a atitude mais forte que se pode ter para ganhar vantagem e construir compromisso com o cliente.

Há uma tendência de procurarmos maneiras inteligentes de agir quando estamos com um cliente. Ficamos angustiados para apresentar nossas ideias e redigir o projeto de modo que ele pareça convincente. Muitas vezes, ao estar com um cliente me vi lutando para imaginar o que poderia convencê-lo de que eu sou tudo o que ele precisa. Projeções de economia financeira são feitas, soluções para problemas difíceis com funcionários são sugeridas, confirmações de que o cliente está fazendo tudo o que é humanamente possível são sugeridas acenando-se a cabeça ou sorrindo.

É um erro supor que os clientes tomam decisões para começar projetos e recorrer a consultores com base em razões puramente racionais. Mais frequentemente a questão básica do cliente é: "Podemos confiar neste consultor? É alguém que temos certeza de que não nos prejudicará, não nos tapeará — alguém que pode ajudar a solucionar nossos problemas organizacionais ou técnicos e, ao mesmo tempo, respeitar a mim e à minha posição?". Quando opero de uma maneira ostensivamente manipuladora ou pressiono demais, os clientes se afastam. Eles pensam: *Nossa! Esse cara está realmente pegando pesado. Ele está me fazendo parecer um bobo se eu disser não.* Os gerentes de linha sabem quando estamos tentando manobrá-los, e quando isso acontece, sua confiança em nós diminui.

Menos confiança gera uma alavancagem menor e um compromisso menor do cliente. Uma atitude autêntica gera mais confiança, uma posição mais favorável e mais compromisso do cliente. Também tem a vantagem de ser incrivelmente simples. Consiste em expressar em palavras o que você está sentindo. Veja alguns exemplos:

O cliente diz: "Esta auditoria não deverá demorar demais. Em alguns dias, você a terá concluído. Gostaria de passar algum tempo com você, mas há alguns compromissos realmente importantes dos quais preciso participar. Minha secretária poderá lhe dar assistência. Também não tome tempo demais de meus funcionários. Eles já estão sofrendo muita pressão."

Experiência do consultor: Sinto-me sem importância, diminuído. Meu trabalho é tratado como uma coisa trivial. É assim que eu ganho a vida, mas, para esse sujeito, eu o estou interrompendo.

Resposta dissimulada do consultor: "Esta auditoria pode ter implicações amplas. O escritório está acompanhando de perto as auditorias para avaliar nossas principais divisões. Elas também são exigidas pela empresa".

Resposta sincera do consultor: "Você está tratando esta auditoria como se fosse sem importância e pequena — algo trivial. Se ela estiver interrompendo suas atividades, talvez possamos reavaliar se é oportuna. Gostaria que a tratasse como algo mais importante.

O cliente diz: "Quero saber se acha que meus funcionários estão cometendo erros e o que eles devem fazer para corrigi-los. Se decidir que eles são incompetentes para trabalhar essa unidade operacional, quero que se reporte a mim imediatamente. Com nomes e detalhes."

Experiência do consultor: Sinto-me como um juiz, como se tivesse de policiar os funcionários do cliente.

Resposta dissimulada: "Meu relatório descreverá como a unidade está sendo administrada e por que tem havido tantas falhas de funcionamento . Caberá a você tomar as ações corretivas."

Resposta sincera do consultor: "Sinto que estou sendo visto como um juiz ou policial nesse projeto. Este não é o papel que eu acredito ser mais eficiente. Gostaria que você me visse mais como um espelho do que está acontecendo agora. Você e seus funcionários poderão, então, avaliar o que precisa ser feito e se o treinamento é necessário. Não sou um censor".

■ ■

O cliente diz: "Para entender realmente esse problema, você precisa voltar no tempo, trinta e cinco anos atrás, quando essa operação foi montada. Tudo começou em novembro de 1976 em uma tarde de quinta-feira. Havia três funcionários nessa operação. Na época, sua única função era anotar pedidos e atender ao telefone. George era o sobrinho do gerente de vendas e só tinha feito o primário. Nossos clientes eram mais da Costa Leste... [e assim por diante].

Experiência do consultor: Impaciência, aborrecimento. Gastando tempo demais para ouvir a história. Perdendo energia.

Resposta dissimulada do consultor: Silêncio para incentivar o cliente a continuar, supondo que ele chegará ao que quer dizer ou que seja terapeuticamente essencial para o cliente passar por todos esses detalhes.

Resposta sincera do consultor: "Você está me dando muitos detalhes. Está sendo difícil acompanhar sua narrativa. Estou ansioso em chegar aos problemas atuais. Qual é o problema principal agora?".

O cliente diz: "Se você completar seu relatório das conclusões, meu grupo gerencial e eu nos reuniremos posteriormente para decidir o que fazer e avaliar os resultados".

Experiência do consultor: Exclusão da verdadeira ação. As ações para tratar dos problemas estão sendo adiadas.

Resposta dissimulada do consultor: "Deve haver alguma informação que eu não incluí no relatório e que seria relevante para o seu processo de tomada de decisão" [ou consentimento].

Resposta sincera do consultor: "Você está me excluindo da decisão sobre o que fazer. Gostaria de ser incluído nessa reunião, mesmo que me incluir signifique certa inconveniência para você e sua equipe".

Nesses exemplos, cada declaração inicial do cliente age para manter o consultor distante. São formas sutis de resistência à ajuda do consultor e servem para reduzir seu impacto. As respostas dissimuladas do consultor lidam com a resistência de um modo indireto e impessoal. Elas facilitam ao cliente ficar distante e tratar as preocupações do consultor de modo processual. As respostas sinceras concentram-se na relação entre o consultor e o cliente e forçam este último a dar importância ao papel do consultor e às expectativas dele para o projeto. Afirmações diretas e simples do consultor sobre a interação dele com o cliente dão mais equilíbrio ao relacionamento; impedem o controle total do cliente ou o controle total do consultor. O desequilíbrio em qualquer direção reduz o compromisso interno com o projeto.

Ser sincero e autêntico é essencial para uma atuação impecável do consultor. Grande parte do restante deste livro apresenta em detalhes o que vem a ser o comportamento sincero no contexto da consultoria.

COMPLETANDO OS REQUISITOS DE CADA FASE

Além da sinceridade, a consultoria infalível exige o conhecimento dos requisitos para se realizar as tarefas de cada fase do projeto. Esses requisitos são específicos a cada fase e devem ser completados antes de se ir em frente.

Aqui está uma breve descrição dos requisitos de cada fase. Eles serão discutidos detalhadamente nos capítulos a seguir.

Contratação

1. *Negociar expectativas.* Estabelecer um projeto requer que o cliente e o consultor exponham o que esperam um do outro e o que têm a oferecer um ao outro. Com muita frequência os consultores subestimam suas expectativas e os clientes subestimam suas ofertas.

2. *Lidar com motivação ambígua.* Quando os clientes pedem ajuda, eles sempre fazem isso com certa ambivalência. Querem que você se envolva e os ajude, mas ao mesmo tempo desejam nunca tê-lo conhecido. Uma mão o acolhe; a outra lhe pede para parar. Um requisito da contratação é expressar essa motivação ambígua no início do projeto de modo que isso não o perturbe mais tarde.

3. *Manifestar preocupações sobre a exposição e a perda de controle.* A maioria das preocupações que os clientes têm em realizar um projeto de consultoria com você é expressa indiretamente. Eles lhe pedem credenciais, perguntam sobre sua experiência, resultados em outros lugares, custo, *timing* e mais. Com frequência, a preocupação real deles é (1) parecerão ou se sentirão tolos ou incompetentes? e (2) perderão o controle de si mesmos, de sua organização ou de você, o consultor? Essas preocupações precisam ser tratadas diretamente como parte da fase de contratação.

4. *Entender contratos triangulares e retangulares.* Você precisa saber quantos clientes tem. Seu cliente tem um chefe e você pode ter um chefe. Se o chefe de seu cliente e o seu chefe tiveram uma forte influência na elaboração do projeto, eles precisam fazer parte do contrato. Pelo menos, os papéis deles precisam ser reconhe-

cidos entre você e seu cliente. Cabe a você, ao cliente e ao chefe dele, ter um contrato triangular. Incorpore seu próprio chefe e o triângulo se tornará um retângulo. Esclarecer quem está envolvido e incluí-los no contrato é um requisito da fase de contratação.

Diagnóstico e Investigação

1. *Níveis de investigação.* A declaração do problema inicial em um projeto de consultoria em geral é um sintoma de outras questões subjacentes. Sua tarefa como consultor é nomear os níveis do problema com clareza e simplicidade. Se o cliente o procura para analisar uma possibilidade em vez de um problema, tente saber por que esta o importa tanto e o que significa para o cliente, além de explorar a natureza da possibilidade.

2. *Clima político.* Seja o seu cliente uma família ou uma organização, a política pode afetar o comportamento das pessoas e sua capacidade para solucionar problemas. Sua tarefa como consultor é entender o suficiente a política da situação para ver como ela afetará seu projeto e a implementação de suas recomendações. Com muita frequência somos coniventes com o cliente, fingindo que as organizações não são políticas mas apenas racionais.

3. *Resistência em compartilhar informação.* O cliente sempre tem certa relutância para revelar a história toda ou todos os dados que precisamos para entender o que está acontecendo. Essa resistência, que com frequência vem indiretamente com o comportamento passivo ou questionador durante a coleta de dados, precisa ser identificada e expressa.

4. *A entrevista como um evento conjunto de aprendizagem.* Quando iniciamos a coleta de dados, começamos a mudar essa organização. Nunca somos simplesmente observadores neutros, objetivos. Iniciar o processo de investigação envolve implementação, e precisamos ver isso dessa maneira. Quando questões difíceis surgem durante a fase de descoberta, precisamos persegui-las sem nos preocuparmos em contaminar os dados ou tornar o estudo tendencioso. Com muita frequência, percebemos que estamos assumindo um papel passivo na descoberta.

Feedback e Decisão para Agir

1. *Filtrar dados.* A finalidade da descoberta é tomar certas medidas, e não fazer apenas uma pesquisa. Isso significa que os dados precisam ser reduzidos a um número gerenciável de itens. Cada um dos itens finais selecionados para *feedback* ao cliente deve ser passível de ação — ou seja, deve estar sob o controle do cliente.

2. *Apresentar dados pessoais e organizacionais.* À medida que investigamos sobre equipamentos, remuneração ou fluxo de informações, também coletamos dados sobre o estilo gerencial de nosso cliente. Aprendemos sobre a política da situação e sobre as atitudes das pessoas perante a organização. Um requisito da fase de *feedback* é incluir esse tipo de informação em nosso relatório. Dados pessoais e organizacionais não são incluídos para prejudicar ninguém ou para ser alvo de fofoca, mas como informação no contexto em que nossas recomendações poderiam ser implementadas. Também é um tipo específico de informação que o cliente não pode obter de mais ninguém.

3. *Comandar a reunião para ação.* A reunião de *feedback* é a hora da verdade. É o momento de maior ansiedade tanto para o cliente quanto para o consultor — no caso do consultor, pelo que deve ser dito, no caso do cliente, pelo que deve ser ouvido. O consultor precisa manter controle dessa reunião de modo que o assunto dela seja tratado. Apresentar um quadro claro para o cliente é apenas uma parte da pauta. O principal objetivo é trabalhar na decisão sobre o que fazer. Quanto mais *feedback* a reunião puder dar sobre o que fazer, melhor a chance de influenciar a decisão sobre implementação; por isso, tire vantagem da oportunidade.

4. *Concentrar-se no aqui e agora.* Outro requisito da fase de *feedback* é identificar como o cliente está gerenciando o *feedback* em si. Em geral este processo se torna vítima dos mesmos problemas gerenciais que criaram a necessidade de seus serviços em primeiro lugar. Se a organização está sofrendo falta de estrutura ou de direção, por exemplo, isso também afetará a maneira como eles lidam com o seu relatório. Esteja consciente disso e chame atenção de seu cliente para isso. Se você não souber detalhadamente

como seu próprio projeto está sendo conduzido, simplesmente se tornará a vítima da vez.

5. *Não levar nada para o lado pessoal.* Esta é a parte mais difícil. A reação do cliente ao seu trabalho é mais uma resposta ao processo de dependência e de receber ajuda do que resistência ao seu estilo pessoal. Você tem suas peculiaridades, como todo mundo. Se, contudo, começar a se angustiar durante o processo de *feedback*, mesmo que guarde esse sentimento para si mesmo, você estará encrencado. A resistência encontrada durante o processo refere-se à expectativa de tocar em questões organizacionais difíceis. Não se deixe seduzir e levar isso para o lado pessoal.

Engajamento e Implementação

1. *Apostar no engajamento em vez de no comando e na persuasão.* Embora uma decisão tenha de ser tomada, o verdadeiro trabalho está mais à frente. A maneira como envolve as pessoas irá determinar o compromisso delas em cada etapa. O instinto é se concentrar demais na decisão e não valorizar o modo como as pessoas serão reunidas para realizar esse trabalho conjunto.

2. *Planejar mais participação que apresentação.* Cada reunião precisa ser um exemplo da nova maneira de trabalhar e demonstrar que a atitude do funcionário ditará o sucesso. Isso exige forte interação e formas de procedimento. As pessoas não investirão no que elas foram forçadas a aceitar, mesmo que você seja claro sobre o que é esperado delas.

3. *Encorajar trocas públicas difíceis.* A confiança é construída lidando-se com as questões difíceis logo no início e de maneira aberta. Crie espaço para manifestações de dúvida e cinismo desde o começo. Questões que forem adiadas voltarão a assombrá-lo. A maneira como lidamos com conversações difíceis determinará a credibilidade do projeto e a opinião que o cliente terá a nosso respeito, independentemente de assumirmos a tarefa de conduzir o projeto ou de trabalhar a serviço das partes envolvidas.

4. *Dar opção.* Envolva as pessoas na decisão sobre a mudança o mais cedo possível. O compromisso nasce quando elas têm essa escolha. Resista à tentação de apresentar a solução logo no início, em nome da rapidez. O compromisso pode ser mais importante que a perfeição. Toda pergunta tem sempre várias respostas certas.
5. *Mudar a conversa para mudar a cultura.* Encoraje o diálogo destituído de culpa, sobre o que aconteceu anteriormente, sem dar atenção a quem não está na sala, e sem desejar passar rápido demais para a ação. Estruture a conversa para a responsabilidade pessoal, pergunte sobre a finalidade e o sentido e o que será singular e novo sobre as mudanças propostas.
6. *Prestar atenção ao lugar.* A estrutura da forma como nos reunimos tem mais impacto na atitude e no compromisso de nossos clientes do que percebemos. A sala em si, a maneira como todos estão sentados e o modo como dirigimos a reunião carregam mensagens fortes sobre nossas intenções e quem é importante para o sucesso. A maioria dos locais onde as reuniões acontecem reforça o alto controle e a obrigatoriedade das estratégias. Quando temos opção sobre a estrutura da sala, devemos tirar vantagem disso.

É totalmente possível percorrer essas fases e pular alguns desses requisitos. Na contratação, por exemplo, quase todos nós fazemos boas avaliações das expectativas do cliente. Mas se não conseguirmos identificar as expectativas do consultor ou o que o cliente tem a oferecer com a mesma clareza que avaliamos as expectativas do cliente, teremos problemas. Expectativas não tratadas no início são muito mais difíceis de serem recuperadas em fases posteriores. Um exemplo é o desejo do consultor de ter o apoio do gerente cliente no projeto e falar sobre este a seus funcionários. Se isso não for negociado na fase de contratação, você se sentirá tolhido mais tarde, quando quiser coletar dados de pessoas que realmente não sabem por que você estava conversando com elas.

Outra tarefa-chave da contratação é discutir a motivação do cliente para prosseguir com o projeto. Às vezes seu desejo de começar o projeto pode levá-lo a minimizar essa discussão. Você pode não perguntar diretamente se o cliente quer ir em frente com o projeto e descobrir o quanto ele está entusiasmado com o projeto. Se só descobrir muito depois que a motivação deles é baixa, pode ser tarde demais para fazer algo a respeito.

Devido ao nosso desejo de levar o projeto adiante, quase todos temos a tendência de desprezar ou não valorizar a resistência e o ceticismo iniciais. Nós nos enganamos ao pensar que, uma vez que os clientes entram no projeto, eles se envolverão e aprenderão a confiar em nós. Isso pode levar a cedermos mais do que desejaríamos no início, esperando ser capazes de firmar nossa posição mais tarde. Isso em geral não funciona. Quando cedemos no início, o cliente nos vê como alguém que trabalha em uma posição submissa. Quando evitamos problemas no início, o cliente nos vê como alguém que evita problemas. Depois é difícil mudar essas imagens e expectativas a nosso respeito — principalmente se o cliente espera que evitaremos problemas e cederemos.

Ao não confrontarmos as tarefas de cada fase, acumulamos atividades inacabadas que voltarão a nos assombrar. Atividades inacabadas sempre aparecerão em algum lugar, e em geral de forma indireta. O cliente que achou que estávamos recorrendo à coerção no início do projeto mas nunca expressou esse sentimento diretamente é aquele que nos questionará sem parar mais tarde, na reunião de *feedback*. Essas perguntas infindáveis são alimentadas da primeira vez quando se sentiu coagido, e não por nossos dados falhos. Será muito mais difícil na reunião de *feedback* retrabalhar esses sentimentos de coerção do que teria sido discuti-las na reunião de contratação quando o projeto foi iniciado.

Terminar as atividades de cada fase e ser sincero ao afirmar o que você está sentindo é tudo o que você precisa para prestar uma consultoria infalível.

Mas o que dizer dos resultados e de quem assumirá a responsabilidade?

RESULTADOS

Por definição, ser consultor — e não um gerente — significa que ter controle e responsabilidade direta apenas por seu próprio tempo e seus próprios recursos. O gerente de linha é pago para assumir responsabilidade pelo que a organização implementa ou não implementa. Se o gerente cliente pega seu relatório e prefere não fazer nada com ele, é um direito dele. Na análise final, você não é responsável pelo uso de sua experiência e recomendações. Se os consultores acreditam realmente que devem ser responsáveis pela implementação de suas recomendações, então seria melhor para eles assumir o cargo de gerentes de linha e deixar a consultoria.

Esse desejo de assumir responsabilidade pelas atividades que pertencem aos clientes pode se tornar um obstáculo importante à eficácia da consultoria. Quando assumimos e agimos como se a organização fosse nossa (um desejo que todos temos às vezes), o gerente de linha é deixado de fora. A organização pode resolver o problema imediatamente, mas os gerentes terão aprendido pouco sobre como fazer isso. Quando alguma coisa dá errado com nosso sistema, como acontecerá inevitavelmente, somos chamados novamente ou a organização alegará que nosso sistema falhou. Tanto a extrema dependência do cliente quanto o seu desdém são ruins para o consultor. É essencial ser claro sobre qual é sua responsabilidade, como consultor, e qual é a responsabilidade do gerente de linha.

RESPONSABILIDADE

Só porque não somos responsáveis pelo que o cliente faz com o nosso trabalho, isto não significa que não ligamos para o que acontecerá no final. De fato, o impacto que nossa consultoria tem é profundamente importante. Queremos que nosso trabalho seja usado. Todas as vezes. Se um consultor de engenharia é chamado para fazer a fornalha de uma fábrica funcionar, o engenheiro fará recomendações para que esta seja consertada e funcione perfeitamente para sempre. O problema é que o consultor não controla o modo como a fornalha é operada. Se estamos treinando um gerente de linha para obter mais eficiência, este decidirá o que deve ouvir com atenção e as ações que tomará, e é assim que funciona.

Esta é a mais profunda frustração de dar consultoria. Você sabe que suas recomendações são seguras e devem ser seguidas, mas não é responsável pela forma como a fornalha é operada e precisa aceitar esse fato. Você não é responsável se os clientes que receberam seu treinamento continuarem a agir como querem. Tudo o que se pode fazer é trabalhar com os clientes de modo a aumentar as probabilidades de eles seguirem suas orientações e se esforçarem para aprender a operar a fornalha ou se esforçar para lidar com os outros de uma forma diferente.

A chave para aumentar as chances de sucesso é continuar se concentrando em como trabalhar com os clientes. O que podemos controlar realmente é nosso modo de trabalhar, nosso próprio comportamento, nossas estratégias para envolver clientes e reduzir sua relutância para operar a fornalha de um modo diferente. É por isso que devemos nos responsabilizar pela maneira como trabalhamos com os clientes — e não pelo que eles farão para gerenciar bem ou mal suas próprias operações.

A desvantagem disso tudo é a necessidade de provar que nosso trabalho gerou resultados positivos. A necessidade de reivindicar o crédito pelos riscos e esforços assumidos pelos clientes é uma medida de nossa própria vaidade e da ansiedade em alimentá-la. Nossos clientes saberão, mesmo que não consigam expressar com facilidade, qual foi a nossa contribuição para o esforço deles. Sentimos a necessidade de apresentar nossos resultados concretos a fim de afastar qualquer dúvida sobre nosso trabalho ou de oferecer nossos serviços.

Se conheço minha área de especialização (um dado), ajo com sinceridade com o cliente, faço o trabalho e concluo cada fase de consultoria e ajo para que o cliente desenvolva capacidades para solucionar o próximo problema por si próprio, posso dizer com legitimidade que fiz uma consultoria infalível. Mesmo que meus esforços não gerem nenhuma ação. Mesmo que o projeto aborte na fase inicial da contratação. Mesmo que meus serviços sejam dispensados no dia em que eu fizer minhas recomendações. Mesmo que todas essas coisas aconteçam, é possível dizer que fiz um trabalho competente de consultoria. Se isso acontecer, não será uma consultoria feliz, pois todos nós desejamos transformar o mundo com um simples toque nosso. Mas é o melhor que podemos fazer.

Essa forma de ver a responsabilidade pela consultoria nos impede de assumi-la no lugar dos clientes e de pressioná-los inutilmente a fazer algo que eles não vão ou não querem fazer. Assumir a organização do cliente, pressionar para sermos ouvidos, reclamar da maneira como um gerente trabalha – tudo isso reduz a eficiência dos consultores. Quando nos concentramos em nossas próprias ações e expressamos a consciência do que estamos vivenciando com o cliente e como estamos trabalhando, isso contribuirá para nossa eficiência.

Nossas próprias ações, nossa própria consciência – é por elas que devemos nos responsabilizar. Demita-me por não fazer uma boa contratação ou por não confrontar a baixa motivação do cliente até a reunião de *feedback*. Demita-me por dar recomendações tão completas e perfeitas que o cliente terá receio de segui-las. Mas me recompense por fazer uma contratação sólida com três gerentes que cortaram projetos quando um novo vice-presidente foi anunciado. Recompense-me por não começar um projeto quando um gerente de fábrica disse que isso era necessário mas tudo indicava o contrário.

Completar as atividades de cada fase e ser sincero com o cliente – isso é o que uma consultoria infalível, uma consultoria sem falhas, requer. Durante todos os anos em que dei consultoria, todos os meus fracassos (dos quais me lembro com uma clareza angustiante) ocorreram porque me deixei levar tanto pelo modo como eu solucionaria o problema do cliente que não prestei atenção à motivação dele ou porque eu queria tanto aquele cliente que não liguei para a forma como faria o contrato. Em cada caso, ignorei alguma etapa do processo de consultoria, não realizei a atividade específica de uma dada fase, ou preferi não lidar sinceramente com minhas preocupações sobre o cliente. Se tivesse me concentrado mais exatamente em como eu estava trabalhando com cada cliente, esses fracassos poderiam ter sido evitados.

O DIREITO DE FALHAR

Os fracassos podem ser evitados, mas isto não significa que um consultor possa esperar ver um aprimoramento significativo como resultado de todo projeto. Os consultores internos perguntam com frequência: "Quer dizer que se eu for sincero e cuidar das atividades de cada fase, ganharei o apoio de um gerente de fábrica que até agora não fala comigo?". Quando eles fazem essa pergunta, estão expressando sua descrença. É uma descrença legítima. Nenhuma ação de um consultor garantirá resultados com um cliente. Existem várias razões para isso.

Cada um de nós recebe e usa informações de formas diferentes. Os gerentes costumam ter dificuldade para aceitar ajuda e para estar publicamente abertos a sugestões. Eles podem ser fortemente influenciados por nosso trabalho, e podemos nunca saber disso. Pressionar os clientes a ter uma percepção imediata de que os estamos ajudando pode ser um enorme obstáculo para a aprendizagem que estamos tentando promover. Se pudermos nos manter concentrados simplesmente na maneira como trabalhamos com os clientes, evitaremos pressioná-los compulsivamente, e os resultados virão automaticamente.

Uma segunda razão para os consultores não poderem julgar seu trabalho apenas pelas reações dos gerentes é que os gerentes clientes têm o direito de falhar, queiramos ou não admitir. Os gerentes têm o direito de evitar lidar com problemas acerca de como operar a fornalha, de manter certa distância dos funcionários, de manter um fraco controle do caixa para pequenas despesas, de ter políticas de pagamento inconsistentes para a força de vendas em campo. Os gerentes têm o direito de sofrer e, como consultores, em geral estamos assumindo um papel secundário na vida deles, para mudar realmente isso.

O direito que um gerente tem de falhar é extremamente difícil para os consultores internos aceitarem. Se trabalhamos em uma organização e nos importamos com ela, vemos uma divisão indo pelo ralo, sentimos a obrigação de tentar dar uma guinada na situação. O erro que podemos cometer é assumir a reabilitação daquela divisão como um objetivo pessoal. O gerente daquela divisão, e não o consultor, é responsável por sua reabilitação. Assumir os direitos do gerente, inclusive o direito de falhar, leva a erros de consultoria. Também pode gerar frustração e desespero, pois você pode assumir uma tarefa que não está em condições de realizar. Sua responsabilidade como consultor é apresentar informações do modo mais simples, direto e assertivo e completar as tarefas de cada fase da consultoria. É só o que se pode fazer, e cabe a cada um de nós realizá-la com perfeição.

CAPÍTULO 4

VISÃO GERAL DA CONTRATAÇÃO

NO INÍCIO DE CADA WORKSHOP que conduzimos sobre as habilidades em consultoria, perguntamos às pessoas o que elas querem aprender sobre o assunto. A primeira leva de perguntas é muito razoável e orientada para tarefas:

- Como montar um projeto?
- Como avaliar a efetividade da consultoria?
- Como ser árbitro e prestar auxílio ao mesmo tempo?
- O que fazer para descobrir as expectativas do cliente?
- Como fazer para "entrar" quando não se é bem recebido?
- Como estabelecer a confiança?
- O que são habilidades de consultoria?
- Quando faremos intervalo para o almoço?

... e assim por diante.

Quando iniciamos o *workshop* propriamente dito, é fácil perceber as reais expectativas que estão por trás desses desejos. O que os consultores querem entender sobre consultoria? Queremos saber como ter poder sobre nossos clientes! Como os influenciamos, conseguimos que eles façam o que queremos, gerenciamos segundo nossa própria imagem? E enquanto estamos fazendo tudo isso para eles, como mantemos o respeito e o reconhecimento deles?

A expressão "ter poder sobre nossos clientes" é uma distorção da expectativa mais promissora que é ter poder *com* nossos clientes. Se queremos controlá-los, nós nos colocamos em um pedestal e nossos clientes no chão. Esse relacionamento é altamente instável porque os clientes logo percebem nossa intenção de controlá-los e são capazes de nos derrubar com facilidade. E por que não deveriam ser capazes de nos derrubar? Os gerentes são recompensados por manter o controle e ter habilidade política ou não seriam gerentes. Por isso o desejo de ter poder sobre os clientes é uma posição que não trará benefício algum para os consultores. A alternativa realista é ter poder *com* os clientes, ter impacto direto e construtivo enquanto se posiciona no mesmo nível.

O momento de máximo proveito para os consultores provavelmente seja obtido na fase de contratação do projeto. Certas possibilidades de impacto no projeto poderão se perder permanentemente caso não sejam perseguidas na contratação. O contrato define o encaminhamento do projeto, e é muito mais fácil negociar um novo contrato do que renegociar um antigo. Qualquer pessoa que esteja casado há mais de um ano entende isso.

CONTRATAÇÃO: O CONCEITO E A HABILIDADE

Um contrato é simplesmente um acordo explícito do que o consultor e o cliente esperam um do outro e como irão trabalhar juntos. Em geral é verbal e às vezes é escrito. Os contratos com consultores externos são feitos com mais frequência por escrito porque confia-se menos nos consultores externos do que nos internos, principalmente quando se trata de dinheiro. Alguns consultores internos sempre gostam de ter um documento escrito descrevendo o projeto em que estão trabalhando. Provavelmente esta é uma boa ideia, mesmo que seja na forma de uma carta. Mas basicamente um contrato entre um consultor interno ou externo e um gerente de linha é um contrato social. É feito não tanto com o objetivo de garantir o seu cumprimento, mas para a clara comunicação sobre o que vai acontecer no projeto.

A Palavra: *Contrato*

"Não somos advogados", as pessoas dizem. "Um contrato é um documento jurídico escrito em linguagem convencional, é irrevogável e por escrito, e é rígido e formal. Por que não chamá-lo de acordo de trabalho?" A palavra *contrato* encerra dois aspectos proveitosos. Uma vez que não estamos acostumados a pensar em relações sociais ou de trabalho em termos contratuais, a palavra chama atenção para a necessidade de expectativas específicas na relação de consultoria. Algumas conotações jurídicas da palavra *contrato* são aplicáveis às relações de consultoria.

Os contratos jurídicos contêm dois aspectos básicos que se aplicam às relações de consultoria: consentimento mútuo e considerações de validade.

Consentimento Mútuo

Conceito-chave: Ambos os lados entram em acordo livremente e por vontade própria.

O conceito de consentimento mútuo trata diretamente da questão do quanto a pessoa que dá suporte e o gerente de linha estão motivados para se engajar juntos em um projeto. Muitas forças nas organizações tendem a coagir as pessoas a começar um projeto e a trabalhar juntas. Por exemplo, muitas vezes o fato de todos estarem participando é um motivo de pressão para os gerentes. Eles não estão realmente dispostos a fazer, digamos, uma pesquisa com seus funcionários, mas devem realizá-la e por isso procuram o consultor interno para saber como poderão fazer essa pesquisa. Modos operacionais internalizados ou o que está em voga podem se tornar forças coercitivas fortes. O profissional que dá suporte também trabalha de acordo com muitas "regras operacionais". "Um profissional que dá suporte nunca deve dizer não a um gerente de linha" é uma crença que pode levar esse profissional a iniciar um projeto embora não acredite que trará bons resultados. A coerção também pode ser muito direta.

Quando ocorre certa variação desse diálogo, o cliente e o consultor têm um acordo sobre o trabalho a ser feito, mas eles não estão trabalhando com um contrato sólido ou válido. O consultor está operando sob coerção e não fez o acordo espontaneamente. Com frequência, não é possível negociar um contrato válido. Tudo bem. A chave é que, quando um gerente está insatisfeito com os resultados do novo formulário de avaliação, deve identificar o problema como sendo o desequilíbrio do contrato original quanto à atribuição de responsabilidades, e não a elegância do formulário.

Considerações de Validade

Conceito-chave: Ambas as partes devem ter considerações válidas para que se tenha um contrato sólido.

Para nossa finalidade, *consideração* é a troca de algo de valor entre o consultor e o cliente. Os consultores internos estão extremamente acostumados a se concentrar na consideração oferecida ao cliente. O ímpeto inicial durante uma conversa entre um funcionário da produção e da assistência é discutir os serviços que serão oferecidos ao funcionário da produção. Esses serviços — ou considerações — assumem a forma de conselho, análise ou apenas reflexão. Para existir um contrato válido, no entanto, a pessoa de apoio precisa receber algo de valor em troca. Este é o lado da equação que, com frequência, é pouco valorizado, ignorado ou pressuposto sem discussão.

O profissional que dá assistência costuma dizer que só precisa de reconhecimento — sua contribuição precisa ser reconhecida. No nível emocional, isso pode ser verdade, mas há itens mais tangíveis dos quais os consultores precisam e que deveriam fazer parte do contrato original:

- *Parceria operacional no negócio de risco.* Isso significa ter influência sobre o que acontece, descobrir quais são os acontecimentos significativos, manter o respeito pela contribuição singular que você traz.
- *Acesso a pessoas e informação na organização.* O acesso significa liberdade de ação para identificar questões e buscar dados que pareçam ser relevantes para você.
- *Tempo dos profissionais na organização.* O principal custo para a maioria dos projetos de aprimoramento, mesmo quando um investimento considerável está envolvido, é o tempo dos funcionários na organização para planejar e incorporar mudanças em suas operações. Muitas vezes o consultor recebe uma atribuição com a condição de não tomar tempo demais dos funcionários de linha porque "eles" não querem interromper a produção. Este é um sinal de advertência de que não há equidade no contrato e este precisa ser renegociado.
- *Oportunidade para inovar.* Os consultores em geral querem tentar algo diferente. Você tem o direito de pedir essa oportunidade diretamente e de não ter que tentá-la às escondidas.

No próximo capítulo nos aprofundaremos mais nas necessidades e expectativas do consultor. É importante lembrar aqui que suas vantagens diminuirão se subestimar as próprias necessidades e expectativas logo no início. O contrato precisa ser equilibrado, observando os interesses de ambas as partes.

Habilidades de Contratação

Fazer a contratação de uma consultoria infalível é:

1. Agir com autenticidade
2. Completar cada fase da contratação

A fase de contratação envolve negociar desejos, lidar com diferentes motivações, expressar preocupações sobre a exposição e a perda de controle, esclarecer o contrato para todas as partes e deixar o cliente seguro. Antes de entrar nas etapas reais de uma reunião de contratação, apresento uma lista das competências em consultoria exigidas para se completar a contratação. Será necessário:

- Fazer perguntas diretas sobre quem é o cliente e quem são as partes menores no contrato.
- Esclarecer as expectativas que o cliente tem de você.
- Afirmar com clareza e simplicidade o que espera do cliente.
- Dizer não ou adiar um projeto que considera ter menos de 50% de chance de sucesso.
- Investigar diretamente as preocupações subjacentes do cliente em perder o controle.
- Investigar diretamente as preocupações subjacentes do cliente quanto à exposição e à vulnerabilidade.

- Dar assistência verbal, direta e segurança ao cliente.
- Quando a reunião de contratação não está indo bem, discuta diretamente com o cliente por que isto está acontecendo.

Competências mais detalhadas serão abordadas à medida que tratarmos da reunião de contratação no próximo capítulo. Contudo, essa lista contém os pontos fundamentais, que muitos de nós temos dificuldade de fazer. Essa dificuldade não é realmente de executar a ação em si, mas de valorizar a importância dessas ações. Ter discussões diretas com o cliente — sobre controle, vulnerabilidade, seus desejos, a chance de sucesso e como a discussão está indo — faz a diferença entre uma reunião de contratação mediana e uma excelente reunião. O problema é que é possível ter uma reunião de contratação em que nenhum desses assuntos é discutido diretamente. Quando isso acontece, o consultor e o cliente estão realmente fazendo um conluio para não tratar de certos pontos delicados. A racionalização é: "Bem, eu lidarei com essas áreas se for necessário". *É sempre necessário conversar sobre controle, vulnerabilidade, suas expectativas e chances de sucesso.* Se, enquanto está lendo este capítulo, você está pensando que sempre confronta essas áreas com seus clientes, então deve se sentir satisfeito. Provavelmente, estará realizando um trabalho mais impecável do que pensou que estivesse.

ASPECTOS DE UM CONTRATO

Até aqui nos concentramos no processo de desenvolver um contrato. Esta seção oferece algumas sugestões sobre qual deveria ser o conteúdo a ser incluído no contrato. Mas primeiro falaremos um pouco sobre a forma.

As pessoas sempre perguntam se o contrato deve ser feito por escrito. Se tiver disposição e tempo, a resposta é sim. A razão para tê-lo por escrito é a clareza, e não para garantir o cumprimento dele. Se for por escrito e o cliente mudar de ideia sobre os serviços solicitados, será necessário renegociar um novo contrato ou interromper o projeto. Ter o acordo original por escrito não mudará isso. Se tiver investido dinheiro do seu bolso ou seu tempo como profissional no projeto, então um contrato por escrito o ajudará a exigir pagamento pelo dinheiro e tempo investidos, caso o projeto venha a ser interrompido. Para a maioria dos consultores internos, o verdadeiro valor de um contrato por escrito é garantir o entendimento junto ao gerente de linha antes de o projeto ser iniciado. É uma boa maneira de testar a solidez do contrato. Ter um acordo escrito o força a ser mais explícito quanto ao que será feito.

A forma do documento escrito deve ser breve, direta e quase em tom informal. A finalidade é comunicar, e não se proteger juridicamente.

Os aspectos a seguir devem ser abordados na maioria de seus contratos, principalmente quando o contrato sinalizar o início de um projeto importante.

Os Limites de Sua Análise

Comece com uma afirmação do problema ou da possibilidade que vai focalizar. Se foi discutido na reunião de contratação, pode incluir questões que não serão abordadas no projeto:

Exemplos

"O estudo lidará com a Brogan Reactor Furnace e sua rede de suporte periférico. Não entraremos em problemas existentes na Usina Elétrica B."

"Avaliaremos apenas como está funcionando a atual estrutura organizacional de marketing e sua interface com o departamento de vendas."

Objetivos do Projeto

Os objetivos identificam os aprimoramentos organizacionais esperados se sua consultoria tiver sucesso. Esta é sua expectativa quanto aos benefícios que o cliente pode esperar. Às vezes essa declaração ajuda o cliente a ser realista sobre as limitações do projeto. O consultor não é um mágico e precisa lembrar sempre o cliente disso.

O consultor pode ajudar o cliente em quatro áreas gerais:

- *Resolver um problema técnico ou comercial.* O cliente quer falar com o consultor porque existe algum transtorno em sua organização. O objetivo imediato é reduzir esse transtorno, quer este corresponda aos resultados atualmente insatisfatórios ou ao fato de que as oportunidades de aprimoramento não estão sendo exploradas.

- *Criar uma nova possibilidade para a organização.* Às vezes o cliente é impulsionando pela visão de um novo futuro mais do que pela existência de um problema a ser resolvido. O trabalho é dar forma e construir suporte para essa visão. Isso envolve com frequência examinar profundamente o sistema e definir como expandi-lo mais plenamente em busca de uma nova cultura.
- *Ensinar o cliente a solucionar o problema por si mesmo da próxima vez que acontecer.* É possível desenvolver uma solução e meramente entregá-la ao cliente. Se existe a expectativa de o cliente fazer isso sozinho quando o problema ocorrer novamente, seja claro. Isso exigirá muito mais envolvimento do cliente durante a vida do projeto se o processo de solução de problemas que o consultor estiver usando for transferido para o cliente.
- *Aprimorar a maneira como a organização gerencia seus recursos, usa seus sistemas e trabalha internamente.* Todo negócio ou problema técnico tem um componente onde o modo como o problema está sendo gerenciado faz parte dele. Muitos consultores internos ficam relutantes em entrar nessa área, mas quanto mais puder incluir isso como objetivo do projeto, mais o consultor poderá ajudar.

Seja claro desde o início sobre o que faz parte de seu contrato — por exemplo:

Dos Objetivos Comerciais

"O objetivo do estudo é diminuir os defeitos no processo de fabricação da placa de circuito impresso em 4%."

"Nosso objetivo é aumentar a capacidade de resposta do departamento de marketing a mudanças na demanda do consumidor. Particularmente esperamos desenvolver maneiras de reduzir em seis semanas o tempo que leva para introduzir um novo produto."

Dos Objetivos de Aprendizagem

"Um segundo objetivo é ensinar o grupo de engenharia da fábrica a realizar esse tipo de análise de produção."

"A equipe de marketing deve se tornar mais efetiva na avaliação de sua própria resposta de mercado e se reestruturar no futuro."

Dos Objetivos do Desenvolvimento Organizacional

"Este projeto ajudará o gerente de fábrica a desenvolver maneiras de gerenciar melhor a interface entre a engenharia e as operações de fábrica."

"Um objetivo do projeto é aumentar a colaboração entre o grupo de pesquisa de mercado e os diretores de produto."

"O objetivo é criar uma cultura de forte compromisso e responsabilidade e ser mais proativo na busca de novas oportunidades de mercado."

O Tipo de Informação Buscada

O acesso a pessoas e a informações é a principal expectativa do consultor. A principal ambivalência da organização de linha consiste em determinar o quanto ela manterá o consultor distante das entranhas de sua organização. Eles querem dizer ao consultor o que está acontecendo realmente e ao mesmo tempo temem fazer isso. O consultor deve se aproximar *mas nem tanto*. Apesar do que o gerente de linha diz, há sempre um certo desejo de confirmar que a organização está fazendo o melhor que pode ser feito nessas circunstâncias. Esse desejo às vezes pode ser mais forte que o de solucionar o problema. Uma maneira de se proteger contra essa ambivalência é ser explícito desde o início sobre o tipo de informação que precisa. Algumas informações que podem ser especificadas no contrato são: dados técnicos, números e fluxo de trabalho; atitudes das pessoas perante o problema; e papéis e responsabilidades. Vejamos exemplos:

Dos Dados Técnicos, Números e Fluxo de Trabalho

"Para completar o projeto, exigiremos dados numéricos da produção diária para o processo de gravação e os cronogramas de trabalho e procedimentos realizados atualmente."

"Vamos querer ver o cronograma planejado e o que foi feito de fato nos últimos seis lançamentos de melhoria em produtos após iniciarmos o projeto."

Das Atitudes das Pessoas

"Queremos entrevistar pelo menos quinze pessoas para identificar como elas veem atualmente a função de marketing."

"Queremos conversar com as pessoas que fazem gravação em um único lado e em várias camadas e que fazem o teste e a validação para descobrir o que acham da maneira como o grupo de supervisão recompensa o desempenho bom e o fraco. Também planejamos fazer as mesmas perguntas aos supervisores."

Dos Papéis e Responsabilidades

"A organização de marketing fornecerá uma definição de quem é responsável pelas principais decisões sobre novos produtos em cada etapa do processo."

"Obteremos informações de todos os supervisores sobre o que eles acham de seus cargos e da autoridade que têm para gerenciar suas seções do processo de fabricação de PCB (bifenilas policloradas)."

Seu Papel no Projeto

É aqui que o consultor afirmará o quanto deseja trabalhar com o cliente. Se quer um relacionamento de colaboração, deve dizer isso. Faça uma declaração tanto da intenção quanto do espírito. Não compensa especificar de que forma vocês vão trabalhar juntos. É difícil prever no início o que vai acontecer. Você pode fazer algumas afirmações sobre o desejo de compartilhar igualmente a responsabilidade pela identificação dos problemas, interpretação dos achados e elaboração de recomendações e planos de ação:

Exemplo

Nosso papel básico é fornecer um quadro claro e compreensível de como sua fábrica atualmente está realizando a gravação e os processos de testagem e validação na fabricação de PCB. Embora tenhamos experiência no projeto e na operação de equipamentos, bem como nos procedimentos de teste e validação no setor, seu grupo tem muito conhecimento das operações diárias. Esperamos apresentar nossa análise do problema dos defeitos e então desenvolver conjuntamente recomendações sobre quais mudanças devem ser feitas. Uma parte importante de nosso papel é ajudá-lo a solucionar esse problema por si mesmo da próxima vez. Isso exige que os supervisores de fábrica tenham certo envolvimento em cada etapa do estudo. Estamos comprometidos em desenvolver soluções específicas às atuais preocupações e desempenhar um papel educacional importante com você e seus supervisores.

O Produto Oferecido

Aqui é importante ser específico sobre o que você está oferecendo. Seu *feedback* será oral ou escrito? Qual a extensão — cinco páginas ou cinquenta? Quantos detalhes o cliente receberá? O quanto se aprofundará nas recomendações específicas? Dará sugestões gerais de aprimoramentos, ou dará uma lista de etapas que podem ser implementadas imediatamente? Apresentará soluções reais ou etapas que podem ser seguidas e que poderão levar a soluções?

Evidentemente, o consultor não pode prever todos esses detalhes no início, mas sabe por experiência própria, qual será o grau de especificidade. Essa dimensão em um relacionamento de consultoria — é uma causa importante de desapontamento do cliente com relação aos serviços de consultoria que eles receberam. Isso não significa que as recomendações devem ser sempre específicas ou que devam ser gerais; isso depende da tarefa em que o consultor está engajado. Significa que deve haver um entendimento claro com o cliente sobre como se parecerá o seu produto.

Aqui está uma promessa de recomendações específicas:

> O resultado desse projeto será uma descrição detalhada dos achados, de cinco a quinze páginas. Para cada constatação importante, ofereceremos recomendações específicas sobre as quais você pode agir.

E esta é uma promessa de recomendações gerais:

> O resultado desta investigação será uma síntese de uma página de nossas principais conclusões. As recomendações reais serão efetuadas junto com você, depois que a síntese das questões tiver sido discutida. Essas recomendações serão desenvolvidas na reunião de *feedback*, com duração de meio dia, programada para acontecer ao final do projeto.

Ao prometer resultados ao cliente, lembre-se de que em um dado momento caberá a você delegar a ação a ele. É o cliente, e não você, que obterá resultados contínuos. O consultor pode garantir uma solução para um problema, mas não pode garantir que a solução seja seguida. Assumir totalmente a solução pode parecer confortável, mas isso priva os clientes da responsabilidade pela solução que, por direito, cabe a eles assumir.

Suporte e Envolvimento do Cliente

Esta seção é o ponto fundamental do contrato para o consultor. É nela que ele especifica o que deseja do cliente para que o projeto seja um sucesso. Esta lista é o que o cliente está lhe oferecendo. Inclua aqui as expectativas que foram alvo de discussão na reunião de contratação. Anotar suas expectativas assegura que estas serão comunicadas com clareza e que os pontos delicados identificados serão resolvidos:

Exemplo

> Você [o gerente de linha] concordou em comunicar a existência e a necessidade deste projeto para sua organização. Também concordamos em fazer uma reunião com o vice-presidente para saber a opinião dele sobre o problema e incluí-lo na segunda reunião de *feedback*. [A reunião com o vice-presidente é um exemplo do que poderia ser um tópico delicado da discussão.] Além disso, duas pessoas de sua equipe estarão disponíveis durante no máximo sete dias cada, a fim de ajudar na análise de dados e no resumo.

Cronograma

Inclua a data de início, qualquer marco intermediário e a data de conclusão. Se quer fazer relatórios interinos ao cliente antes de encerrar o projeto, programe-os no começo. É sempre mais fácil cancelar uma reunião do que marcar uma de última hora:

Exemplo

"Podemos começar este trabalho daqui a seis semanas e planejar completá-lo daqui a dez semanas, a partir do início."

Confidencialidade

Uma vez que quase sempre está lidando com uma situação ao mesmo tempo política e técnica, saber quem recebe qual relatório é uma preocupação constante. Compensa ser bastante conservador nisso e dar ao cliente controle sobre as pessoas com quem eles desejam compartilhar suas constatações. Esta é a vantagem de ser um consultor externo. O consultor interno pode não ter opção senão enviar um estudo técnico ou um relatório de auditoria para todos os superiores. Tudo o que ele pode fazer é perguntar ao cliente a quem deve dar cópias do relatório. Isto dá aos clientes uma opção sobre como se proteger, se necessário.

Aqui está um exemplo de um *case* fácil, quando se trata de confidencialidade:

> Os resultados deste estudo serão dados ao diretor de engenharia [o cliente]. Qualquer relatório adicional caberá ao diretor. Caso os consultores internos sejam obrigados a relatar os resultados a toda organização, o diretor será informado e convidado a estar presente às reuniões realizadas sobre o assunto.

E aqui está um exemplo de um *case* mais difícil de confidencialidade:

> Os resultados da auditoria serão relatados à comissão de auditoria da direção. Antes de o relatório ser divulgado, o controlador da divisão [o cliente] será capaz de revisar e comentar as conclusões e as recomendações da auditoria. A intenção (e a prática comum) é que o relatório de auditoria vá para a comissão com o apoio tanto do controlador da divisão quanto da equipe de auditoria. O relatório final também inclui a lista de ações corretivas que a divisão planeja adotar.

Feedback que o Consultor Terá Mais Tarde

Um aspecto opcional do contrato é pedir ao cliente para deixá-lo informado dos resultados de seu trabalho seis meses após sair. Se você quer saber, mas geralmente não consegue descobrir, peça isto a ele:

Exemplo

Cerca de seis meses após a conclusão do projeto, o consultor entrará em contato com o cliente e pedirá *feedback* sobre o impacto do projeto. Este poderá ser na forma de um questionário que as pessoas terão de completar, responder através de um telefonema ou enviar dados operacionais recentes ao consultor.

Lista de Verificação #2: Analisando um de Seus Contratos

Escolha um contrato complicado que você tenha negociado. Anote os aspectos desse contrato usando os seguintes títulos:

1. Os Limites de Sua Análise
2. Objetivos do Projeto
3. O Tipo de Informação que Você Procura
4. Seu Papel no Projeto
5. O Produto que Você Oferecerá
6. Que Suporte e Envolvimento Você Precisa do Cliente
7. Cronograma
8. Confidencialidade
9. *Feedback* a Receber

REGRAS BÁSICAS PARA A CONTRATAÇÃO

Um modelo para uma reunião de contratação é apresentado no próximo capítulo. Subjacente ao modelo existe um conjunto de regras essenciais para contratação, formuladas basicamente de minha exposição à psicologia gestáltica:[1]

[1] Participei do workshop sobre Gestalt dirigido por Claire e Mike Reiker próximo de New Hope, Pensilvânia, muitos anos atrás. Nele foram apresentadas as regras básicas de uma forma tão clara e forte que as uso desde então.

1. A responsabilidade por todo relacionamento é dividido igualmente. Toda história tem dois lados. Deve haver simetria ou o relacionamento acabará. O contrato precisa ser 50/50.
2. O contrato deve ser feito de livre vontade das partes.
3. Não se consegue algo por nada. Os interesses de ambos os lados devem ser contemplados. Mesmo em uma relação chefe-subordinado.
4. Todos os desejos são legítimos. Querer é um direito seu. Não diga: "Você não deve querer isso."
5. É possível dizer não ao que os outros querem de você. Mesmo que sejam clientes.
6. Nem sempre você consegue o que quer. E mesmo assim continuará respirando. Você sobreviverá e ainda terá mais clientes no futuro.
7. Você pode especificar no contrato que espera um determinado comportamento. Você não pode especificar em um contrato que espera que a outra pessoa mude os sentimentos dela.
8. Não peça algo que a outra pessoa não tenha.
9. Não prometa algo que não tenha como oferecer.
10. Você não pode contratar alguém que não esteja na sala, como os chefes e subordinados dos clientes. É preciso estar diretamente com eles para saber que há um acordo.
11. Anote os contratos quando puder. A maioria é violada por negligência, não intencionalmente.
12. Os contratos sociais são sempre negociáveis. Se os clientes quiserem renegociar um contrato no meio do processo, agradeça por eles estarem lhe dizendo isso e não simplesmente fazendo, sem dizer nada.
13. Os contratos exigem a especificação de prazos ou duração.
14. Bons contratos exigem boa fé e, muitas vezes, sorte.

CAPÍTULO 5

A REUNIÃO DE CONTRATAÇÃO

EXISTE UMA VELHA PIADA DE DAVID Steinberg sobre a pessoa que vai pela primeira vez ao psiquiatra. Ela entra no consultório e vê duas cadeiras. Vira-se para o psiquiatra e pergunta: "Em qual cadeira devo me sentar?". O psiquiatra diz: "Em qualquer uma." A pessoa se senta. O psiquiatra levanta-se, aponta o dedo para ela e diz: "Aha! Tudo conta!".

O mesmo podemos dizer do fechamento de um contrato. Quase tudo o que acontece e todas as ações carregam uma mensagem de como este projeto e este cliente serão.

A interação pessoal entre o consultor e o cliente durante as primeiras reuniões de contratação é um previsor exato de como o próprio projeto seguirá. Se aceitar esse conceito, você deverá ficar atento ao processo dessas reuniões iniciais. De fato, a habilidade fundamental na contratação é ser capaz de identificar e discutir questões relativas ao processo entre o cliente e você, à medida que ocorrem.

A reunião de contratação em geral é combinada por telefone ou e-mail. Durante essa ligação, é preciso descobrir certas coisas que o ajudarão a se preparar para a reunião. Quem solicitou a reunião? A resposta será a primeira indicação de onde a responsabilidade está. Se alguém mais sugeriu uma reunião com um assessor do gerente de linha, isto é sinal de que o gerente pode estar sentindo certa pressão para prosseguir. Descubra quem estará na reunião e quais serão seus papéis, e qual será a duração dela. Isso dará uma primeira indicação da importância do projeto para o gerente. Há uma grande diferença entre ouvir: "Temos meia hora" que ouvir: "Temos todo o tempo de que precisarmos".

Esclareça qual é o resultado esperado da reunião. É uma reunião para decidir como iniciar ou para fazer alguma coisa? Será necessário fazer uma proposta? Tratar dessas questões antes da reunião dará ao consultor mais dados para se preparar. Isso também sinaliza ao cliente que provavelmente esta será uma proposta 50/50 — que o consultor é alguém responsável no processo, e não apenas um auxiliar.

Tudo isso é mais fácil, claro, quando o cliente está iniciando a reunião com você do que quando está batendo à porta. (Mais adiante, neste capítulo, trataremos de como convencer os clientes que ainda não sabem que precisam de seus serviços). Quando o cliente solicita a reunião, recomendo no mínimo estas perguntas, ao telefone.

- O que você quer discutir?
- Quem é o cliente deste projeto?
- Quem mais estará presente na reunião? Qual é o papel de cada um?
- Quanto tempo teremos?
- Quer começar o projeto ou vamos discutir se faremos ou não alguma coisa?

QUEM É O CLIENTE?

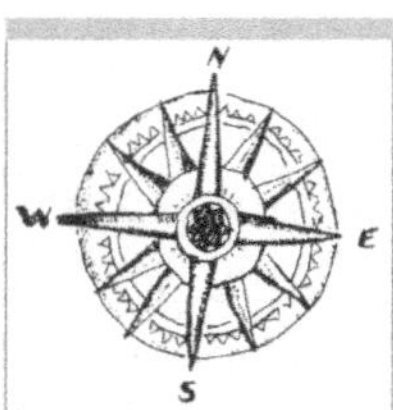

Quando o consultor se reúne com o cliente para iniciar a contratação, a pergunta principal é: Quem é o cliente? A maioria dos projetos tem vários clientes. O gerente de linha com quem você está falando é um cliente. Existem outros que podem participar (veja o Capítulo 7). Uma das regras básicas de contratação é que você não pode contratar alguém que está fora da sala. Se os principais atores não estão presentes quando o projeto está sendo elaborado, o consultor não poderá supor que eles apoiarão o projeto antes de se reunir com eles.

Em geral, os clientes em um projeto são as pessoas que:

- Participam da reunião inicial de planejamento.
- Estabelecem os objetivos para o projeto.
- Aprovam qualquer ação que seja tomada.
- Recebem o relatório sobre os resultados de seu trabalho.
- São diretamente afetados pela iniciativa.

Isso significa que o cliente pode ser uma pessoa, uma equipe gerencial na direção da empresa, todo um departamento com quem o consultor trabalha através de um grupo de representantes que farão o planejamento ou mesmo o seu próprio chefe. Tente fazer pelo menos uma reunião com cada pessoa que participará do início do projeto, mesmo que seja da direção da organização. Isso permitirá obter sua própria informação sobre o que eles querem de você e se o que está planejando os satisfará.

CONDUZINDO A REUNIÃO DE CONTRATAÇÃO

Para chegar a um acordo sobre como trabalhar com o cliente você, pode seguir uma sequência lógica. A Figura 2 mostra uma série de etapas que levarão a um acordo sobre trabalhar ou não juntos. O uso deste modelo garantirá que o consultor está completando adequadamente a fase de contratação. Ao descrever a sequência a seguir, estabelecerei com clareza cada tarefa a ser concluída e também qual seria uma forma alternativa de realizá-la.

Nosso objetivo aqui é desenvolver um contrato estável, equilibrado e viável entre o consultor e o cliente.

Etapa 1: Faça um Reconhecimento Pessoal

Não importa o quanto um gerente esteja motivado a procurar seu auxílio, pedir ajuda é algo difícil nas organizações. Mesmo consultores experientes, quando a própria organização contrata um consultor para ajudá-lo a resolver um problema, sentem certa inquietação. Por isso, a primeira coisa que devemos fazer na reunião de contratação é algo que ajude a deixar o consultor e o cliente mais à vontade. Algumas pessoas tentam fazer isso discutindo resultados de jogos de futebol ou fazendo comentários sobre o tempo. Meu conselho em *workshop* sobre habilidades em consultoria é fazer comentários pessoais de como você está se sentindo para fazer essa reunião com o cliente. Pergunte o mesmo a eles também.

Alguns Exemplos

"Esta é uma das poucas fábricas com a qual nunca trabalhei, estou contente por terem me ligado."

"Fiquei surpreso com o interesse de vocês pelo que estou fazendo. Espero que possamos fazer algo juntos."

"Tivemos uma relação instável com seu grupo. Isso me deixa preocupado e ao mesmo tempo contente em poder mudar este relacionamento."

"Parece que as coisas estão complicadas para vocês. Espero que esta seja uma boa oportunidade para nos reunirmos."

"Quais são suas preocupações ao trabalharem comigo neste projeto?"

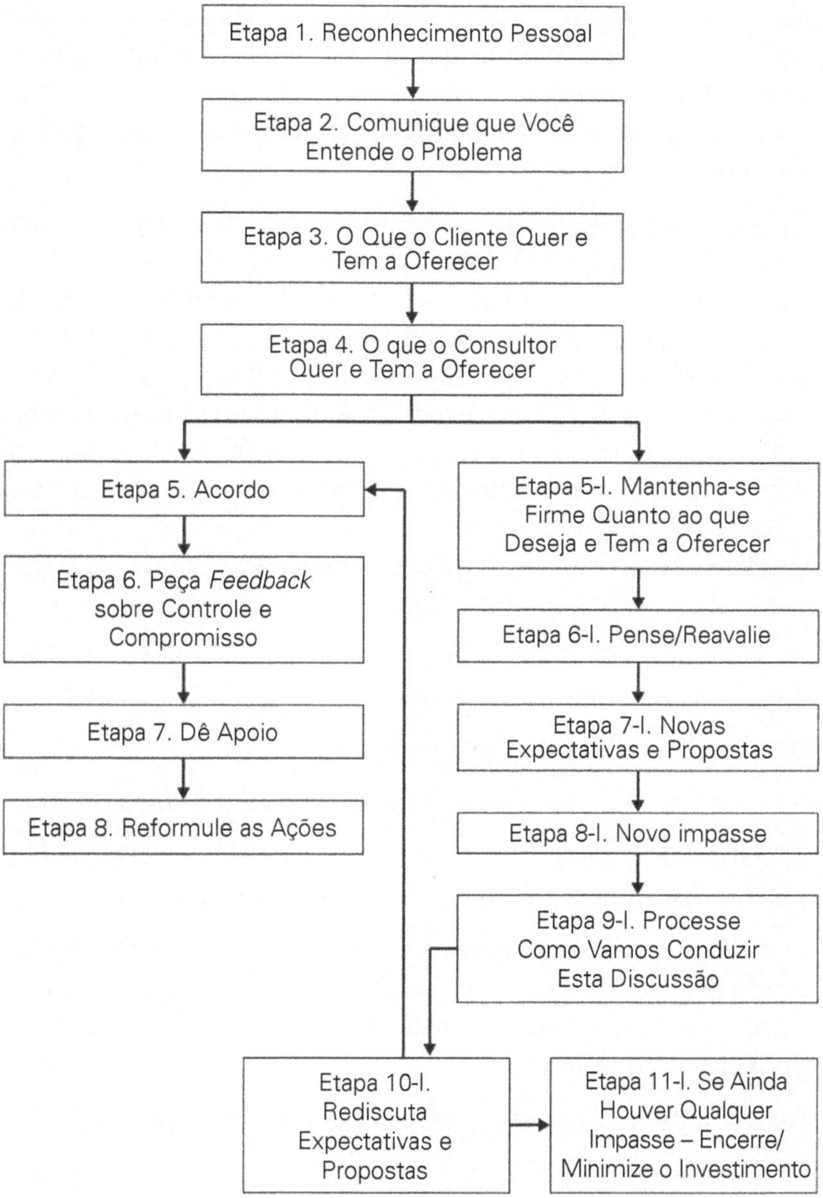

Figura 2 Etapas da Reunião de Contratação.

Etapa 2: Diga que Entende Qual É o Problema

Em geral os clientes estão ansiosos para falar sobre o problema ou sobre a situação gerada. Por trás da ansiedade, muitas vezes o gerente de linha acredita que esta é uma situação singular e que a organização é realmente muito especial. Os gerentes podem achar ainda que a situação em que se encontram é tão especial e específica que ninguém seria capaz de entendê-la sem ficar na empresa pelo menos durante um ano.

Após expor a singularidade da situação, com frequência o cliente expressa, por rodeios, sua dúvida de que o consultor possa entendê-la. Os clientes lhe perguntam o que você está fazendo em outras organizações ou indústrias, a quem se reporta, para ver se eles conhecem essas pessoas, há quanto tempo faz esse trabalho e se poderá ajudá-los. Sob essas afirmações e perguntas oculta-se a preocupação deles em saber se poderão ter sua ajuda e se o problema será solucionado. Afinal, antes de o consultor entrar em cena, os clientes se esforçaram ao máximo para resolver o problema. É compreensível que eles estejam frustrados com a falta de uma solução e um tanto céticos sobre a possível contribuição do consultor.

As preocupações básicas do cliente, a seguir, exigem uma resposta direta logo no início da reunião:

"Estou numa situação muito peculiar."

"O problema é complicado e desafia uma solução óbvia."

"Então, de que modo você, como consultor, um profissional de fora, poderia dar uma assessoria significativa em pouco tempo?"

O consultor precisa demonstrar que entendeu o problema, reconhecendo as singularidades da situação, responder à aparente complexidade da situação e sanar o medo do cliente de não poder ser ajudado. Veja como fazer isso.

Reconheça os Aspectos Singulares da Situação

Uma vez que cada cliente tem funcionários diferentes e funciona em um ambiente diferente, a afirmação feita pelo gerente de linha quanto à singularidade da situação tem certa validade. Uma vantagem do consultor é que tendemos a ser mais cientes do que é parecido entre esse e outros clientes com quem trabalhamos. Inicialmente, no entanto, é importante expressar em palavras o que é diferente neste projeto:

Exemplos

"Sua situação apresenta dois aspectos singulares: a pressão que é colocada em você do nível superior e o clima desértico deste local."

"Sua situação tem vários aspectos que a tornam tanto interessante quanto complexa."

Diga, com Suas Próprias Palavras, como Vê o Problema

Expresse que embora o problema seja realmente complicado, você já começa a entendê-lo. Esta é uma forma de tranquilizar o cliente, para que se sinta compreendido e apoiado. Nesse ponto, você não sabe qual é o verdadeiro problema, pois com frequência ele é bem diferente do revelado pelo cliente. O que está fazendo é mostrar ao cliente que o está ouvindo e tem experiência técnica suficiente para tratar rapidamente da situação.

Os gerentes de linha, em geral, são tão pouco ouvidos por especialistas que ficam surpresos com sua capacidade de perceber o que está acontecendo. O gerente diz: "Os grupos de engenharia e de projeto estão sempre se culpando uns aos outros pelos fracassos na fábrica." Eu respondo dizendo: "Aposto que, quando eles se reúnem, têm dificuldade para chegar a um único plano de ação que possam apoiar". O gerente diz: "Certo. Como você sabia? Você é perceptivo." Não se trata de percepção; basta ouvir e dizer, com outras palavras, o que o gerente disse.

Exemplos

"Você mencionou em detalhes suas preocupações com a emissão de *voucher* para despesas, o caixa e as contas a pagar, mas realmente demonstrou preocupação com a falta de controles específicos em certas áreas e de compromisso das pessoas em respeitá-los."

"Vejo que está preocupado com a desaceleração, com a greve dos funcionários, as explosões suspeitas, a destruição desenfreada de propriedades e o fato de alguém ter colado e soldado todas as peças móveis de equipamentos durante o fim de semana. Mas, pelo que me diz, sua verdadeira preocupação é que as pessoas simplesmente não parecem estar satisfeitas em trabalhar aqui."

Assegure ao Gerente que Há Soluções para Este Problema Específico e Complicado e que Pode Ajudar

Seja sincero em suas afirmações. Afirme que pode ajudar a encontrar uma solução, e não que sabe qual é, no momento. Você tem experiência para saber as medidas que precisam ser tomadas para encontrar uma solução. É isso que precisa oferecer. O cliente a essa altura está pensando: *Poderei contar com este consultor para me ajudar a resolver este problema*? Sua resposta é uma tentativa de dizer sim — pois nesta fase inicial não sabe especificamente o que o cliente quer de você ou que apoio ele está disposto a lhe oferecer. Até conhecer exatamente o que ele quer e o que irá propor, você não sabe se poderá ter sucesso nesse projeto.

Exemplos

"Apesar de sua frustração, posso ajudá-lo com esse problema. Tenho trabalhado muito ultimamente com esse tipo de dificuldade."

"Esta é a situação típica que poderá se beneficiar bastante de minha experiência. Acho que posso ajudar."

Convém usar sentenças simples e curtas para comunicar que você entende o problema. Muitos de nós temos a tendência de nos deixar levar, iniciando uma análise profunda do problema nesse estágio inicial. A tarefa aqui é reagir a preocupações subjacentes de singularidade, complexidade e se o cliente pode ser ajudado, em vez de analisar a natureza do problema (isto vem depois). Responder às preocupações emocionais do cliente é algo que se faz melhor com sentenças mais curtas, palavras curtas são melhores que longas e sentenças diretas são melhores que deduções. Use frases simples que expressem entendimento e apoio sem serem protecionistas ou falsamente tranquilizadoras. E não faça promessas demais. Simplesmente afirme que a situação parece ser viável. A próxima etapa é tratar de aspectos específicos do que você e o cliente realmente esperam um do outro.

Etapa 3. Desejos e Propostas do Cliente

Depois de cumprimentar e ouvir as primeiras palavras do gerente de linha sobre suas preocupações, olhe nos olhos dele e diga: "Então, o que você quer de mim?". A resposta é o ponto fundamental do processo de contratação, e a pergunta deve ser feita diretamente. Esta é a pergunta-chave para determinar se e como o consultor pode ser bem-sucedido nesse projeto.

Existe uma diferença entre o que o cliente quer do projeto e o que ele quer do consultor. O cliente pode ser bem claro sobre o que é esperado projeto — por exemplo, melhor controle de custo, redução das despesas gerais, menos falhas de equipamentos, melhor moral dos funcionários, supervisores de atendimento mais qualificados e aprimoramento do sistema de relato de vendas — e mesmo assim não expressar o que ele espera de você, o consultor.

Algumas coisas comuns que os clientes querem de seus consultores são:

- Um estudo de um problema específico do negócio.
- Recomendações sobre como resolver um problema.
- Um programa de treinamento elaborado e conduzido.
- Conselho pessoal e apoio.
- Uma avaliação dos principais funcionários da produção.
- Plano para um processo com custo mais acessível.

Estas são solicitações objetivas de seus serviços. Elas se tornam mais complexas à medida que o consultor começa a entender como os clientes gostariam que ele trabalhasse. Para entender isso, pergunte ao cliente se há noções específicas sobre como você deveria proceder ou quais são as restrições a esse projeto. Fazer perguntas sobre as restrições o ajuda a descobrir cedo que:

- Você tem duas semanas para fazer um trabalho de quatro semanas.
- Você não deve conversar com nenhum operário horista.
- Ninguém sabe das verdadeiras razões para esse estudo, e você deve manter sigilo.
- Não desaponte ninguém nem abra a caixa de Pandora.
- O projeto tem o orçamento de $1,85.
- Depois da reunião, o cliente não tem mais tempo para conversar com você.

É vital que o consultor saiba quais são as restrições quanto à sua forma de trabalhar. A maneira como irá proceder é a parte mais difícil de negociar no contrato.

A habilidade em desvendar as restrições consiste em perguntar diretamente aos clientes de que maneira eles acham que vocês deveriam trabalhar em conjunto e quais as restrições à forma como esse projeto será conduzido. Por exemplo, o método de descoberta, quem está envolvido, quem é informado dos resultados, o cronograma e o custo.

Depois de ouvir o que o cliente quer de você, pergunte qual é o suporte que o cliente pode lhe oferecer no projeto. Se ele for lhe pagar diretamente por seus serviços (você não faz parte da folha de pagamento do cliente), pergunte qual é o orçamento para esse projeto. As outras duas ofertas que o cliente pode fazer ao consultor são o tempo de seus funcionários e o acesso a informações. Explore essas áreas detalhadamente, quando chegar sua vez de dizer o que quer.

A maioria das pessoas que faz consultoria se sai muito bem nesta etapa do processo de contratação. As pessoas que dão assessoria parecem muito bem orientadas para as necessidades do cliente e têm habilidade em identificar o que o cliente deseja. Os consultores internos têm muito mais dificuldade com a próxima etapa: identificar e expressar seus próprios desejos e necessidades.

Etapa 4. O que o Consultor Espera e Tem a Oferecer

Uma das habilidades fundamentais da consultoria infalível é traduzir diretamente em palavras o que você, como consultor, quer do cliente para ter êxito no projeto.

Quando digo aos consultores internos que eles deveriam deixar claro o que querem do cliente, eles costumam responder: "Nosso papel é servir e nossa função é atender às necessidades e desejos do gerente de linha. Se tivermos êxito nisso, nosso trabalho estará feito. Não estamos em posição de fazer exigências às pessoas a quem servimos". Essa orientação para os serviços pode levar ao fracasso. Deixar claro o que o consultor deseja do cliente ajuda a garantir o êxito do projeto; não se trata de atender aos desejos e caprichos pessoais do consultor.

As expectativas do consultor, das quais estamos falando aqui, incluem aspectos como ter tempo suficiente para fazer um bom trabalho, acesso a pessoas e informações certas, apoio do cliente em momentos difíceis, acordos quanto à confidencialidade, o cumprimento das recomendações e contato permanente com o gerente de linha. *Essas expectativas precisam ser expressas na fase de contratação.* A falta de clareza implicará no risco de insucesso do projeto. Um projeto malsucedido é pior do que não executar nenhum projeto.

Certas coisas que queremos dos clientes são mais importantes que outras. Ao planejar uma reunião de contratação, convém dividir o que você espera em resultados essenciais e desejáveis.

Pontos essenciais são o mínimo que você deve ter. Alguns os chamam de *pontos obrigatórios.* Se o cliente não pretende atender a um ponto que o consultor considera essencial, então é melhor não levar o projeto adiante. Os pontos essenciais variam de uma situação para outra; veja alguns exemplos:

- Acesso a pessoas envolvidas no problema que o consultor está sendo solicitado a resolver.
- Tempo suficiente para fazer o trabalho profissionalmente.
- Um acordo de que o consultor não terá de avaliar o desempenho de cada pessoa com quem trabalha nesse projeto.
- Dinheiro.

- Acesso a certos registros e documentos.
- O compromisso da pessoa no comando da organização de dar prosseguimento ao projeto.
- Atender aos telefonemas e responder aos e-mails do consultor.

Saber o que é essencial vem com a experiência e com alguns fracassos. Nunca temos tudo o que queremos em um projeto, por isso no começo, tendemos a nos pressionar para ceder um pouco a fim de dar seguimento ao projeto. Se cedemos em um aspecto essencial — seja porque queremos ganhar um cliente ou pela pressão de nosso chefe para ter aquele cliente em nosso portfólio — ficaremos desapontados. Ceder em um aspecto essencial significa que o projeto não terá base sólida e arriscaremos fracassar.

Se estamos no meio de uma reunião de contratação e as sugestões dadas por você e pelo seu cliente mudam o tempo todo e de repente você precisa decidir se concorda com alguma coisa ou não, pare e faça uma pausa. Você pode fazer um intervalo para tomar um café, ir ao banheiro ou fazer qualquer outra coisa, responder e-mails pelo celular ou fazer algo que lhe dê tempo para pensar. Durante essa pausa, que não precisa durar mais do que três ou quatro minutos, faça algumas perguntas: A sugestão da mesa viola de alguma maneira o que considero essencial para mim neste projeto? Se a resposta for sim, então volte para a reunião e diga: "O que você está sugerindo faz sentido, mas não me dá o que considero ser essencial para o sucesso deste projeto". Então continue a buscar um acordo.

Não há nada melhor a fazer, ao começar um projeto, que definir realisticamente os aspectos que considera essenciais nele. Se fizer isso honestamente — sem ganância nem sacrifício próprio — então as chances de acontecer algo durante a contratação que o prejudique serão pequenas. Poderão acontecer muitas coisas que o deixarão chateado, mas se os pontos essenciais forem atendidos, o projeto poderá ter bons resultados. Se não forem atendidos, o projeto falhará.

Pontos desejáveis

Os *pontos desejáveis* são aqueles que o consultor gostaria de ter do cliente mas pode prescindir deles. Não são um capricho nem são casuais. Eles o ajudariam a fazer o projeto funcionar melhor, mas você sabe que poderá ter bons resultados sem eles. Veja alguns exemplos:

- Contar com alguém da organização cliente para trabalhar com você no projeto.
- Conseguir que o gerente se reúna com todos os envolvidos no projeto para explicá-lo e buscar apoio pessoalmente.
- A alta gerência do grupo deve estar profundamente envolvida em seu projeto.
- Um cronograma adequado.
- Uma reunião de pessoas de todos os níveis da organização.
- Acordo de que o cliente comentará com pessoas na organização se o consultor fizer um bom projeto.

Às vezes consultores internos estão tão orientados para atender as necessidades de seus clientes que eles têm dificuldade para identificar o que querem de seus clientes em troca. Veja a lista do que alguns consultores internos dizem que queriam de seus clientes:

- Trabalhar juntos no problema.
- Compromisso com o projeto.
- Nenhum viés quanto ao resultado.
- Cuidar das necessidades físicas para realizar o trabalho (neste caso — carro, motorista e tradutor).
- Abertura para *feedbacks* durante o projeto.
- *Feedback* sobre o que aconteceu depois que o consultor concluir seu trabalho.
- *Feedback* ao chefe.
- Aceitar que certas coisas simplesmente não podem ser feitas.
- Perdoar.

Traduzir Expectativas em Palavras

Identificar o que quer do cliente é o primeiro passo. O próximo é agir. Isso corresponde aos dois requisitos da consultoria infalível:

realizar as ações de cada fase e agir com autenticidade. Nesse ponto o que se deve fazer é identificar o que quer; agir com autenticidade significa traduzir essas expectativas em palavras da forma mais simples e direta possível.

Às vezes, quando precisamos dizer o que queremos, tendemos a nos expressar de um modo complicado. Achamos que precisamos elaborar explicações e justificativas. Introduzimos uma expectativa com um parágrafo falando sobre outras experiências ou sobre os requisitos únicos dessa organização, e tornamos o desejo vago e geral. Às vezes, fazemos uma afirmação através de uma pergunta. Tudo isso torna confusa e afeta a comunicação.

Veja um exemplo de como expressar as expectativas de modo confuso:

A Expectativa

Uma gerente de treinamento está sugerindo a um diretor de divisão para enviar sua subordinada a um curso sobre como conduzir conversas delicadas. A expectativa é que o diretor da divisão se envolva diretamente no projeto, fazendo o curso também.

Falta de Clareza na Expressão de Expectativas

Gerente de treinamento: "Descobrimos pelas experiências anteriores que a retenção da aprendizagem em um curso de treinamento tende a ser mais longa se houver evidências visíveis de reforço positivo no trabalho. Isso permite a melhor utilização das habilidades recém-adquiridas, e em seu caso, o curso consiste em introduzir uma abordagem totalmente diferente à orientação de funcionários, uma tarefa importante e produtiva. Se esse reforço positivo não acontecer, então você poderá esperar uma queda da aprendizagem, e a relação custo-benefício de seu investimento será diminuída significativamente. Você já fez um curso de avaliação de desempenho?"

Comentário: O que o gerente de treinamento está afirmando aqui é válido e há boas razões para o diretor de divisão fazer o curso. O problema é que a expectativa está sendo ocultada pela justificativa. A questão no final pode acabar levando à sugestão de que o diretor de divisão faça o curso, mas esse caminho é indireto e desnecessário.

Expressão Autêntica das Expectativas

Uma alternativa é expressar com sinceridade suas expectativas:

Gerente de treinamento: Gostaria que você também fizesse o curso sobre condução de conversas delicadas.

Comentário: Esta sentença pode parecer simples demais, mas não é. A força da afirmação é a sua simplicidade e a linguagem usada no dia a dia. O objetivo da consultoria infalível é maximizar os benefícios e o impacto no cliente de modo que sua experiência seja usada. Agir com autenticidade é a coisa mais forte que o consultor pode fazer em cada etapa do processo.

Quando identificamos o que queremos do cliente, a expectativa vem primeiro, e a justificativa, depois. Sabemos que queremos que o gerente faça o curso. Então começamos a pensar como podemos justificar isso ao cliente. Começamos a nos preocupar em como dizer isso, como explicar em termos de resultados financeiros, a procurar maneiras de falar que o cliente entenda. Todo esse esforço não é apenas um exagero, mas pode gerar uma mensagem confusa e se tornar um obstáculo para conseguirmos o que queremos.

A habilidade é:

1. Dizer o que é necessário usando uma linguagem simples.
2. Calar e deixar o cliente reagir.
3. Se o cliente fizer perguntas, responder em duas sentenças, reafirmando o que você quer.
4. Ficar em silêncio e esperar um sim ou não.

Nem sempre você terá uma resposta afirmativa. A vida é assim. Se disser o que quer de uma maneira simples, silenciar para que o cliente diga o que está sentindo, e der explicações curtas, terá feito tudo o que pode. Longos parágrafos podem fazê-lo se sentir melhor, mas eles o atrapalharão. Afirmações simples e sinceras lhe darão a maior chance de obter o que quer e de saber qual é sua posição junto ao cliente, relativa àquela questão.

Sua Chance

Um exercício poderá ajudá-lo. Pegue seu laptop ou lápis e papel e faça duas colunas: pontos essenciais e desejáveis que quer atingir. Pense em um cliente que o interesse, e faça sua lista de pontos essenciais e desejáveis relativos a ele. Não importa que essas perguntas sejam ou não feitas a um cliente; anote-as sem a menor censura possível.

O que o Consultor Tem a Oferecer (Continuação da Etapa 4)

Além de dizer o que quer ao cliente, diga o que tem a oferecer. Isso requer que seja realista quanto ao limite do que pode prometer.

Com frequência, a promessa do consultor é apresentar um quadro claro do que está acontecendo na organização e dar recomendações sobre como melhorar a situação. O consultor só poderá prometer aprimoramentos reais se o gerente de linha assumir seus 50% de responsabilidade. A proposta de aprimoramento deve ser uma promessa conjunta entre consultor e cliente, e não uma promessa unilateral do consultor. Se ofereço resultados como consequência de meus esforços como consultor, estou querendo me passar por mágico. Não posso oferecer algo que não tenho como controlar. Não posso controlar o comportamento nem as ações do cliente. Se deixo meu entusiasmo me levar a prometer resultados específicos promissores que na realidade caberão ao cliente atingir, estou conspirando contra o desejo secreto do cliente de sentar e ver o consultor fazer milagres.

Veja um exemplo de escolha:

Cliente: Quanto tempo vou esperar para que você apresente resultados?

Proposta mágica do consultor: Teremos a máquina andando nos trilhos em três dias, e você não terá problema nenhum depois disso.

Proposta realista do consultor: Teremos a máquina andando nos trilhos em três dias. Depois disso, caberá a você mantê-la funcionando.

Para a maioria de nós que fazemos consultoria, há dois aspectos em que precisamos trabalhar constantemente:

1. Falar com clareza, às vezes correndo o risco de exagerar o que precisamos e queremos do cliente para que o projeto funcione.
2. Ter cautela, às vezes correndo o risco de minimizar os resultados que obteremos nesse projeto se trabalharmos sozinhos.

Etapa 5: Chegue a um Acordo

Depois de conversar sobre suas expectativas com o cliente, vocês chegarão a um acordo ou a um impasse. (Tratarei mais adiante, neste capítulo, sobre o que fazer quando se chega a um impasse.) Se puder chegar a um acordo, pare por um momento e diga ao cliente: "Parece que chegaremos a um consenso quanto ao modo de procedermos. Isto me deixa satisfeito". Também ajuda a reafirmar o acordo.

Os consultores agem com frequência como se a reunião para contratação estivesse encerrada quando chegam a um acordo. Não está. Ainda há três etapas importantes antes de um contrato estável e equilibrado ser firmado.

Etapa 6: Peça *Feedback* do Controle e Compromisso

Esta é uma etapa de afirmação. A maioria dos contratos fracos falha por uma de duas razões:

O cliente fez acordo sob algum tipo de coerção, apesar de sutil e indireto.

O cliente concordou com o projeto mas sentiu cada vez mais que havia um controle inadequado sobre o que estava acontecendo.

Portanto, no começo de qualquer projeto, teste cuidadosamente para detectar a existência de cada uma dessas falhas.

Testando o Compromisso do Cliente

Pergunte diretamente ao cliente: "Quer realmente ver este projeto acontecer? Está satisfeito com a maneira como concordamos em desenvolvê-lo? Há muitas maneiras de o gerente de linha se sentir coagido a aceitar o projeto. A direção da empresa pode ter sugerido esse projeto. Pode ser a última moda organizacional iniciar projetos como esse. O gerente pode achar que seria politicamente insensato dizer "não" ao consultor.

Fazer a pergunta sobre o compromisso do cliente não significa que o consultor irá se retirar do projeto se o cliente não estiver tão comprometido. Ele faz a pergunta para saber desde o início o que terá de enfrentar. Se o cliente estiver sendo coagido, este é o momento certo para saber disso. É importante ser realista, de modo que você não invista demais nele, nem finja que se trata de um contrato sólido, quando não é.

Perguntar aos clientes qual é o compromisso deles traz um benefício adicional: eles são forçados a assumir a responsabilidade pelo fato de que também estão começando um projeto sem apoiá-lo totalmente. Às vezes quando os clientes reconhecem que estão sendo coagidos, isto pode servir para aumentar o compromisso deles com o projeto.

Conversar sobre o compromisso com o projeto perto do final da reunião de contratação é importante. Faça isso.

Testando o Controle

Depois de discutir o comprometimento do cliente com o projeto, pergunte: "Você acha que tem controle suficiente sobre como esse projeto vai funcionar?".

Os gerentes de linha (e nós também) tendemos a valorizar o controle acima de tudo. Se o cliente começa a achar que o controle da situação está lhe escapando, o contrato e o projeto estarão ameaçados. Da mesma maneira que fez perguntas ao cliente sobre o compromisso dele, agora pergunte se ele tem alguma inquietação. Cada vez que os clientes contratam um consultor, eles abrem mão de um pouco do controle; por isso, como consultor, você deve descobrir o grau de inquietação.

Quando sugiro aos consultores internos que eles façam essas perguntas sobre compromisso e controle, eles rebatem assim: "Sim, mas como sabemos que a resposta será honesta? O cliente será sincero?". Se perguntar sobre o controle e o compromisso de modo a mostrar interesse sincero pela resposta, o cliente dará uma resposta objetiva. Se fizer as perguntas em tom persuasivo ou suplicante, será menos provável receber respostas sinceras. A finalidade das perguntas é ajudar os gerentes a expressar qualquer reserva que eles tenham. As perguntas não são técnicas indiretas de vendas.

Mesmo que faça perguntas com sinceridade, às vezes as respostas podem não ser diretas. Mesmo assim, vale a pena ter perguntado.

Etapa 7: Dê Suporte

Faça afirmações ao cliente que reforcem sua disposição em começar o projeto com você. Requer coragem pedir ou permitir que as pessoas em sua organização façam recomendações sobre como você deveria se moldar. Mesmo que o cliente tenha dois metros de altura, tenha escamas e solte fogo pelas ventas, eu sempre suponho que ele deseje ter apoio e terei o maior prazer de atender a esse desejo.

Você também poderia dizer ao cliente o que ele fez nessa reunião que foi proveitoso. Se você não disser o que foi que valeu a pena, o cliente nunca saberá. O apoio precisa ser sincero e específico. Veja alguns exemplos:

"Começar um projeto como este envolve alguns riscos de sua parte, e eu admiro sua disposição em assumir esse risco comigo."

"Você viveu com essa situação durante muito tempo. É incrível que agora esteja em condição de fazer alguma coisa para mudá-la."

"Você foi bem claro sobre suas dúvidas e reservas."

"Você falou bastante sobre alguns desafios muito pessoais. Obrigado por confiar em mim."

"Você percebe com clareza a natureza desses problemas. Isso o ajudará muito neste projeto."

"Sei que no início você ficou em dúvida sobre o projeto. Estou feliz por termos superado isso."

Etapa 8: Reafirme Ações

Como uma medida final de segurança, garanta que você e o cliente saibam o que cada um fará a seguir. Afirmações simples bastam.

"Você enviará um memorando para seus funcionários sobre o projeto."

"Chegarei em 4 de março para começar as entrevistas."

"Começaremos amanhã, eu analisarei os registros com George. Você e eu nos encontraremos sexta, às 4 horas da tarde."

Depois de concordar com as próximas etapas, a reunião de contratação está encerrada. Nenhum contrato social vai durar para sempre; de fato, o contrato em geral é renegociado muitas vezes durante a vida do projeto. Se, no entanto, passou pelas oito etapas anteriores, você fez o que pôde, nessa etapa.

QUANDO SE CHEGA A UM IMPASSE

Discutimos o que fazer quando se chega a um acordo. Mas o que acontece se está difícil chegar a um acordo? Na Figura 3, a seguir, esta é a chamada Etapa 5-I (I de Impasse).

Etapa 5-I. Impasse quanto ao que se Espera e o que se Tem a Oferecer

Lidar com um impasse envolve duas fases. Primeiro é necessário saber que está emperrado. Em segundo lugar, é preciso fazer alguma coisa para sair dessa situação.

Reconhecendo Quando se Está num Impasse

É possível o consultor achar que está tendo uma discussão razoável com o cliente sobre os prós e contras do projeto e não perceber que está num impasse. Entretanto, há vários sinais claros de quando se está nessa situação:

1. *Você não vê saída quando tem que explicar algo novamente, pela terceira vez.* Da primeira vez que explicou por que deseja algo, pode ter usado um jargão ou uma linguagem inadequada. Da segunda vez pode ter achado que o cliente não estava ouvindo com atenção. Quando está tentando pela terceira vez expressar algo usando palavras mais claras, deve admitir que está num impasse.

   Grande parte da comunicação organizacional é codificada:

Quando as Pessoas Querem Dizer:	**Elas Expressam Isso Dizendo:**
Não gosto disto.	"Não entendo isto."
Não quero fazer isto.	"Vamos reunir mais dados." ou "Eu lhe procuro." ou "Vou conversar sobre o assunto com minha equipe."
Não entendo uma palavra do que você está dizendo.	Nada.
Faça como estou dizendo, dane-se!	"Por que você não repensa e me procura depois?"
Eu não deixaria seu grupo se aproximar de minha organização.	"Queremos conversar com outras pessoas sobre formas alternativas de resolver esse problema e depois falamos com você".

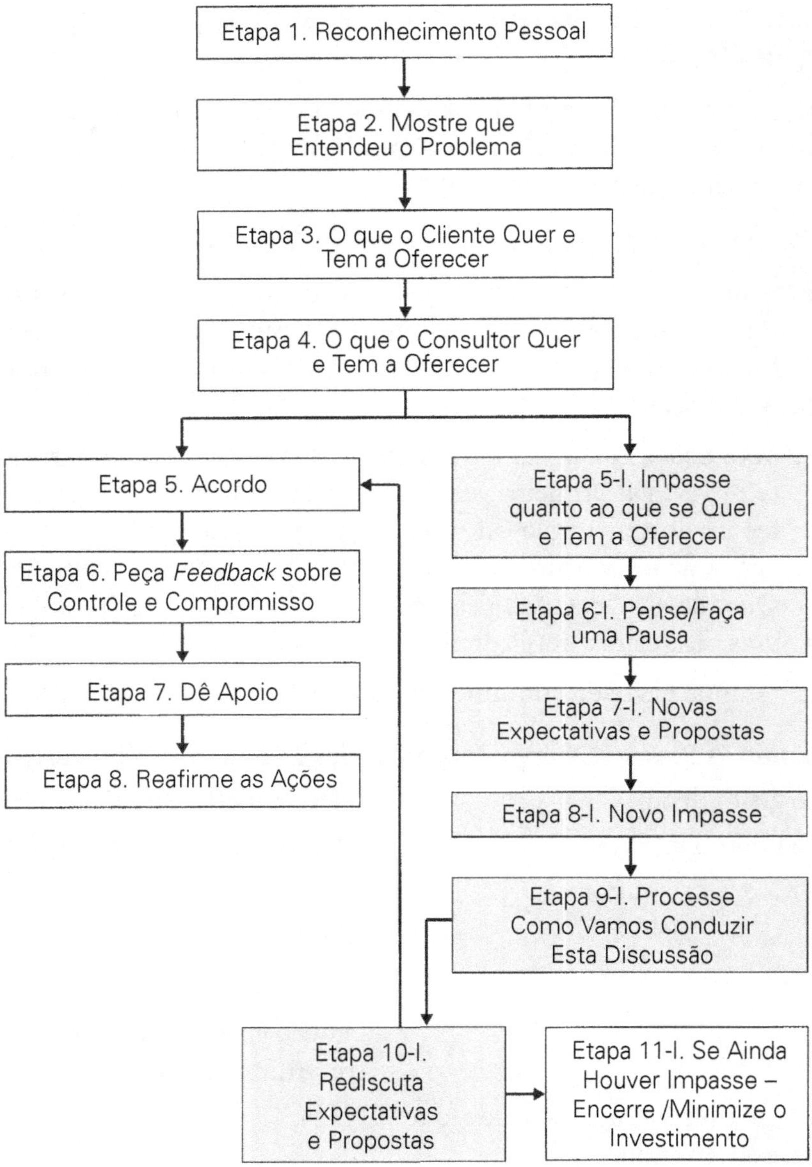

Figura 3. Conduzindo a Reunião de Contrato Quando se Está num Impasse.

Você precisa aprender a confiar neste código porque ele é uma primeira advertência de quando se está num impasse com o cliente. Quando o consultor está pensando: *O cliente realmente não entende o que estou falando*, a verdade é que o cliente realmente entende o que está sendo dito e não concorda. Quando isso acontece, não explique pela quarta ou quinta vez. Em vez disso, reconheça que está num impasse.

2. *Você está num impasse quando nota que o cliente lhe dá uma terceira explicação da mesma ideia.* Quando o cliente acha que o consultor ainda não entendeu qual é o problema dele, ele ouvirá algo como: "Vou ver se consigo dizer de outra forma". Dar uma nova explicação pressupõe que a falta de clareza seja o problema. Na terceira tentativa, não se trata de falta de clareza, o que falta é chegar a um acordo. Você não tem saída. Reconheça isso.

3. *Seu corpo lhe dará sinais claros de que você não vê saída.* Quando começa a suprimir anseios, tome isto como sinal de que a reunião não está lhe favorecendo. O cansaço e o desinteresse em geral são manifestações indiretas de irritação. Você começa a ficar levemente irritado com a resistência do cliente. Talvez seja a falta de entusiasmo que você vê nele. Ao se irritar, você diz para si mesmo que não deveria estar irritado, por isso começa a se conter. A tensão de conter seus sentimentos, principalmente se isto acontecer inconscientemente, é cansativa, e seus ombros e o pescoço começam a doer. Você começa a bocejar, mas disfarça. Começa a olhar para o relógio e pensa no jogo de tênis de ontem. Ou nota que o cliente também parece cansado, tentando disfarçar bocejos e olhando pela janela, ou deixando de ouvir o que você fala.

   Todos esses são sinais de que a conversa travou. Se estiver conduzindo a conversa para um acordo, sua energia aumentará. Se a sua energia diminuir e você começar a se sentir irritado, então isso significa simplesmente que não está conseguindo o que deseja e não vê saída.

4. *Seus olhos lhe dão as melhores pistas de que o processo de contratação não foi adiante.* Confie no que vê. Acredite em mensagens não-verbais. Há muita coisa escrita sobre linguagem corporal —

> como interpretar diferentes posições e como manter a postura para comunicar ou esconder certas mensagens. Usar a linguagem corporal ou o comportamento não-verbal para manipular uma situação é um erro. Quando força seu corpo em uma posição que esconde o que está sentindo, os outros perceberão que você está tentando disfarçar seus sentimentos. Notar que está tentando comunicar algo com seu comportamento não-verbal ou que está tentando interpretar o comportamento não-verbal dos outros pode ser uma fonte valiosa de informação.

Se o consultor procurar pistas não-verbais durante o processo de contratação, notará que o cliente está se envolvendo na discussão, ou se distanciando dela. Esses gestos só podem ser interpretados com exatidão no nível mais elementar: São atos de apoio ou de rejeição? O cliente quer se envolver neste projeto ou descartá-lo? A conversa está indo bem ou mal?

O comportamento físico do cliente e seus próprios movimentos são apenas pistas que o ajudarão a saber quando você não tem saída. Eles não lhe dizem por que isso aconteceu. Resista ao jogo mental de interpretar gestos específicos. Confie nas mensagens gerais.

Muitas vezes existe um forte contraste entre o que os clientes estão dizendo e seu comportamento não-verbal. Eles dizem que estão realmente interessados neste projeto, no entanto, estão encostados na parede com os braços dobrados e apoiados sobre a cabeça, como se estivessem se protegendo de uma bomba. Se tiver de escolher entre acreditar nas palavras e acreditar no corpo, acreditarei no corpo. Todos nós temos defesas verbais complexas, mas as defesas não-verbais são muito menos complexas, por isso, confie no que vê. Mas use isso apenas como sinal. Não comente diretamente sobre o comportamento de um cliente e resista à tentação de dizer: "Cada vez que eu sugiro entrevistar seus subordinados, você encosta a cadeira na parede, apoia a cabeça nas mãos e demonstra contrariedade. Por quê? Não concorda com o que eu estou sugerindo?"

Inferir os motivos para o comportamento de outra pessoa é uma postura agressiva e sempre leva à defensiva por parte dela. Seu objetivo é ajudar o cliente a expressar as reservas mais diretamente. Você quer receber uma única mensagem do cliente para ter um posicionamento. Quando receber uma mensagem dupla uma vez que a linguagem corporal não acompanha as palavras, faça uma pergunta aberta sobre como o cliente se sente quanto ao que você está discutindo. "Qual é a sua reação quanto ao que discutimos?" Novamente, o objetivo de atentar para o comportamento não verbal é montar um sistema de advertência e reunir um conjunto mais exato de pistas, para ter uma visão mais realista de como o cliente está reagindo ao que você está dizendo.

Seu próprio corpo também é uma indicação de como está se sentindo na reunião de contratação. Se a conversa parecer bem conduzida e você também se perceber desanimado e escorregando na cadeira, comece a pensar que seu corpo está lhe dando sinais de cautela que sua mente está preferindo ignorar. Se a conversa estiver indo bem e você estiver escorregando na cadeira, pode ser cansaço.

O que fazer quando se vê em um impasse?

Etapa 6-I: Pense/Faça uma Pausa

Acho que a parte mais difícil de lidar com um impasse é admitir esta situação. Quando reconhecer que não tem saída, retire-se mentalmente da conversa e passe a observar a reunião de contratação da qual está participando. Você pode continuar a conversar e a ouvir, mas ao mesmo tempo estará pensando se é possível mudar sua posição. Você tem expectativas diferentes e ainda assim quer atingir seus objetivos?

Às vezes é aconselhável protelar a reunião. Diga: "Parece que estamos travados neste ponto, e eu gostaria de pensar mais a respeito". Isso lhe dá oportunidade para reavaliar se existe realmente uma diferença insolúvel entre você e o cliente ou se a dificuldade se deve a um mal-entendido devido à forma como a reunião evoluiu. Quando se retira mental ou fisicamente da linha de fogo, tem-se tempo para identificar uma maneira diferente de tratar o projeto ou um modo diferente de fechar o acordo.

Etapa 7-I: Novas Expectativas e Propostas

Se acha que as diferenças entre você e o cliente são negociáveis, apresente ideias novas sobre o que quer do cliente ou o que tem a lhe oferecer. Com frequência, nos vemos num impasse na reunião de contratação, quando chega a hora de definir o cronograma. O cliente quer que o trabalho seja feito em trinta dias, e achamos que precisaremos de sessenta. Ambos temos boas razões para isso, e chegamos ao impasse.

Você pode decidir, depois de pensar e fazer uma pausa, que poderá completar o projeto em trinta dias se o cliente fornecer duas pessoas para trabalhar com você e concordar que seu relatório final poderá ser feito de forma resumida, por tópicos, em vez de usar uma escrita elaborada. Você diz:

Mudando sua proposta: "O trabalho será feito em trinta dias em vez de sessenta."

Mudando o que você quer: "Posso fazer o trabalho em trinta dias se me conceder duas pessoas para trabalhar e aceitar um relatório final mais sucinto."

Sempre vale a pena tentar apresentar expectativas e propostas diferentes. Porém, às vezes isso não ajuda.

Etapa 8-I: Novo Impasse

Se perceber que, ao apresentar novas expectativas e propostas, gerou outro impasse, então é hora de mudar realmente o rumo. Você deu dois passos para chegar a um acordo que não funcionaram; por isso deve se perguntar se a maneira como está trabalhando com o cliente e o relacionamento entre vocês pode ser o verdadeiro problema.

Os gerentes de linha tomam decisões sobre os projetos com base no que sentem sobre as pessoas envolvidas. O gerente confia em você como consultor ou em seu departamento ou empresa? Os consultores também fazem acordos com gerentes de linha com base em sua confiança no gerente. Quando o consultor e o cliente não sabem como prosseguir, ou se devem dar seguimento à conversa, é preciso iniciar um modo diferente de discussão.

Etapa 9-I: Elabore Como Estamos Conduzindo Esta Discussão

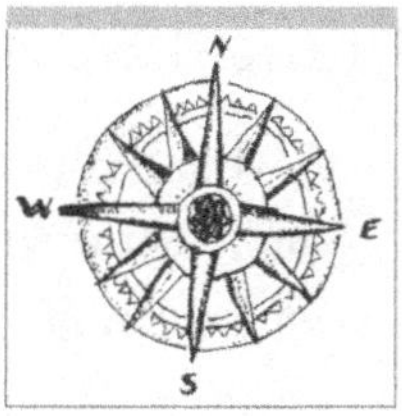

Quando se chega a um impasse, é preciso conversar sobre como a reunião está sendo encaminhada. Deixe de lado o projeto real que está sendo considerado. Há vários modos de analisar como uma discussão está sendo conduzida, e serão tratados mais detalhadamente nos Capítulos 8 e 9, que abordam a resistência e como lidar com ela.

Existem várias maneiras de mudar o foco da discussão para o progresso da reunião:

Diga: "Acho que chegamos a um impasse". O simples reconhecimento desse fato — a reunião não chegará a lugar nenhum — provavelmente seja a coisa mais sensata que podemos fazer. Evidentemente, você usará sua própria linguagem e estilo, mas a chave é expressar verbalmente o fato de chegarem a um impasse. Se o cliente continua falando sobre o projeto, reafirme que vocês estão num impasse e incentive uma discussão sobre o que levou a isso.

Pergunte ao cliente o que ele acha da reunião. Seja direto. Diga: "Como você acha que vamos chegar a um acordo sobre como proceder?". Se insistir na pergunta, logo descobrirá o que o gerente de linha acha de trabalhar com você. Ele pode estar preocupado em:

- Manter o controle do projeto.
- Como você parece ser insistente.
- Como eles se acham incompreendidos.
- A reputação que seu grupo tem na organização.
- O quanto os benefícios deste projeto parecem ser vagos.

A maioria dos casos em que o processo de contratação emperra vem desse tipo de preocupação, e não de aspectos específicos de como iniciar o projeto. O cliente e o consultor precisam conversar diretamente sobre elas. Quando essas preocupações são expressas, os aspectos específicos se tornam mais fáceis. Por isso, faça a pergunta.

Etapa 10-I: Rediscuta Expectativas e Propostas

A discussão de como a reunião está sendo encaminhada em geral desfaz o impasse. Você pode voltar aos aspectos específicos do projeto e em geral chegará a um acordo que o coloca de volta aos trilhos (Etapa 5: Chegar a um Acordo) e lhe permitirá continuar para fechar a reunião.

Às vezes, apesar de sua habilidade, depois de seguir todas essas sugestões e fazer uma consultoria infalível, o impasse continua.

Etapa 11-I: Ainda o Impasse – Encerre ou Minimize Seu Investimento

Apesar da importância dos projetos para você, nenhum projeto é realizado exatamente da forma planejada. É vital aceitar isto agora, no início do projeto, e não contar com milagres mais tarde, para salvar a situação.

Quando não vir saída, diga: "Estamos tendo dificuldade para chegar a um acordo. Talvez não seja um bom momento para fazer este trabalho" ou "Sugiro que não comecemos este projeto, uma vez que não concordamos em como desenvolvê-lo." Falando de um modo bem pessoal, encerre o processo de contratação e minimize suas perdas.

O PROBLEMA EM DIZER NÃO

Os consultores internos são os que mais sentem que estão assumindo riscos enormes ao dizerem aos gerentes de linha que seria melhor encerrar um projeto. Apesar do risco, é do seu interesse e do cliente também recusar projetos que não tenham uma chance razoável de dar certo. Quando o cliente hesita em contratá-lo, é porque ambos acham que se você não fizer o projeto ao seu modo, ele não terá sucesso. Se levar adiante um projeto em que não acredita, corre o risco de fracassar. Você não desistirá do projeto por ser petulante ou crítico, nem pelo desejo de só se engajar em trabalhos estimulantes, do ponto de vista profissional, e originais. A razão para dizer "não" é evitar o fracasso e o desperdício de recursos.

Outra razão para estar aberto à possibilidade de dizer "não" a um cliente é que você está tentando conduzir a relação com o cliente da maneira como deseja que ele conduza as relações com os funcionários da organização. Dizer "não" indica que temos limites, que temos o direito de estabelecer limites e decidir com o que nos comprometeremos. Se não pudermos dizer "não", então o "sim" perderá seu sentido, e o compromisso também desaparece. Nós nos tornamos programados a dizer "sim" e depois de um tempo não sabemos quando o "sim" é sentido sinceramente ou se é simplesmente um hábito institucionalizado.

Se não puder dizer "não" a um cliente, ainda restarão algumas opções. Por exemplo, você pode minimizar o tempo que investirá em um projeto e suas expectativas, para que suas perdas potenciais sejam pequenas. A maneira mais fácil de fazer isso é adiar o projeto. Diga: "Estou disposto a ir em frente com o projeto conforme você solicitou, mas sugiro que o comecemos daqui a oito meses". A essa altura, este gerente pode ter assumido outro cargo, ou você pode ter conseguido coisas melhores.

Se não puder adiar o projeto, outra opção é minimizar o escopo do trabalho e o tempo que ele exigirá. Limite os objetivos do projeto. Faça o que puder para reduzir o tempo e a energia que você gastará. O essencial é ser honesto consigo mesmo sobre as limitações do projeto.

Por isso, seja realista sobre projetos não atraentes. Seja claro com seu chefe e com os outros, dizendo que o projeto está sendo iniciado sem solidez e que prefere não prosseguir, mas que acha que não tem opção porque não sabe como dizer não a esse cliente. Então faça o projeto de uma maneira discreta.

O ponto fundamental a considerar é se vale a pena ir em frente. Pode ser melhor não executá-lo e não "converter" aquele cliente, do que começar um projeto com chance de fracassar. Ao desistir de um cliente, talvez ele fique irritado com você e se sinta rejeitado. Mas você só perdeu um cliente. Se fizer um projeto que acha que pode fracassar e se de fato ele não der bons resultados, enfrentará um problema pior. O cliente vai dizer a cinco outros gerentes o quanto está desapontado com o projeto e como ele fracassou. E assim você estará em má situação com seis gerentes, em vez de um.

Não é bom para os negócios aceitar projetos com pouca chance de sucesso.

VERIFICAÇÃO DA CONTRATAÇÃO

A esta altura, você tem todas as informações de que precisa para conduzir uma reunião de contratação infalível.

A sequência de etapas abrange a reunião de contratação. A reunião envolve três seções principais: (1) entender o problema e expor expectativas, (2) fechar a reunião verificando quais são as preocupações e o compromisso do cliente e (3) resolver o impasse quando o acordo está difícil. Cada etapa é essencial e nunca deve ser omitida. Se seguir as etapas e mesmo assim não conseguir o contrato, fez tudo o que pode e prestou uma consultoria infalível.

Use a Lista de Verificação 3 para ajudá-lo a se preparar para uma reunião de contratação. Responda às perguntas antes de cada reunião de contratação e você estará preparado.

Lista de Verificação #3: Planejando uma Reunião de Contratação

Responda às perguntas quando estiver planejando uma reunião de contratação.

1. Como espera que a responsabilidade por este projeto seja dividida? Você acha que o cliente desejará tratá-lo como o especialista e 80% da responsabilidade caberá a você? Ou o cliente irá tratá-lo como um empregado e se responsabilizará por 80% do projeto?
2. O que quer do cliente?
   - Quais são os pontos essenciais?
   - Quais são os pontos desejáveis?
3. O que está oferecendo ao cliente?
   - Tecnicamente?
   - Pessoalmente?

4. O que acha que o cliente pode querer? Faça uma lista de todas as possibilidades.
   - Tecnicamente?
   - Pessoalmente?
5. Os principais clientes estarão na sala?
   - Quem poderá tomar a decisão de executar este projeto?
   - Quem será fortemente afetado por este projeto?
   - Quem falta à reunião?
   - Quais são os papéis deles. Por exemplo, tomar medidas para solucionar o problema ou implementar o resultado de sua consultoria ou para terem as melhores informações sobre o problema?
6. Qual o grau de resistência esperado?
7. Sob quais condições seria melhor não prosseguir?

Embora algumas das perguntas na Lista de Verificação 3 possam não ser respondidas a essa altura, tentar respondê-las o ajuda a se concentrar na essência da reunião. Se você faz parte de uma equipe de consultoria, a lista de verificação será um veículo para uma ação conjunta. Em grande parte as perguntas o mantêm centrado no que você precisa da reunião de modo que não seja levado a reagir exageradamente à visão que o cliente tem do mundo.

VENDENDO SEUS SERVIÇOS: SABER VENDER GERA UM BOM CONTRATO

Quando o cliente nos procura, é fácil. Podemos supor que existe uma necessidade real, certa motivação, respeito por nossa capacidade. No entanto, quase todos nós temos de sair e convencer os clientes a trabalhar conosco. Os consultores internos têm seus objetivos de departamento a atingir. Eles são instruídos que um certo grupo deveria estar usando os serviços do departamento e quando conseguem ganhar certos clientes isso contará em sua avaliação.

Basicamente as habilidades para vender seus serviços são as mesmas que aquelas descritas para a contratação regular. Mas aqui há alguns conceitos sobre a situação de venda que podem ajudar.

Reverta a Expressão das Expectativas

Quando o cliente telefonar, comece a tratar das expectativas perguntando o que ele quer de você. Quando iniciar o contato, diga direto o que quer do cliente. A Figura 4 mostra a sequência invertida.

Você deve ter uma razão para preferir falar com esse cliente, e explicar isso ao definir o problema que acha que o cliente enfrenta. Antes de passar às expectativas, pare e pergunte ao cliente se o problema que você definiu é realmente o problema. Se não for, faça outra tentativa; então considere recuar.

Depois de definir a necessidade, diga o que quer do cliente. Reconheça que está fazendo uma ligação de vendas. Os profissionais que dão assessoria ficam exultantes quando conseguem que os gerentes de linha usem seus serviços. Todos sabem disso, até mesmo os gerentes de linha. Uma coisa que o consultor interno quer da reunião é ter o gerente de linha como cliente — portanto, reconheça isso. Dizer que só quer ajudar é só a metade da história.

Vender É Remover Obstáculos, Mais do que Acender Fogueiras

Todos nós crescemos com a imagem de que um bom vendedor é uma pessoa cheia de energia, dinâmica, que encontra rapidamente as palavras e frases certas e é sinceramente motivadora. Provavelmente isto seja verdade. Mas os bons vendedores também são pessoas quietas, lentas, que lutam para encontrar as palavras certas e são pessoas medianas. Ambos os tipos têm sucesso, mas existe uma grande ênfase na personalidade como um fator fundamental para a venda. Por isso, as pessoas que participam de nossos *workshops* de consultoria tendem a pensar que os bons consultores precisam ter carisma e presença.

O carisma e a presença são, de fato, duas virtudes míticas muito valorizadas. Devo admitir que tenho muito interesse em valorizar tanto o carisma quanto a presença. Sou quieto, lento, luto com as palavras e sou uma pessoa mediana. Os participantes de *workshops* me perguntam se eu sempre fui desse jeito. Digo: O que quer dizer

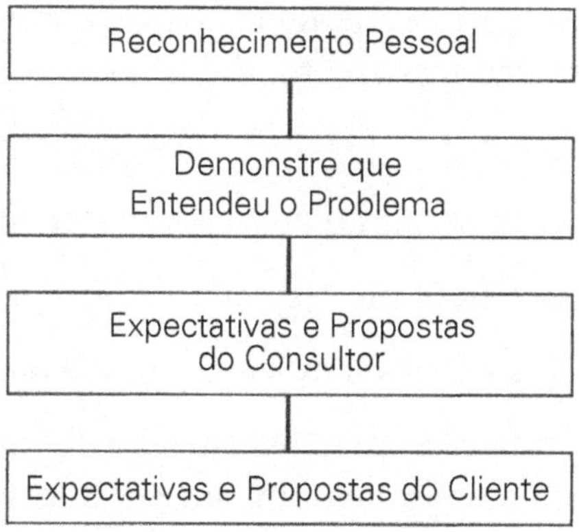

Figura 4. Começando as Etapas de Contratação quando Você está Vendendo

com "desse jeito?". Eles dizem: "Tão discreto e meio sonolento". Então eles acham que meu estilo é planejado e intencional — que estou me controlando para que tenham uma experiência de aprendizagem e que, quando estou com os clientes, libero a força que mantenho oculta. É claro que isso não é verdade. Somos como somos. A preocupação real deles é que fazer consultoria exige um tipo certo de personalidade e essa preocupação é acentuada quando se trata de vender. Não acredito nisso, e digo por quê.

Se tenho um serviço que responde a uma necessidade real da organização do cliente, então suponho que, em certo sentido, o cliente gostaria de dizer "sim" à minha proposta. Se avaliei a necessidade com exatidão e o cliente está negando a necessidade ou que meus serviços possam ajudar a melhorar a situação, então eu me pergunto: Quais os obstáculos que impedem o cliente de confiar no que estou oferecendo? Para clientes que estão dizendo "não", tento entender a natureza da resistência, o que em geral é algo como:

- Eles não confiam na competência ou na confidencialidade do departamento que eu represento.
- Eles acham que perderão o controle se disserem sim.
- Eles acham que se tornarão vulneráveis demais se disserem sim.
- Eles não confiam nem me respeitam como pessoa.
- Eles tiveram más experiências, em circunstâncias parecidas.

Quando estou vendendo um programa e o cliente está resistindo, os sentimentos do cliente alimentam sua resistência. Se entro em uma cabine telefônica e saio equipado magicamente com meu carisma e presença e realmente começo a "vender", só estou colocando mais lenha na fogueira. A resistência do cliente aumenta. Minha personalidade, seja marcante ou discreta, não é o problema. O problema é que o cliente não aceita minha proposta porque seus sentimentos negativos estão dizendo para não confiar em mim e no que estou dizendo. O jeito para vencer a resistência é ajudar o cliente a expressar sinceramente, com palavras, os sentimentos negativos. Quanto mais o cliente puder expressar os sentimentos de desconfiança, mais livre ele ficará para considerar os reais méritos de minha proposta. Quanto mais autêntico eu for, mais o cliente confiará em mim e mais rapidamente a resistência desaparecerá. Aqui vão algumas dicas do que fazer quando estiver oferecendo seus serviços:

- Não seja diferente quando estiver oferecendo algo ao cliente e quando o cliente ligar para você.
- Não tente superar a resistência com mais explicações e fazendo apelos para o bem da organização.
- Ajude o cliente a expressar as reservas sobre você e seu produto.
- Admita que você está lá para vender e quer que o cliente compre.
- Seja autêntico, e siga a sequência para ter seus serviços contratados.

Se fizer tudo isso — e as reservas forem expressas e houver confiança no relacionamento — e mesmo assim receber um "não", então reavalie se você identificou uma necessidade real e se está oferecendo o serviço certo. É muito melhor perder a venda e manter um relacionamento sólido com o cliente do que continuar forçando uma venda que não funcionará.

Um Comentário sobre Tempo e Dinheiro

Os clientes costumam recusar um contrato por alegarem não ter dinheiro para levar o projeto adiante ou a organização não tem tempo para investir. Ambas são razões indiretas para não se fazer algo, mas nunca as considero válidas. Essas desculpas são quase sempre uma forma de mascarar o fato de que o gerente não quer fazer o projeto.

O problema aqui é de motivação, e não de tempo ou dinheiro. Os gerentes gastam seu próprio tempo ou o tempo de sua organização em coisas que desejam fazer. Eles também gastam dinheiro em coisas que querem fazer. Eles são gerentes, e têm controle, e fazem o que querem independentemente do tempo e do dinheiro. Se quisessem fazer o seu projeto, encontrariam uma maneira. Se você concordar com eles que o tempo ou o dinheiro é o problema, só estará conspirando com eles para evitar a verdadeira razão. Não faça isso. Descubra qual é a verdadeira razão e terá mais chance.

A REUNIÃO COMO MODELO DE TRABALHO

Consultoria é basicamente um processo educacional. Os gerentes de linha aprendem algo sobre como gerenciar sua organização ou resolver um problema técnico como resultado do contato que têm com você. Mesmo que você seja solicitado a estudar um problema altamente técnico, o gerente pode aprender a solucionar esse tipo de problema observando o que você faz. De fato, os gerentes provavelmente aprendam mais observando os consultores do que os ouvindo. É por isso que ser autêntico faz parte integral da consultoria infalível.

Você pode usar a reunião de contratação como exemplo de como trabalha com os clientes. Nessa reunião, você está coletando informações sobre o problema, testando algumas de suas teorias e dando *feedback* ao gerente sobre sua reação a ele. Você também está definindo conjuntamente o problema e fazendo planos. Quando os clientes perguntam como planejaria trabalhar com suas organizações, você pode usar a reunião de contratação como um exemplo de sua abordagem, ressaltando que o projeto todo seguirá essas etapas de uma forma mais elaborada.

Quanto mais claro for sobre seu processo, mais ajudará a diminuir o receio do cliente em perder o controle e se tornar vulnerável. Em casos em que um gerente estava realmente com dificuldade de entender como eu poderia ajudá-lo — mesmo depois de usar a reunião de contratação como um exemplo de como desenvolvo meu trabalho — sugeri que nos engajássemos em uma demonstração bem rápida do que eu faço. O gerente e eu concordamos em fazer uma consultoria de vinte minutos naquele momento, e nos vinte minutos seguintes eu agi como o consultor do gerente em um problema que ele apresentou. No final dos vinte minutos, encerramos a miniconsultoria e comentei sobre o processo que vivenciamos. Esse método me ajuda a explicar e a demonstrar como trabalho, e ajuda o gerente a saber como será trabalhar comigo e se minha orientação é o que ele está procurando.

Em uma miniconsultoria, o gerente identifica um problema. Faço perguntas sobre a situação e reajo à maneira como o gerente vê o problema e ao que ele fez para tentar solucioná-lo. Concentro-me no papel assumido pelo gerente perante o problema. Quase no final dos vinte minutos, dou algum *feedback* sobre seu papel no problema, juntamente com algumas recomendações com base nos dados limitados gerados nessa discussão. Então paramos a consultoria. Antes de voltarmos à contratação, pergunto ao gerente o que achou da consultoria de vinte minutos. Essa experiência dá a ambos alguns dados sobre como seria trabalhar juntos em um projeto.

Uma "amostra" de consultoria como essa ajuda principalmente quando o projeto é bastante amplo e ambíguo e o gerente está preocupado em perder o controle dele. Durante sua breve consultoria, o gerente tem a oportunidade de senti-lo como alguém que é sensível e colaborador, apesar de ter uma visão diferente do mundo.

ENCERRANDO A REUNIÃO DE CONTRATAÇÃO

Como Avaliar o Sucesso

Ao encerrar a reunião de contratação, pergunte em que medida você e o cliente foram bem-sucedidos. Pode ser impossível responder a essa pergunta, mas na pior hipótese, ela esclarecerá as expectativas do gerente. Na melhor, dará uma boa orientação sobre como estruturar o projeto.

Vinte Minutos Antes do Fim da Reunião

Nenhuma reunião de contratação deve terminar sem perguntar ao gerente qual a impressão dele em relação ao projeto, à reunião e a você. Pergunte: "O que achou da reunião? Alguma reserva?" e "O que achou de minha maneira de tratar do problema? Você tem alguma reserva ou está entusiasmado?". Deixe vinte minutos para discutir essas questões. Pode levar apenas dois minutos, mas se as perguntas revelarem novas questões, é melhor discuti-las.

APÓS A REUNIÃO DE CONTRATAÇÃO

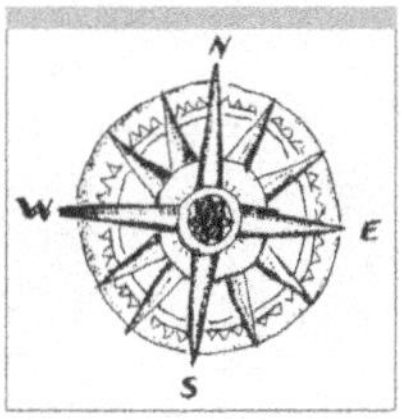

A Lista de Verificação 2, no Capítulo 4, mostra uma maneira de resumir os acordos a que chegaram na reunião de contratação. A Lista de Verificação 4, apresentada a seguir, contém algumas perguntas que você pode fazer após a reunião, a fim de esclarecer como foi a interação com o cliente. A reunião de contratação é um indicador importante de como o resto do projeto será encaminhado. Examinar suas respostas a essas perguntas lhe dará ideia dos problemas que você terá para lidar com o projeto.

Lista de Verificação #4: Revisando a Reunião de Contratação

1. **Como você classificaria?**

	Cliente		Consultor
• O equilíbrio da participação?	100% ________	50/50	________ 100%
• Quem iniciou?	100% ________	50/50	________ 100%
• Quem teve o controle?	100% ________	50/50	________ 100%

2. **Que resistência ou reservas o cliente expressou?**
   - Quais delas você explorou diretamente, em palavras, com o cliente?
   - Quais não explorou realmente?
3. **Que reservas você tem quanto ao contrato?**
   - Quais expressou verbalmente com o cliente?
   - Quais expressou indiretamente ou não comentou?
4. **Como deu suporte ao cliente?**
5. **Como as preocupações do cliente foram expressas?**
   - Silêncio?
   - Respeito?
   - Ataque?
   - Perguntas?
   - Dando respostas?
   - Diretamente, com palavras?
6. **Que linguagem corporal e facial você observou?**
7. **Como você classifica a motivação do cliente para prosseguir?**
8. **Como você classificaria sua própria motivação para prosseguir?**
9. **O que você não expressou ao cliente?**
10. **Revise "Conduzindo a Reunião de Contratação". Você pulou alguma etapa?**
    - Quais?
11. **O que você faria diferente da próxima vez?**

CAPÍTULO 6

AS AGONIAS DA CONTRATAÇÃO

ALGUNS PONTOS EXTREMAMENTE DIFÍCEIS na contratação merecem ser ressaltados. O primeiro é quando o cliente está disposto a levar o projeto adiante, mas o consultor sabe que a motivação dele para realizá-lo é baixa. Os gerentes de linha adotam uma postura forçada quando levam adiante um projeto que não querem desenvolver realmente. Quando concordam em fazer um projeto contra sua vontade, em geral foram coagidos a aceitá-lo por seu chefe, seus subordinados ou mesmo pela dificuldade de dizer "não" a você, o consultor. Você também pode estar sendo pressionado por seu chefe para desenvolver o projeto. Além das complicações de contratação há a necessidade de operar em um mundo virtual. Embora nossa crescente dependência da tecnologia influencie tudo o que fazemos em consultoria, é na fase de contratação que mais nos colocamos em risco.

LIDANDO COM A BAIXA MOTIVAÇÃO

Veja uma orientação sobre cada uma das etapas para lidar com a baixa motivação (veja o modelo na Figura 5):

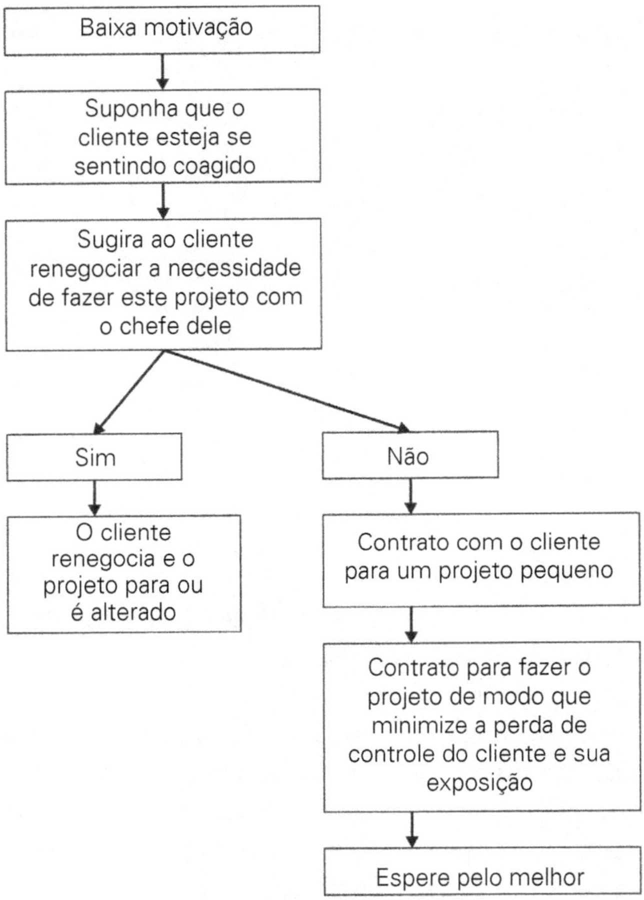

Figura 5. Etapas para Lidar com a Baixa Motivação.

1. Se o cliente tiver pouca disposição para se dedicar ao projeto, a primeira opção é considerar não fazê-lo.

Se você ou o cliente achar que deve ir em frente com o projeto:

2. Reconheça, pelo menos para si mesmo, que o projeto está começando por coerção. Pergunte ao cliente se está se sentindo pressionado para ir em frente. Em geral ele acabará revelando o que está sentindo.

Quando o cliente reconhece a pressão:

3. Sugira que volte a procurar a pessoa que o está pressionando e renegocie se o projeto precisa ser realizado. O cliente pode concordar em parar o projeto ou alterar a forma que ele está tomando a fim de se sentir mais confortável. Se estiver realizando uma auditoria ou supervisionando uma empresa e isto está pressionando o cliente, reconheça que o cliente não tem escolha senão trabalhar com você.

Se precisa ir em frente mesmo com certa pressão:

4. Faça um contrato com o cliente para um projeto pequeno. Sugira que vocês trabalhem juntos em uma parte do projeto total para que o cliente possa decidir se o processo é tão ruim quanto ele temia que fosse. Em geral se o cliente tiver uma experiência positiva com você, as preocupações dele diminuirão.

Reconheça ao cliente que vocês estão seguindo em frente apesar da baixa motivação. Então:

5. Pergunte a ele se há uma maneira de você agir que minimizaria suas preocupações quanto à perda de controle ou de estar vulnerável; por isso pergunte: "Há algum modo de você não sentir que está perdendo o controle da situação? Há uma maneira de fazermos isso para que sua vulnerabilidade seja protegida?". Você pode negociar como dar continuidade ao projeto de modo que consiga o que precisa, e o cliente não se sinta como vítima.

Então espere pelo melhor. Esses são contratos difíceis de gerenciar. As pessoas no papel de auditores enfrentam quase tudo contra elas o tempo todo. A melhor coisa que podem fazer é reconhecer a pressão e dar suporte ao cliente para a situação em que estão, ajudando-o a expressar seus sentimentos. Não há muito mais a fazer, exceto continuar o trabalho.

NEGOCIAÇÃO PERMANENTE: A MUDANÇA DE SEU PAPEL

Projetos de consultoria acontecem no mundo afora, em organizações muito políticas, onde as pessoas e as pressões estão em constante mudança. Esses mesmos fatores afetam seus projetos de consultoria. Outro aspecto que pode mudar é a maneira como o cliente lida com o consultor. Uma vez que ele quer você no projeto e ao mesmo tempo quer que fique mais distante, a definição de seu papel junto ao cliente se torna sujeita a um processo de negociação permanente.

Às vezes uma mudança no projeto é óbvia: um novo gerente chega, o orçamento é cortado e descobertas no meio de sua investigação indicaram novos problemas. Mais frequentemente, no entanto, as mudanças são mais sutis. Sem que você perceba, o cliente começou a tratá-lo de um modo um pouco diferente. Você pensou que seria convidado para uma reunião mas não foi, ou o cliente programa uma reunião e depois a cancela. Essas pistas são mais difíceis de perceber, mas podem indicar a necessidade de negociação.

Veja um exemplo de meu trabalho com uma importante indústria farmacêutica. Uma grande conferência de desenvolvimento gerencial foi planejada para maio. Cerca de 75 gerentes de alto nível participariam, e o objetivo era que eles solucionassem juntos alguns problemas em três novos lançamentos importantes de medicamentos planejados para o ano seguinte. Era janeiro, e eu estava trabalhando com uma comissão de planejamento, preparando a conferência de maio. A comissão era formada por dois gerentes de linha, Jim e Lou; um profissional de suporte, eu e Rich, um consultor de fora. Jim, Lou e Rich eram vice-presidentes que se reportavam ao presidente. Eu era basicamente responsável pelo planejamento detalhado e pela estruturação da reunião. O presidente tinha sugerido originalmente a realização da conferência em maio, por isso a comissão sabia que tinha o apoio dele. A comissão se reuniu várias vezes e eu me sentia incluído no processo, realmente parte da comissão.

O cenário mudou uma terça-feira de janeiro, pela manhã, durante uma reunião cansativa entre os quatro.

> Jim e Lou, os executivos de linha, discutiram como o grupo dirigente ultimamente estava tendo dificuldade em trabalhar junto e que se eles não chegassem logo a um acordo sobre alguns pontos, pareceriam muito tolos na reunião geral em maio. Não foi discutido o fato de que o presidente fazia parte do problema. Ele era muito calado, e as pessoas não sabiam qual era sua opinião sobre elas, e

isso estava deixando todos constrangidos — e esse constrangimento se tornaria claro na reunião de maio. Lou finalmente sugeriu que talvez devêssemos adiar a reunião de maio até que o grupo dirigente estivesse preparado. Jim disse que talvez fosse bom para o grupo dirigente se encontrar na reunião de maio, porque isso os forçaria a resolver coisas com o presidente. Rich, o profissional de suporte, disse que talvez estivéssemos exagerando muito sobre o grupo dirigente: os problemas não eram tão grandes e talvez as pessoas nem percebessem.

Lou disse para suspender a reunião de maio, Jim disse para mantê-la e Rich disse: "Qual é o verdadeiro problema aqui?" e nossa reunião ficou dando voltas. Eu era fortemente a favor de manter a reunião, mas não com esse clima de incerteza. Finalmente sugeri que fizéssemos uma reunião no dia seguinte com o presidente, para identificar o problema de um modo geral, e sugeri que ele lidasse com o problema antes da reunião de maio. Sei, por conversar com outras pessoas, que o presidente não sabia o quanto seu estilo calado influía no grupo. Estive com ele. A discussão sobre minha sugestão foi longe. Lou estava preocupado em ser taxado como mensageiro das más notícias; Jim disse: "Por que não nos reunimos com ele?"; e Rich disse: "Bem, se pudermos comunicar isso adequadamente e não transformarmos isso em um grande problema, talvez corra tudo bem." Finalmente, depois de uma pressão considerável de minha parte, o grupo concordou em se reunir com o presidente no dia seguinte às 4 horas da tarde, para discutir o assunto. Concordei em apresentar a ideia e os outros poderiam complementá-la se desejassem.

Quando estávamos saindo, Lou me disse: "É fácil para você confrontar o presidente porque não trabalha para ele como nós". Concordei com ele que era mais fácil eu fazer isso, e foi por essa razão que dei aquela sugestão. Saí de lá cansado e achando que a reunião com o presidente seria a única maneira racional de resolver a questão e desbloquear a comissão para que esta pudesse completar sua tarefa de planejar a reunião de maio.

Na quarta-feira, cheguei cedo à reunião das 4 horas com o presidente e sentei-me para conversar com Rich. Depois de conversar um pouco, ele disse: "A propósito, a reunião das 4 horas está cancelada". Jim, Lou e Rich nos encontramos logo de manhã e reconsideramos a decisão de nos reunirmos com o presidente. Lou pensou melhor e acho que isso seria arriscado demais. Jim e Rich concordaram com ele. Então eles decidiram se reunir às 4 horas para continuar a planejar a conferência de maio.

Surpreso, desapontado e um pouco irritado, encontrei a comissão às 4 horas. Perguntei por que eles cancelaram a reunião e o que faríamos com as preocupações originais deles com a conferência de maio. Lou repetiu sua história sobre o quanto seria arriscado falar com o presidente e como isso o colocaria em uma posição vulnerável, lembrando-me mais uma vez que era fácil para mim insistir em me reunir com o presidente porque eu não trabalhava lá — e além disso o problema não era tão ameaçador quanto o fizeram parecer. Há certa verdade na preocupação de Lou quanto ao risco. Ele se sente vulnerável e provavelmente tenha suas razões.

Imagino ter feito o que pude, e depois de deixá-los me animar por um instante passamos para o planejamento da reunião de maio. Rich comentou que em um desses dias, quando fosse oportuno, ele levantaria o assunto da relação do grupo dirigente com o presidente e veria que tipo de resposta ele daria. É um gesto generoso, uma proposta que todos nós sabemos que nunca acontecerá. O momento passou.

Saí da reunião preocupado com a situação toda e sem saber o que estava me perturbando tanto. Entendo a preocupação de Lou com o risco: não acredito em assumir riscos cegamente. Sei que o problema não é uma crise e o negócio continuará normalmente. Perdeu-se uma oportunidade, mas isso acontece todo dia.

Depois de algumas horas, tentando fingir que não estava chateado, comecei a perceber o que estava me perturbando realmente. Em vinte e quatro horas, meu papel com esse grupo mudou radicalmente. Quando saí da reunião na terça, era um membro da comissão. Participava das decisões importantes e tinha certa influência (talvez mais do que deveria). Eu estava onde a ação estava. Quando voltei no dia seguinte, tudo tinha mudado. Os outros tomaram uma importante decisão estratégica sem mim: não fariam uma reunião com o presidente. E implementaram aquela decisão sem mim: cancelaram a reunião das 4 horas.

Em um dia, meu papel mudou de uma pessoa com pleno *status*, como membro da comissão, para alguém que era meramente informado de uma decisão e tinha de me acalmar e esfriar a cabeça. Eles não me chamaram para ver se poderia participar da reunião da manhã, não me ligaram para discutir o que fazer, e não me chamaram para explicar a mudança de estratégia antes de a implementarem. De membro da comissão me transformei em um especialista encarregado de estruturar a conferência de maio. Isso aconteceu diante de meus olhos e só percebi que meu papel tinha mudado três horas após a reunião.

Após ter ficado claro o que aconteceu, eu me encontrei com Rich alguns dias depois com a intenção de renegociar meu papel ou contrato com aquele grupo. Concordamos que eu seria tratado como membro integrante e isso se manteria para o resto do projeto.

O que é importante nesse incidente é a rapidez e sutileza como o contrato de um consultor pode mudar, o que significa que sustentar e renegociar o acordo é um processo infindável.

O momento certo de sua renegociação é importante. Precisa acontecer assim que você percebe que o cliente está o tratando de uma forma diferente e que algo aconteceu. Se deixar isso escorregar por um instante, será muito mais difícil sentar e discutir o que aconteceu, digamos, um mês antes. Foi difícil sentar para conversar com Rich o que aconteceu apenas três dias após o ocorrido. Sua primeira reação foi me perguntar por que eu não tinha tocado no assunto na reunião — uma pergunta que não consegui responder. Queria ter tocado no assunto durante a reunião, porque então eu teria renegociado meu papel com a comissão inteira e não apenas com Rich.

Quando seu contrato parece estar começando a mudar ou o cliente está mudando algumas regras básicas, sua vantagem na situação é maior exatamente no momento da mudança. Quanto mais tempo esperar para saber se o cliente quer mais ou menos de você, mais difícil será renegociar seu contrato. Ainda assim, não importa quanto tempo demore, a discussão de alteração de contrato precisa acontecer. Ajuda um pouco quando você sabe que o processo de contratação acontece ao longo de toda a vida do projeto. Você está reciclando constantemente diferentes etapas da consultoria, e a negociação é realmente infindável.

OUTRAS DIFICULDADES ESPECÍFICAS

A necessidade de negociação infindável é apenas uma das dificuldades da contratação. Outros problemas potenciais específicos e desvantagens existem em cada etapa da fase de contratação. Veja alguma delas.

O Cliente Observador

Às vezes você descobre que é a quarta pessoa com quem o gerente conversou sobre esse projeto. Ao saber disso, você poderia reagir, sendo mais assertivo em sua argumentação. Outra opção é perguntar ao gerente por que é tão difícil para ele se decidir. A preocupação com o processo de seleção do consultor em geral significa que o gerente deseja começar um projeto, mas na verdade não quer que nada aconteça. Caso contrário, por que controlar o processo de modo tão meticuloso?

Credenciais? Com Sua Experiência!

Perguntas sobre suas credenciais aparecerão regularmente durante toda sua carreira: "O que você tem feito?" ou "Quais são suas credenciais?". Existem duas respostas para esse tipo de exigência. Uma é ter sua história de combate bem ensaiada e contá-la. Você espera que isso seja importante para a situação do cliente. A segunda resposta, depois da história de guerra, é perguntar: "Você não tem certeza se posso realmente ajudá-lo?". Se o gerente admitir que está preocupado, não encare isso como algo pessoal. Os gerentes (não importa o quanto sejam enérgicos ou ásperos) provavelmente se veem como pessoas que não precisam de ajuda. Precisam de garantias de que é possível realizar um aprimoramento, por isso diga isso a eles. Não assuma uma posição defensiva, citando todos os seus diplomas, clientes e sucessos. É fácil demais deixar que a dúvida que as pessoas têm sobre você desencadeiem suas próprias dúvidas.

Mediador

Às vezes existe um mediador entre o consultor e o gerente — alguém na equipe do gerente ou de outro departamento. Um mediador é alguém ativo ou protetor demais que pode erguer uma tela entre você e o gerente, e então ficará difícil você descobrir qual a real situação. Tente ter contato direto com o cliente real o mais cedo possível, e com a maior frequência. Insista na presença do gerente nas reuniões com você, para discutir o projeto.

Definir o Problema até o Fim: Um Erro Comum

Ao conduzir *workshops* sobre habilidades envolvidas em consultoria e observar centenas de consultores tentarem lidar com um cliente resistente, um erro fica bem claro: nós consultores gastamos muito tempo na reunião de contratação tentando definir o problema.

Se a reunião dura uma hora e meia, passamos cinquenta minutos para entender o problema e deixamos apenas dez minutos para tratar do verdadeiro tema da reunião — negociar expectativas e lidar com preocupações de controle e exposição. Isso acontece porque durante a reunião podemos enfrentar a confusão ou obstinação do cliente. Não temos certeza do que faremos em seguida, por isso continuamos fazendo perguntas sobre o problema. Isso traz alívio para nós e para o cliente.

Não passe tanto tempo querendo identificar o problema. Você terá a consultoria toda para fazer isso. Se não sabe o que fazer em seguida ou se a reunião não está chegando a lugar nenhum, você tem duas opções:

- Olhe para o cliente e diga: "Vamos parar de conversar sobre o problema por um momento. Diga-me o que você quer de mim."
- Olhe para o cliente e comece a falar. Qualquer coisa funcionará; o levará para onde deve seguir. Diga: "Você parece confuso quanto à natureza deste problema"; então, "O que eu gostaria de fazer é ajudá-lo a dar o próximo passo". Em seguida passe a conversar sobre o que cada um espera conseguir.

Mantenha a discussão do problema em não mais do que 35% do tempo total para a reunião. Se realmente não entende o que o cliente considera um problema, então negocie um pequeno contrato para descobrir mais. Se isso não ficar claro após vinte minutos de reunião, não será possível esclarecer durante ela, não importa quantas perguntas você faça.

O MUNDO VIRTUAL

A comunicação a distância é uma realidade que acontece cada vez mais. Agimos como se estivéssemos em uma nova era tecnológica, mas a invenção da escrita e depois da imprensa possibilitaram o trabalho e a comunicação virtual. Há muito tempo, as pessoas conversam com outras que não estão presentes na sala.

A novidade é como a realidade virtual entrou em cada canto de nossas vidas. Agora enviamos e-mail para as pessoas que estão sentadas ao nosso lado. Encontramos amor, companheirismo e conversa pela Internet. Costumamos trabalhar com pessoas que não conhecemos pessoalmente. Recebemos treinamento e apoio a distância, sem a necessidade do contato pessoal. Como consultores, não só queremos ter influência sobre aqueles que não controlamos, mas também podemos nem tê-los conhecido. Sabemos que cedemos à nossa privacidade e solidão, a nossas noites e fins de semana ao darmos uma olhadinha em nossos e-mails quando ninguém está por perto.

Estamos tão maravilhados com a velocidade e o aumento dos aplicativos da tecnologia que começamos a achá-la um substituto adequado. Ela é tão anunciada como a solução que se você questioná-la, será chamado de adepto do luddismo — uma parede de pedra contra o progresso. De fato, os ludditas tinham razão de acreditar que a industrialização teria um efeito imensamente negativo sobre a família, a comunidade e os valores tradicionais. Mas este não é o ponto aqui. O ponto aqui é que convencer sobre a mágica da tecnologia cria um exagero de valor. A velocidade é um aspecto positivo, a conveniência também, mas um processador de alimentos nunca garantiu uma boa refeição e enviar e-mails para meus filhos não significa que eu tenha algo importante para dizer a eles.

A informática e o mundo virtual que ela criou são surpreendentes, mas não passam disso. Tecnologia. Não substituem a autenticidade, o sentido, ou ser útil ao mundo. Podem nem mesmo ajudar. A grande vantagem do mundo virtual é o entretenimento, a velocidade e o custo. Primeiro, o mundo virtual gera muito entretenimento. É a resposta para o aborrecimento, uma distração para tudo o que me afeta. Posso preencher cada momento vazio de minha vida com a criação de textos, *e-mails*, vídeos, *podcasts* e *e-books*. E eu controlo a mídia que acesso, por isso sinto certo poder.

A grande vantagem para o comércio é que é rápido e barato, e isso é bom. A chave é entender quais os aspectos do trabalho que podem ser feitos com mais rapidez e a um custo mais baixo. É nesse sentido que o mundo virtual é um uma bênção para as funções de suporte e consultoria. Qualquer trabalho que se baseie em relacionamento lutará para oferecer resultados quando se espera mais rapidez e o tempo real de interação entre as pessoas continua diminuindo.

Não importa o quanto nos tornemos virtuais, o processo de consultoria apresentado neste livro continua aplicável, quer estejamos juntos na sala ou em ondas de frequência ou no ciberespaço. Ainda precisamos estar conectados e perguntar como o outro se sente ao trabalharmos juntos. Precisamos manifestar nossas expectativas, procurar dúvidas, ouvir e externalizar nossa resistência, fazer as mesmas perguntas. As equipes ainda terão de trabalhar juntas, e precisamos estar dispostos a falar sobre esse assunto. Aqui precisamos prestar atenção a certas questões específicas.

Os Sentidos Estão Obsoletos

Uma limitação importante da tecnologia virtual no processo de consultoria é que quase todos os nossos sentidos se tornam obsoletos. O som e a visão eletrônicos emitem uma pequena parte da informação do que quando se está com alguém, mesmo que a imagem seja em tamanho natural e perfeita e o som seja da mais alta qualidade.

Ao trabalhar no mundo virtual, abro mão da capacidade de tocar, sentir e vivenciar outro ser humano. Vejo apenas uma pequena parte do que me rodeia que é importante para o entendimento.

Não há nada a fazer a não ser fingir que o diálogo e as relações por meios eletrônicos são equivalentes à presença.

O efeito é que tudo o que fazemos eletronicamente requer mais cuidado e atenção do que se estivéssemos em uma sala juntos. Como consultor, tenho de verificar cautelosamente o que o cliente deseja de mim. Preciso confiar no que ouço com mais diligência quando ouço ou vejo um padrão de resistência. Tenho de criar conscientemente espaço para o silêncio, o que é mais difícil a longa distância. As perguntas no meio de uma reunião, "Como estamos indo?" ou "Você chegou ao que deseja com isso?" são até mais necessárias no mundo virtual, uma vez que sabemos que deixamos passar muita coisa.

O *E-mail* Não Conta

Uma coisa que sabemos sobre *e-mails* é que sem dúvida os significados são distorcidos. Um leve sarcasmo pode ser interpretado como desapontamento, o humor como falta de interesse e a raiva manifestada perdura por muito mais tempo em um *e-mail*. Além disso, se você manda uma mensagem por e-mail e acha que esta foi recebida e lida pelo receptor simplesmente porque a enviou, está enganado metade das vezes. O *e-mail* é excelente pelo lado logístico da vida, mas arriscado pelo lado do relacionamento.

A Eficiência Tem Custos Indiretos

Há um movimento para substituirmos tudo o que fazemos pessoalmente ou manualmente por um processo eletrônico ou online. Os substitutos *on-line* para compras, reuniões, aprendizagem, buscas e entretenimento cobrem a maior parte deles.

No âmbito do desenvolvimento humano, uma preocupação importante para todo consultor, tem havido esforços significativos para substituir a experiência direta em sala de aula por treinamento *on-line*. A aprendizagem *on-line* tem sido proposta como aprendizagem que pode ocorrer sob demanda e de acordo com a conveniência do aprendiz. Tudo isso é verdade. O que não é dito é como isso afeta a qualidade da experiência e o tipo de aprendizagem que é possível.

A Internet é excelente para se obter dados, ficar bem informado, descobrir as últimas notícias imediatamente. É uma grande enciclopédia e um serviço de notícias. Suas possibilidades são muito sedutoras mas existe um custo humano por trás de todo esse entusiasmo. Se nossa consultoria é na área de transformação e os relacionamentos pessoais são vitais para o resultado que buscamos, então o mundo virtual tem pouca importância.

Assim como meus perfis no Facebook e LinkedIn têm pouco a ver com quem sou eu, um futuro alternativo não pode ser criado juntando-se avatares. Não importa o quanto eles se vistam ou tenham uma imagem e um estilo parecidos aos nossos. A sacarina não é açúcar, a margarina não é manteiga. Embora o Skype tenha valor — por exemplo, posso ver uma imagem eletrônica de meu afilhado Pete em Cingapura — trata-se de uma simulação eletrônica. A tecnologia é boa, conveniente e barata, e eu a utilizo. Mas é um substituto qualitativamente pobre de quando Pete e eu estamos juntos em casa.

Faça Distinções no Mundo Virtual

Como consultores, isto nos leva à necessidade de decidir quando um substituto virtual para o relacionamento é útil e quando estar junto com uma pessoa é importante. Basicamente é uma questão de profundidade e risco. Certas perguntas consultivas são mais difíceis e exigem mais de nós emocionalmente, do que outras.

As perguntas com as quais o mundo virtual pode lidar são as mais cognitivas e impessoais — por exemplo:

- Qual é o problema que está sendo apresentado?
- Qual é o histórico desta situação?
- Quem são os envolvidos?
- Qual é o *case* de negócio para procedermos?
- Quanto tempo isso levará?
- Quem deve fazer parte da equipe?
- Quais os objetivos e resultados procurados?

Não se engane: estas são perguntas importantes.

As perguntas mais pessoais e que são mal conduzidas pelo mundo virtual são:

- Como você se sente em trabalhar comigo?
- O quanto você está envolvido no problema que nos preocupa?
- Este grupo trabalha bem junto?
- Como você se sente com o controle e a vulnerabilidade que tem sobre esse projeto?
- Quais as dúvidas e reservas que você tem de que alguma coisa mudará aqui?
- O que você aprendeu sobre si mesmo neste processo?

Estas são perguntas que constroem intimidade. São perguntas que criam o tecido social que nos faz superar os momentos difíceis de um projeto. São as perguntas que exigem todos os nossos sentidos a fim de termos a influência que buscamos.

Você pode ter suas próprias distinções, dependendo de seu trabalho, mas saber quais partes de um projeto podem ser conduzidas virtualmente e quais demandam que as pessoas estejam juntas agora faz parte vital da fase de contratação. Precisamos fazer perguntas sobre os aspectos que consideramos importantes. Isso significa que precisamos ser verdadeiros sobre o mundo virtual. Não precisamos romantizar isso nem resistir. É uma ferramenta útil e serve para nos entreter, e também pode ser uma defesa contra o engajamento. Perceber a distinção é essencial para a diferença que vamos fazer.

CAPÍTULO 7

O CONSULTOR INTERNO

QUANDO FAÇO *WORKSHOPS* SOBRE habilidades em consultoria para consultores internos, os participantes se sentam pacientemente e ouvem palestras sobre "dizer não a um gerente", "confrontar problemas com o gerente, logo que acontecem", "deixar claras suas expectativas e exigências", e "lidar diretamente com a política que envolve a situação". Alguém no fundo da sala pode levantar a mão e dizer: "Para você é fácil falar isso. Você é um consultor externo. Não precisa viver dentro da organização para a qual está prestando consultoria. Somos consultores internos. Se um gerente de linha fica furioso conosco, estamos encrencados. Você não entende como é."

Eu costumava resistir. Dizia que os problemas são os mesmos. Eles têm de agir da mesma forma que ajo com os clientes, e assim por diante. Então o grupo se retraía, eu anunciava um intervalo para o café e eles conversavam agitadamente entre si e me ignoravam. Eu não resisto mais. Em parte faço isso para evitar a rejeição. Também tenho ideias mais claras de alguns aspectos que diferenciam a consultoria interna da externa. Algumas das diferenças notáveis são apresentadas na Figura 6.

Figura 6. Diferenças Notáveis entre Consultores Internos e Externos

	Consultores Internos	Consultores Externos
Modo de vestir	Ternos nas cores azul e cinza ou saia e blazer; traje esporte fino de vez em quando, dependendo da empresa Roupas esportivas em dias específicos	Suéteres, gola alta e calça larga de malha, camisas de algodão, casacos esportivos, marrom e verde, bracelete de ouro de vez em quando ou um terço budista adquirido em retiro espiritual
Palavras e frases preferidas	Avaliação Longo prazo Rápido Prático Objetivos Antecedentes Custo	Isto levanta uma questão interessante Fundamental e subjacente Acordo Honrar sua integridade Resolver Dilema Modelo Implicações Reavaliar algum ponto do processo
Vida pessoal	Razoavelmente estável, responsável e recompensadora Apenas um divórcio, e mantendo boas relações com o ex-cônjuge e filhos	Passa-se tanto tempo na estrada que já se viu o mundo todo, mas não se lembra de nada
Expectativas	Desejo de liberdade e variedade que o consultor externo tem	Desejo de continuidade e estabilidade que o consultor interno tem
Ansiedade	Ser ignorado, rejeitado e tratado como se não tivesse importância	Ser ignorado, rejeitado e tratado como uma pessoa sem importância

DIFERENÇAS IMPORTANTES ENTRE CONSULTORES INTERNOS E EXTERNOS

Como consultor interno, você faz sempre parte da hierarquia e da política da organização. Você tem um chefe a quem deve atender (pelo menos em certa medida). Seu próprio departamento tem objetivos que devem ser atingidos. Os departamentos técnicos têm um novo processo que desejam apresentar para as unidades operacionais. Os grupos financeiros querem a adoção de novos procedimentos de controle.

De que modo ter um chefe e objetivos de departamento afeta a maneira como os consultores internos trabalham e fazem contrato com os gerentes de linha?

- Com frequência não é possível atender apenas às expectativas e necessidades do gerente de linha. Você deseja que o gerente de linha adote alguns procedimentos e estes podem estar em conflito com a própria filosofia e estilo do gerente.
- Você pode ser avaliado com base no número de gerentes que adotam os programas de apoio a grupos. Com frequência lhe pedem para convencer seu próprio departamento sobre a abordagem, e a pressão para fazer isso pode ser imensa.
- Muitas vezes esperam que você convença uma pessoa que é totalmente contrária à sua proposta. Um certo gerente de linha pode ter recusado os serviços de seu departamento durante anos, mas cabe a você trazê-lo para a carteira de clientes.
- Deixar algum gerente irritado pode ser um desastre. O número de clientes potenciais se limita aos gerentes de uma organização. Se fizer um trabalho medíocre uma ou duas vezes, os comentários podem se espalhar rapidamente, e seus serviços podem não ser mais solicitados. Se isso acontecer, você perderá o emprego.
- Você tem um *status* e um nível de função que são conhecidos pela maioria das pessoas na organização. Isso pode limitar seu acesso a pessoas importantes de alto nível com quem deveria ter contato diretamente. O *status* e o nível de um consultor externo são mais ambíguos, por isso eles podem ir de um nível para outro com mais facilidade.
- A dificuldade de ser um "profeta" em sua própria terra é exagerada e pode ser usada como defesa, mas há um fundo de verdade nisso. Uma vez que vocês trabalham para a mesma organização, os gerentes de linha podem perceber que você é afetado pelas

mesmas forças impingidas a eles. Por esse motivo eles podem demorar um pouco mais para confiar em você e reconhecer que tem algo especial para lhes oferecer.

Isso significa que os consultores internos muitas vezes estão operando mais de acordo com o que lhe mandam fazer do que com o que gostariam. Isso torna a contratação interna uma proposta mais arriscada. No final, tudo o que o consultor interno pode fazer é tornar explícitos os custos da mudança exigida. Não cabe a você tomar a decisão final, mas isso não é motivo para evitar fazer questionamentos ao projeto.

Os consultores externos enfrentam a maior parte desses problemas, porém menos intensamente. Por estarem fora da organização, existe um mercado potencialmente mais amplo para os serviços deles, e, contanto que seus clientes estejam satisfeitos, é improvável que sua própria empresa de consultoria reclame.

A diferença na intensidade e na condução desses problemas torna a posição do consultor interno mais delicada e vulnerável. Isso cria restrições sobre como os consultores internos fazem contratos com clientes e quanto risco eles estão dispostos a assumir ao darem um *feedback* honesto. Se as restrições levarem o consultor a um comportamento cauteloso no longo prazo, ele pode vir a ser usado somente como um implementador. Se o consultor interno ignorar totalmente as restrições, poderá ser considerado imaturo e desleal e taxado de "insensível à forma de se trabalhar por aqui".

A abordagem de consultoria descrita neste livro é uma forma de os consultores internos operarem com risco e compensação maiores, ao mesmo tempo que mantêm o respeito pelo cliente. Afinal, tudo o que tem a fazer é uma consultoria infalível. O restante deste capítulo descreve alguns aspectos aos quais é importante estar extremamente atento se se você for um consultor interno.

TRIÂNGULOS E RETÂNGULOS

A reunião com um gerente de linha como cliente muitas vezes é só o início do processo de contratação. No mínimo, um profissional interno de apoio deve fazer o contrato com seu supervisor.

Cada grupo de consultoria interno — seja de engenharia técnica, de auditoria financeira, de recursos humanos, de suporte corporativo — tem seus projetos prioritários e estabelece com clareza o quanto deseja ser diretivo ou participativo com seus clientes. As organizações técnicas têm certos processos inovadores que seus consultores técnicos devem apresentar às unidades operacionais, para serem seguidos. Os grupos de marketing têm certas estratégias de posicionamento e precificação que desejam ver adotadas pelos clientes.

Cada grupo de suporte concordou em atingir alguns objetivos que seus consultores internos terão de defender junto a seus gerentes de linha clientes. Assim, com frequência os consultores devem atender às necessidades do cliente e cumprir um contrato com seus próprios gerentes, a fim de implementar essas prioridades. Isso força o chefe a se envolver no processo de contratação e significa que os consultores internos estão sempre participando pelo menos de um contrato triangular (Figura 7).

Figura 7. Um Contrato Triangular

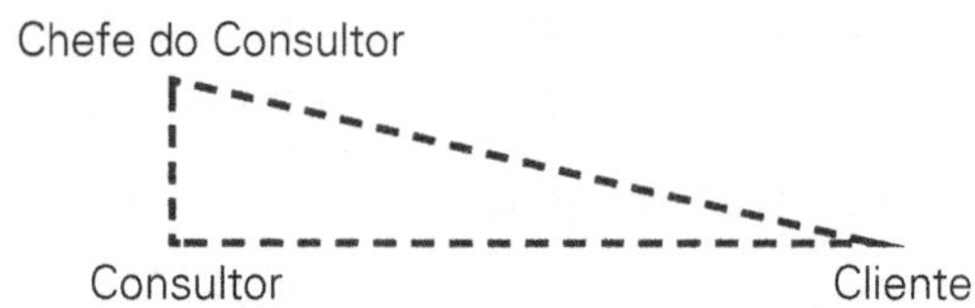

Figura 8. Um Contrato Retangular

Às vezes o contrato é um retângulo ou mesmo um pentágono (Figura 8).

Um contrato retangular pode começar com um entendimento geral entre o chefe do consultor e o chefe do cliente. Isso significa que o consultor irá trabalhar com o cliente sendo que nenhum dos dois escolheu a consultoria e, no entanto, eles se comprometeram a iniciá-la. Tal situação prolonga a fase de contratação. É desejável que o consultor se reúna com cada parte do contrato a fim de esclarecer as expectativas. Às vezes isso pode não ser possível, mas no mínimo você consegue saber o que terá de enfrentar e não tratará a contratação como um processo simples. Cada lado do retângulo ou triângulo precisa ser examinado antes de iniciar o processo de descoberta.

Expectativas do Seu Chefe

Quando todas as partes no esquema de contratação estão envolvidas, muitos problemas claros envolvendo os consultores internos e seus clientes são meros sintomas de problemas entre os consultores internos e seus próprios chefes. O chefe pode ter expectativas de que você, como consultor, não será capaz de atender. Você pode achar que nunca será capaz de dizer não ou que precisa convencer clientes muito difíceis.

Certa vez perguntei a um grupo de consultores da área de engenharia quais são as recomendações dadas por suas organizações sobre como eles deveriam conduzir seus negócios. As respostas formam um conjunto de normas em torno da consultoria interna:

"Faça o trabalho, não importa qual seja."

"Se o problema técnico é tão importante, não se preocupe com as sensibilidades do cliente."

"Não aborreça o cliente nem se indisponha com ele."

"Você tem tempo suficiente para fazer o trabalho, mas não demore demais."

"Convença o cliente a seguir suas recomendações. Defenda a forma de trabalhar da empresa."

"Todo problema pode ser resolvido."

"Todo cliente pode ser conquistado."

"Seja leal com sua organização."

"Não lave roupa suja em público."

"Não julgue as pessoas nem fale mal de ninguém."

"Nunca admita um erro a um cliente."

"Os contratos com clientes devem ser muito, muito flexíveis."

"Não assuma compromissos para um trabalho futuro."

"Mantenha aspectos pessoais fora disso."

"Mantenha uma postura discreta e tranquila. Nada de emoções."

"Haja com dignidade, tato, confiança e decoro."

Essa lista de expectativas, evidentemente, representa pressões irrealistas que os consultores podem sentir; não são as palavras que um supervisor diria. Representam o dilema do consultor interno quando o contrato com seu chefe não está claro e explícito.

Contratos com Seu Chefe

Na impossibilidade de estabelecer normas culturais irrealizáveis para consultores internos, vamos examinar seus contratos com os supervisores. O primeiro passo na contratação é identificar o que se quer, por isso perguntamos a um grupo de consultores internos o que eles queriam de seus chefes a fim de lidar com as pressões que estavam sofrendo. Eles disseram o seguinte:

"Uma definição clara do trabalho antes de iniciar um projeto."

"Acesso ao chefe."

"Assistência em elementos não técnicos e políticos do projeto."

"Não me sobrecarregar demais o tempo todo."

"Liberdade para negociar contratos com base em particularidades da situação."

"Viés mínimo sobre como o projeto deveria ser feito, quais deveriam ser as recomendações."

O mesmo grupo de consultores identificou o que eles queriam de seus clientes. Note como as listas são semelhantes:

"Uma definição clara do trabalho."

"Acesso à pessoa que realmente representa a organização cliente; acesso também a dados."

"Trabalhar junto no problema — cooperação."

"Compromisso com o projeto."

"Dividir a culpa e a glória."

"Sentir-se útil."

"Nenhum viés quanto ao resultado."

"Cuidar de questões físicas para realizar o trabalho."

"Abertura e *feedback*."

"*Feedback* sobre o que aconteceu depois que eu saí."

Entender claramente e concordar com seu chefe afeta imensamente sua capacidade de agir de modo adequado e infalível com seus clientes. Se o contrato com o seu chefe não estiver claro, você tenderá a se envolver em contratos superficiais com os clientes. Haverá a tendência de ceder aos clientes com muita facilidade, de estar indisposto a se afastar de projetos que tenham pouca chance de sucesso. Você também pode se forçar para defender exageradamente as prioridades da organização, e isso o distanciará dos clientes.

Experimente Este Exercício

Primeiro, faça uma lista do que espera de seu chefe. Depois peça a ele para fazer uma lista do que espera de você. Troquem as listas e reúnam-se para ver se podem chegar a um contrato que represente um equilíbrio razoável entre o que seu grupo ou departamento requer para cumprir seus compromissos com a organização e o que é necessário para atender às necessidades e prioridades de seus clientes.

Se a conversa não correr bem, você está pronto para os próximos dois capítulos — sobre como entender e lidar com a resistência.

CAPÍTULO 8

ENTENDENDO A RESISTÊNCIA

A PARTE MAIS DIFÍCIL da consultoria é saber lidar com a resistência do cliente. Quando fazemos consultoria, é natural sentir que se pudermos apresentar nossas ideias de modo claro e lógico, e se visarmos sinceramente a atender aos interesses do cliente, ele respeitará nossa experiência e seguirá nossas sugestões. Logo descobrimos que por mais que nossa apresentação dos dados e nossas recomendações sejam razoáveis, os clientes mostram resistência.

A resistência nem sempre acontece, mas quando ocorre, é embaraçosa e frustrante. Diante da resistência, começamos a considerar o cliente teimoso e irracional, e em geral acabamos simplesmente apresentando os dados e justificando as recomendações de modo mais impositivo e forçado.

A chave para entender a natureza da resistência é perceber que esta é uma reação a um processo emocional que acontece com o cliente. Não é um reflexo da conversa que estamos tendo com ele em nível lógico, objetivo, racional. A resistência é uma reação previsível e natural contra o processo de ser ajudado e contra o processo de ter que enfrentar problemas organizacionais difíceis.

A resistência, então, não é apenas previsível e natural; é uma parte necessária do processo de aprendizagem. Quando como consultores desejamos que nunca haja resistência ou que ela simplesmente desapareça, com essa atitude estamos impondo um obstáculo para que o cliente se integre e aprenda com sua experiência. Para que um cliente aprenda a lidar com um problema difícil, os sentimentos de resistência precisam ser expressos diretamente antes de ele estar pronto para aceitar genuinamente e aplicar o que o consultor tem a oferecer.

Lidar com a resistência envolve a habilidade para:

- Identificar quando a resistência está se manifestando.
- Ver a resistência como um processo natural e um sinal de que está no rumo certo.
- Apoiar o cliente a expressar a resistência diretamente.
- Não encarar a manifestação da resistência como algo pessoal ou como um ataque a você ou à sua competência.

É difícil conseguir isso e este será o assunto deste e do próximo capítulo.

AS FACES DA RESISTÊNCIA

A resistência assume várias formas, algumas delas muito sutis e fugazes. Durante uma reunião, é possível se deparar com diversas formas de resistência. Ao começar a lidar com ela de uma maneira, às vezes ela desaparecerá para reaparecer de um modo diferente.

Para consultores orientados tecnicamente — como engenheiros, contadores e profissionais que trabalham com sistemas e informática — pode ser difícil identificar a resistência. Nossa formação técnica nos orienta tanto para dados, fatos e para a lógica que, quando precisamos perceber um processo emocional ou interpessoal, é como se tentássemos ver uma imagem em uma fotografia desfocada.

As seções a seguir sobre as formas comuns de resistência devem ajudar a trazer um foco melhor para essas imagens.

Dê Mais Detalhes

O cliente continua pedindo informações cada vez mais detalhadas: "O que as pessoas que trabalham com o turno das 11 às 19 horas pensam?"

"Quando juntou os números, que planilhas de trabalho você usou? E os números foram escritos em vermelho ou em azul?". O cliente parece ter um apetite insaciável para saber tudo sobre o que está acontecendo. Não importa quanta informação dê ao cliente, nunca é o suficiente. Cada conversa o deixa sentindo que da próxima vez que se encontrarem, você deve trazer ainda mais dados para respaldá-lo. Você também fica achando que uma quantidade enorme de tempo é gasta para reunir informações e muito pouco tempo é empregado para decidir o que deve ser feito. Algumas perguntas do cliente são razoáveis; afinal, eles precisam saber o que está acontecendo. Quando começar a ficar impaciente com as perguntas, embora você seja capaz de respondê-las, é hora de suspeitar que a solicitação de detalhes é uma forma de resistência, e não uma simples busca de informações.

Inundando Você de Detalhes

Um corolário à solicitação de detalhes é receber detalhes demais. Você pergunta a um cliente como esse problema começou e a resposta é: "Bem, começou dez anos atrás em uma quinta-feira à tarde em setembro. Acho que eu estava usando camisa azul, o tempo lá fora estava nublado e ameaçava chover. Espero não estar chateando, mas acho que é importante para entender as origens da situação". O cliente continua dando cada vez mais informações, e cada vez você entende menos. Quando você começa a ficar aborrecido ou confuso, sem saber o que tudo isso tem a ver com o problema, deve suspeitar que está enfrentando resistência e não apenas uma tentativa efusiva de lhe dar todos os fatos.

Tempo

O cliente diz que quer realmente desenvolver seus projetos, mas não é o momento oportuno. Você continua insistindo, e ele tenta convencê-lo de que está com um volume de trabalho muito grande. Às vezes esse modo de resistência é expresso por interrupções constantes durante as reuniões. O cliente começa a fazer telefonemas ou fica olhando para o celular. Ou alguém aparece no escritório e o cliente vira-se para você dizendo: "Desculpe-me, um momento, Peter, eu tenho de resolver isto com Ann". E o cliente começa a conversar com Ann enquanto você espera sentado.

A mensagem que o cliente parece estar dando em todos esses exemplos?

- Esta organização é um lugar tão interessante para se trabalhar, algo está sempre acontecendo o tempo todo. Você não está impressionado, e não desejaria trabalhar aqui também?
- Na minha organização falta tempo para tudo.
- Eu tenho muito pouco tempo.
- Quero que você ache que estou recusando sua proposta por falta de tempo, e não porque sua proposta me faz sentir um grande desconforto.

A questão da falta de tempo, que enfrentamos diariamente, com muita frequência é resistência do cliente em dizer o que acha realmente do projeto. Quando descobre em dezembro que o cliente realmente gostaria de fazer o projeto mas só o iniciará no terceiro trimestre do próximo ano, comece a suspeitar que está encontrando resistência.

Inviabilidade

O cliente continua o lembrando de que este é o "Mundo Real e estamos enfrentando Problemas Reais". Já ouvi falar do Mundo Real mil vezes. Isso me faz pensar se os clientes acham que vivemos no mundo da fantasia. Essa forma de resistência nos acusa de sermos teóricos e nada práticos, até mesmo idealistas, o maior erro. E como acontece com outras formas de resistência, pode haver certa verdade na afirmação, mas então existe certa verdade praticamente em qualquer afirmação. É a ênfase na "viabilidade" que o leva a suspeitar que deve enfrentar uma questão emocional.

Não Estou Surpreso

Fico sempre surpreso ao perceber o quanto as pessoas consideram importante não ficarem surpresas. Parece que, não importa o que acontecer no mundo, está bom, contanto que isso não as surpreenda. Quando você completou um estudo, pode dizer a um gerente que o prédio caiu, os trabalhadores foram embora, o diretor financeiro saiu da empresa com o vice-presidente de marketing e a Receita Federal está batendo à porta, e a primeira resposta do gerente é: "Isto não me surpreende". Parece que ficar surpreso é a pior coisa do mundo que pode acontecer.

O medo que o gerente tem de ficar surpreso é, na verdade, o desejo de estar sempre no controle. Quando nos deparamos com essa situação, vemos que é um tanto aviltante. Pode sinalizar que o que desenvolvemos, na verdade, não é tão importante ou singular. Isso diminui nossa contribuição. Veja o desejo do cliente de não ser surpreendido pelo que é: uma forma de resistência em vez de um reflexo de nosso trabalho. Entenda o que significa realmente o desejo do cliente de não ficar surpreso: um modo de resistência e não um reflexo de nosso próprio trabalho.

Ataque

A forma mais direta de resistência é quando o cliente nos ataca. Isso deixa o consultor se sentindo como uma criança desastrada que não só fez um trabalho medíocre mas de algum modo violou um limite de moralidade que nunca deveria ser ultrapassado. Nossa resposta ao ataque é, com frequência, nos retirar ou responder à altura. Ambas as reações significam que estamos começando a considerar o ataque como algo pessoal e não estamos o encarando como outra forma de resistência.

Confusão

Um cliente que nos solicita ajuda está realmente confuso. Isso pode não ser resistência, mas apenas um desejo de esclarecimento. Porém, depois que a situação ficou clara e você explica isso duas ou três vezes e o cliente continua afirmando estar confuso ou diz que não está entendendo, comece a pensar que a confusão pode ser a dificuldade dele em lhe dizer não.

Silêncio

Esta é a reação mais difícil de todas. Ficamos expondo ideias ao cliente e obtemos pouca resposta como retorno. O cliente é passivo. O cliente pode não demonstrar nenhuma reação ao que você está propondo e quando você pede uma resposta, ele diz: "Continue. Eu não vejo problema no que você está dizendo. Se eu falar, não vou parar mais". Não acredite nisso. O silêncio não significa consentimento. Se você está lidando com algo importante para a organização, não é natural que o cliente não tenha reação.

O silêncio significa que a reação está sendo bloqueada. Para algumas pessoas, o silêncio ou conter as reações é realmente uma forma de luta. São ações que indicam: "Estou tão preso à minha posição e aos meus sentimentos que não falarei uma palavra". Cuidado com o cliente calado. Se pensa que uma reunião correu bem porque o gerente não levantou qualquer objeção, não confie nisso. Pergunte-se se o cliente lhe deu algum suporte real, mostrou entusiasmo ou se envolveu pessoalmente na ação. Se houve poucos sinais de vida, comece a pensar se o silêncio foi a forma de resistência que ele estava assumindo.

Intelectualizar

Quando uma pessoa muda a discussão de decidir como proceder e começa a teorizar sobre por que as coisas precisam ser como são, você está diante da intelectualização como resistência. O cliente diz: "Uma hipótese fascinante está implícita nesses resultados. Penso se não haveria uma relação inversa entre essa situação e as três últimas vezes que fracassamos. A crise parece ter levantado várias questões".

Gastar muita energia desenvolvendo teorias é uma forma de tornar a situação menos pesada. É uma defesa que a maioria de nós usa quando se vê em dificuldades. Não se trata de diminuir o valor de uma boa teoria ou de desmerecer a necessidade de entender o que está acontecendo. É uma cautela para não ficar conjecturando com o cliente e se engajar em ideias infindáveis, quando a questão é se você e o cliente serão capazes de enfrentar uma situação difícil. O momento para suspeitar de intelectualização é quando esta começa em uma hora de extrema tensão ou em uma reunião muito tensa. Quando isso acontece, sua tarefa é trazer a discussão de volta para a ação, e longe das teorias.

Moralizar

A resistência moralizadora faz uso de certas palavras e frases: "Aquelas pessoas", "deveria" e "eles precisam entender". Quando você as ouve, sabe que vai embarcar numa viagem, para um mundo de como as coisas deveriam ser, o que é simplesmente uma defesa moralizadora contra a realidade. É comum usarem a expressão "certas pessoas" para se referir a qualquer um que não esteja na sala naquele momento. É uma estratégia de superioridade usada para descrever pessoa quem em geral está em um nível organizacional inferior ao da pessoa que se manifesta e, portanto, realmente não entende como as coisas têm de ser.

Frases de superioridade são, na verdade, maneiras de se colocar em um pedestal, e isso é sempre uma defesa contra sentimentos desagradáveis e contra tomar certas medidas constrangedoras. A frase: "Eles precisam entender", na realidade significa: "Eu entendo, eles não. Por que eles não veem as coisas com clareza e com a mesma perspectiva ampla que eu vejo? Ah, saber é sempre um fardo!". Com frequência as tais "certas pessoas" entendem qual é o problema. Entendem perfeitamente. O problema para a pessoa é que elas não concordam. Por isso, em vez de enfrentar o conflito de opiniões, a pessoa que está expondo o que pensa prefere se colocar em uma posição moralista.

Moralizar pode ser atraente aos consultores. O gerente moralizador está o convidando para fazer parte de um círculo seleto de pessoas que sabem o que é melhor para "certas pessoas" e que sabe o que elas "precisam entender". Esta é uma posição elitista; contém o sentimento de poder e de proteção. Se o resto da organização não respeita o que você faz, esta é mais uma indicação de como eles estão confusos e do quanto precisam de você. Resista à tentação com o máximo de elegância e persistência possível.

Respeito

A forma mais difícil de resistência vem do gerente respeitoso que concorda totalmente com você e está ansioso para saber o que deverá fazer. É difícil ver o respeito como resistência porque você está conseguindo exatamente o que quer: acordo e respeito. Se realmente confia no conceito de que em cada gerente existe certa ambivalência sobre sua ajuda, então quando você não recebe reação negativa nenhuma, sabe que algo está faltando.

Cada cliente tem certas reservas sobre um dado curso de ação. Se as reservas não são comunicadas, elas acabarão se manifestando em outro momento, talvez de uma forma mais destrutiva. "Prefiro que as reservas sejam ditas diretamente; então eu as resolvo." Você pode dizer isso quando o cliente agradável está resistindo, enquanto demonstra respeito. Você recebe esse tipo de resistência toda vez que existe uma ausência quase total de qualquer reserva e pouco ânimo para fazer o acordo. Se o acordo é feito com ânimo, entusiasmo, e um entendimento sincero do que você e o cliente estão enfrentando, você pode simplesmente se sentir com sorte e não tomar isso como resistência, mesmo que poucas reservas sejam manifestadas. Mas cuidado com o cliente que expressa um desejo de chegar rapidamente a soluções sem qualquer discussão dos problemas. Cuidado também com o cliente que age mostrando dependência e deixa implícito que o que você fizer está bom.

Metodologia

Se houve uma coleta elaborada de dados em seu projeto, a primeira onda de perguntas será sobre seus métodos. Se administrou um questionário, lhe perguntarão quantas pessoas responderam, em que nível de resposta e se os achados são estatisticamente significativos ao nível de 0,05. Em seguida virão as perguntas sobre como as pessoas na vigilância e no turno da noite responderam.

Perguntas sobre método representam necessidades legítimas de informação nos dez primeiros minutos, tempo suficiente para você estabelecer a credibilidade do projeto se as perguntas forem realmente para obter informação. Quando as perguntas sobre método passam dos dez minutos, você deve começar a ter cautela e vê-las como resistência. O objetivo da reunião não é questioná-lo quanto aos métodos, mas entender o problema e decidir o que farão. Perguntas repetidas sobre método ou sugestões de métodos alternativos podem servir para atrasar a discussão de problemas e ações.

Melhora Repentina

Sem dúvida, a maneira mais sutil de resistência ocorre quando, em algum momento no meio do projeto ou próximo ao final dele, parece que o cliente não tem mais o problema que você estava procurando solucionar. Ao se aproximar do momento de o cliente enfrentar a questão e tomar medidas para resolver o problema, você começa a ouvir sobre o quanto a situação parece ter melhorado.

Existem duas variações sobre este tema:

- Se os lucros estavam baixos quando você começou o projeto, assim que houve uma pequena recuperação, o gerente o procura e diz que as pessoas parecem estar se sentindo melhor agora que o lucro melhorou. Talvez a necessidade de seus serviços tenha diminuído.
- Você fala com o cliente em maio e combina de começar o projeto em 20 de junho. Quando você liga em 10 de junho para confirmar o início, o gerente diz: "Ainda podemos começar o projeto se quisermos, mas por alguma razão parece que o problema não está tão sério." Nenhuma mudança pode ser identificada que tenha alterado a forma do grupo fazer negócios. O que aconteceu realmente foi que o grupo percebeu que em 20 de junho eles teriam realmente que começar a confrontar seus problemas; por isso parecia mais fácil agir como se os problemas não fossem tão importantes.

Certa vez fiz consultoria para uma empresa onde os grupos de engenharia e de produção estavam tendo dificuldades em trabalhar juntos. Na fase de diagnóstico, percebi que os grupos tiveram um histórico de conflito de todos os níveis ao longo de dez anos, o presidente da empresa tomou o partido do grupo de produção, e as responsabilidades e a autoridade entre os dois grupos estavam se sobrepondo e não eram definidas claramente. Pouco antes de eu apresentar os resultados do estudo, o presidente me chamou e disse que o chefe de engenharia estava mudando de emprego. Ele achava que com a saída dessa pessoa, os problemas provavelmente desapareceriam. Ele estava convicto de que essa pessoa estava saindo para não confrontar os problemas que esses grupos enfrentaram nos últimos dez anos.

O processo de resistência do gerente em virtude da melhora da situação é parecido àquele que acontece quando um casal em briga finalmente marca uma consulta com um terapeuta de casais: quando a sessão se aproxima, eles acham que estão melhorando. Quando chegam à sessão, olham um para o outro e dizem que não têm certeza de quais seriam os problemas porque têm convivido bem ultimamente.

Evidentemente, não há nada de errado em haver uma melhora da situação para o cliente, mas a maioria dos sintomas aparentes esconde problemas que exigem atenção. Se de repente o cliente está dizendo que os sintomas estão melhorando, eu ficaria preocupado por ele estar tentando valorizar uma melhora e encobrindo o verdadeiro foco da consulta.

Pressionando para Obter Soluções

A última forma de resistência é o desejo do cliente de obter soluções: "Não fale comigo sobre problemas; quero ouvir soluções". Uma vez que o consultor também está ansioso em ver os problemas resolvidos, pode acontecer certo conluio entre o consultor e o cliente, se a discussão sobre as soluções não for um pouco contida.

O desejo de soluções pode impedir o cliente de identificar qualquer aspecto importante sobre a natureza do problema. Também torna o cliente dependente de consultores para resolver esses problemas. Se o gerente de linha não tiver paciência nem coragem para parar e examinar o problema, então as soluções não serão implementadas efetivamente. Reconheça que a pressa para obter soluções pode ser uma defesa e uma forma particularmente sedutora de resistência para o consultor que está ansioso para resolver problemas.

A QUE OS CLIENTES ESTÃO RESISTINDO QUANDO RESISTEM A NÓS?

A principal maneira para lidar bem com a resistência é não tomá-la como algo pessoal. Quando você encontra resistência, é você que está na sala. Os clientes olham direto para você enquanto estão sendo defensivos. Cabe a você responder às perguntas e acalmar a tempestade. É natural sentir que a resistência é dirigida a você. Mas não é este o caso. Não é de você que o cliente está se defendendo. Os clientes resistentes estão se defendendo do fato de que terão de fazer uma escolha difícil, adotar medidas duras, confrontar uma realidade que emocionalmente tentaram evitar.

Se você foi chamado para resolver um problema, isso significa que a organização cliente não foi capaz de resolvê-lo. Isso não quer dizer que os gerentes não sejam suficientemente inteligentes para resolvê-lo. Em vez disso, eles não foram capazes de vê-lo com clareza. Estão tão próximos do problema e têm um envolvimento emocional tão grande em qualquer solução possível que precisam do auxílio de terceiros para definir o problema e as possíveis soluções para ele. Então, o problema ou a solução é uma realidade difícil que o cliente tem tido dificuldade em ver e confrontar.

As dificuldades com que os clientes se deparam variarão — por exemplo:

- Alguém pode ter sido demitido ou informado de que não está apresentando um bom desempenho.

- As pessoas no grupo podem estar muito insatisfeitas e o gerente pode estar relutante em expor essa insatisfação.
- O gerente pode se sentir inadequado em alguma parte do trabalho e não quer enfrentar essa inadequação.
- A situação política pode ser arriscada e o gerente não quer fazer alarde.
- A tarefa em mãos pode exigir habilidades que os funcionários não tenham, no momento. Isso pode significar demitir algumas pessoas, o que é difícil de fazer.
- O chefe do gerente pode fazer parte do problema, e o gerente pode não querer confrontar o chefe.
- A organização pode estar vendendo produtos ou serviços a um mercado em queda, e isso é desencorajador demais.
- O gerente sabe que opera autocraticamente e não quer mudar; no entanto, vê os efeitos negativos desse comportamento.
- Um projeto de desenvolvimento em que muito dinheiro foi investido está apresentando alguns resultados negativos. Isso significa que más notícias precisam ser enviadas para a direção, e as promessas feitas anteriormente serão retomadas.

Todas essas dificuldades envolvem problemas graves que parecem prometer soluções dolorosas. Os problemas técnicos ou relacionados aos negócios em sua maioria são causados ou mantidos em razão da maneira como estão sendo conduzidos. Quando os gerentes tomam a defensiva, eles estão defendendo a adequação de sua gerência — uma coisa natural. E merece ser defendida. Um gerente resistente está muito mais preocupado com sua autoestima e competência do que com as nossas capacidades como consultores.

É isso o que define a resistência: defender-se contra uma realidade difícil e como esta tem sido conduzida pelo gerente. Nós consultores chegamos e, como parte de nosso trabalho, começamos a apontar para realidades difíceis. É importante ajudar o cliente a enfrentar as dificuldades. Não deveríamos evitá-las só porque o cliente se tornará resistente.

Quando você encontra resistência, está vendo a expressão superficial de ansiedades mais profundas. Duas coisas estão acontecendo: o cliente está se sentindo constrangido e está expressando o desconforto indiretamente.

A razão para os consultores se acharem vítimas da resistência é que o desconforto do cliente está sendo expresso indiretamente. Se o cliente for capaz de ser autêntico e expressar sua a preocupação diretamente, dizendo — "Estou preocupado em perder o controle desse grupo" ou "Acho que estou mal preparado para lidar com essa situação particular" ou "As pessoas esperam coisas de mim que eu simplesmente não posso oferecer" —, nós consultores não nos sentiríamos atacados. Poderíamos ajudar muito mais o gerente.

Quando o gerente fala abertamente de suas preocupações, não está resistindo. A resistência ocorre somente quando as preocupações em enfrentar as difíceis realidades e a opção de não lidar com elas são expressas indiretamente. Elas são expressas indiretamente culpando-se a falta de dados detalhados, a falta de tempo, a inviabilidade, o orçamento insuficiente, a falta de entendimento por parte de "certas pessoas", e assim por diante, como as razões para não prosseguir com um projeto ou implementar algumas recomendações.

PREOCUPAÇÕES SUBJACENTES

Se estou enfrentando resistência e tentando entender o que está realmente preocupando o cliente, eu apostaria que ele está preocupado com o controle ou a vulnerabilidade. Se o que está sugerindo não gera resistência por parte do cliente, provavelmente é porque sua proposta não ameaça o controle do gerente nem a noção que ele tem de segurança organizacional.

Controle

Manter o controle é o centro do sistema de valor da maioria das organizações. Existe uma crença no controle que vai além da efetividade ou do bom desempenho organizacional. Muitos gerentes acreditam em manter o controle mesmo que isso resulte em um desempenho mais fraco. Um caso após o outro demonstra que formas mais participativas de gerenciamento são mais produtivas, no entanto, a prática do gerenciamento participativo não é comum. Tenho visto uma divisão de uma empresa em que os controles sobre o sistema de informações gerenciais provaram ser um obstáculo importante para aprimorar a produtividade, no entanto o gerente escolheu manter os controles à custa de um desempenho melhor.

O controle é a moeda de mais alto valor nas organizações. Todo o sistema de recompensa gira em torno do controle, da responsabilidade e da autoridade que você tem. Quando tem um bom desempenho, você não ganha muito dinheiro por isso, e sim obtém mais controle. Em um dado momento na história, as organizações perceberam que não se pode pagar o suficiente pelo compromisso que as pessoas assumem; logo, o controle é mantido como recompensa.

A mensagem em tudo isso é que o controle é muito valorizado. Não há nada de errado em ter controle, mas perder o controle é uma situação que gera muita ansiedade. Quando enfrentamos resistência, pode-se inferir que o gerente acha que vai perder o controle.

Vulnerabilidade

A preocupação de que o gerente será prejudicado é a segunda questão importante que gera a resistência com a qual nos deparamos. As organizações são sistemas competitivos e políticos. É muito importante ficar à frente dos pares, a favor do chefe, e manter a lealdade e o apoio dos subordinados. Cumprir esses três objetivos e realizar seu trabalho é difícil. Ao ascender em uma organização e lidar com pessoas em níveis cada vez mais altos, você sente que está sendo julgado e precisa provar várias vezes que faz parte de cada posição na organização, durante toda a carreira, até assumir a direção da empresa.

Política é um exercício de poder. As organizações operam como sistemas políticos, exceto quando não há voto. O impacto que seu projeto de consultoria tem na situação política e no poder de seu cliente é uma consideração muito importante. Quando enfrenta resistência, pode ser que você esteja perturbando, não intencionalmente, o equilíbrio político que foi estabelecido.

Um exemplo vem de um departamento de pesquisa e desenvolvimento em que o grupo que fazia pesquisa exploratória sempre teve supremacia e independência. Os grupos de desenvolvimento de produto eram muito mais controlados e responzabilizados pelos resultados no curto prazo. Solicitaram nosso auxílio na reestruturação de todo o departamento de P&D porque o vice-presidente desse departamento achava que havia ineficiências e sobreposições, e que o departamento não estava operando como uma organização. Durante o projeto, o grupo que mais ofereceu resistência foi o de pesquisa exploratória. Eles chegavam atrasados nas reuniões, questionavam nossos métodos, então se calavam e diziam no final: "O que vocês acharem está bom para nós".

Então o que havia por trás da resistência? Nossos métodos eram realmente falhos? Eles faziam objeção à base técnica sobre a qual nosso projeto foi estabelecido? Não. Eles estavam resistindo ao fato de que, naquele exato momento, estavam em uma posição organizacional poderosa e favorecida. Tinham um alto *status*, ampla autonomia e obtinham os recursos que queriam e começavam os projetos que escolhessem. Por trás de todas essas questões técnicas e estruturais, eles estavam preocupados em perder o *status* no sistema político.

A preocupação deles tinha certa legitimidade. Se um grupo de pesquisa exploratória perde toda a sua independência, o quadro no longo prazo para novos produtos é sombrio. No entanto, a preocupação política do grupo — de perder poder na organização — era expressa de forma indireta e, portanto, era difícil de lidar. Quando finalmente eles expuseram diretamente sua preocupação e reduziram a resistência, um compromisso pôde ser selado com o vice-presidente e o grupo de desenvolvimento de produto.

PREOCUPAÇÕES SUBJACENTES

Freud disse certa vez quando lhe perguntaram se o charuto que ele fumava também era um símbolo fálico: "Às vezes um charuto é apenas um charuto". Da mesma forma, às vezes as objeções do cliente não são resistência. O cliente simplesmente não quer fazer o projeto.

Todos nós nos tornamos paranoicos, interpretando as objeções de cada gerente de linha como resistência, para cobrir certas ansiedades subjacentes. Se um gerente diz diretamente: "Não, eu não quero começar este projeto. Não acredito nele", isto não é resistência. Não há nada nessa afirmação que culpe o consultor ou o responsabilize pelas dificuldades. O gerente está assumindo a responsabilidade por sua organização e tem o direito de escolher. Se pensamos que a escolha é errada, a vida é assim mesmo.

Somos pagos para fazer uma consultoria, e não para gerenciar. Se um gerente me diz: "Estou numa posição vulnerável demais para começar este projeto agora", aprecio a franqueza dele porque sei qual é minha posição junto àquele gerente. Não tenho que me preocupar, pensando se deveria ter feito alguma coisa diferente. Percebo também que o gerente entende o projeto e conhece os riscos, e que os riscos eram altos demais. Posso me desapontar por não ver o projeto ir em frente, mas o processo foi perfeito.

O MEDO E O DESEJO

Embora às vezes os consultores e os clientes possam agir como adversários, seus sentimentos e preocupações são, com frequência, complementares. São medos muito comuns dos clientes que correspondem aos medos do consultor. O mesmo ocorre com os desejos. Existem três que o fazem se retrair e três que o levam em frente:

Medos do Cliente	**Medos do Consultor**
Impotência. Insignificância. "Não tenho poder para mudar a situação. Sou uma vítima."	"Não posso ter influência. Não tenho recompensa pelo esforço."
Afastamento da organização e das pessoas à minha volta. "Ninguém liga pra mim, e eu não ligo para isso. Não pertenço a este lugar."	Distância do cliente. "Continuaremos sendo estranhos. Nunca nos aproximaremos um do outro. Eu terei que assumir totalmente o papel."
Confusão. "Tenho informações demais. Não consigo selecioná-las e ver os fatos com clareza."	"Tenho muito poucas informações. Eles não querem nem poderão me dizer o que está acontecendo realmente."

Impotência, alienação e confusão são as preocupações subjacentes que podem levar os clientes a se tornarem resistentes, se essas preocupações não forem expressas diretamente. A expressão indireta delas pode criar um desconforto semelhante no consultor. A saída é ajudar o cliente a expressá-las diretamente, em palavras.

Também podemos olhar o outro lado do medo e da resistência e identificar o potencial subjacente para cada cliente. Cada cliente também tem a possibilidade de não falhar. Quando o cliente se move nessa direção, a tarefa do consultor fica mais fácil:

Potencial do Cliente	Potencial do Consultor
Tem opções e o poder para agir na situação. É um ator, e não uma vítima.	Alto impacto. Clara compensação pelo esforço despendido.
Engaja-se na situação. Sente-se parte dela. Enfrenta a realidade difícil e a tensão.	Pode ser autêntico e próximo. Não se comporta como se estivesse atuando.
Suas escolhas são claras. A massa de informações é simplificada.	É incluído em todas as informações. Vê a situação com clareza.

Atingir esse potencial é um dos objetivos de qualquer consultoria. O cliente e o consultor assumem responsabilidade por si mesmos e pela situação em que se encontram. O processo de lidar com a resistência ajuda o cliente a se mover de uma posição de impotência, alienação e confusão para uma de escolha, engajamento e clareza. O consultor faz isso movendo-se internamente dos sentimentos de baixo impacto, distância e falta de informações para uma posição de alto impacto, autenticidade e clareza.

Ser Dependente, Pedir Ajuda

O clima da maioria das organizações não estimula muito os gerentes a pedir ajuda. As organizações tendem a ser muito competitivas, e pedir ajuda de consultores internos ou outros pode ser visto como sinal de fraqueza. Nossa cultura também sinaliza imediatamente que devemos ser capazes de resolver nossos próprios problemas e não precisar depender de ninguém. Ser cliente vai contra o fluxo dessas mensagens organizacionais e culturais. A resistência vem, em parte, do constrangimento de ser dependente e pedir ajuda.

Existe um sentimento intimamente relacionado que também dificulta a situação de um cliente: o sentimento de que nada pode ser feito para ajudar. Antes de o consultor ser procurado, o gerente já tentou resolver o problema com pouco ou nenhum sucesso. Isso pode levar a uma crença não manifestada de que o problema é insolúvel; o gerente ou o grupo estão tão fechados em sua forma de proceder que acham que devem conviver com o problema, em vez de resolvê-lo. Acham que não precisam de ajuda. Ao encontrar resistência, essa possibilidade deve ser explorada. Quando um gerente sente-se pessimista que a perspectiva de ser ajudado é remota, essa postura é seu obstáculo imediato para resolver o problema. Nenhuma solução técnica funcionará se o gerente não tiver disposição para tentá-la. O sentimento de não precisar de ajuda em geral não é consciente. A tarefa do consultor é levá-lo a esse nível de consciência. Quando o gerente examina o sentimento de insignificância, geralmente surge a esperança.

Querer Confirmação, e Não Mudança

Quando pedimos ajuda, queremos tanto uma solução para o problema quanto uma confirmação de que tudo o que fizemos foi perfeito.

Um colega meu, Neale Clapp, mencionou um dia que as pessoas que começam a fazer terapia querem confirmação, e não mudança. Aparentemente, seria ridículo um cliente pedir os serviços de um consultor e depois dizer a ele que não deseja fazer nenhuma mudança e que na verdade não quer aprender nada. Isso não seria racional. Mas, de fato, a resistência é um processo emocional, e não racional ou intelectual.

No mundo das emoções, dois sentimentos opostos existem com frequência ao mesmo tempo, e ambos podem ser genuínos. Os clientes podem querer sinceramente aprender e solucionar problemas. Ao mesmo tempo, eles também querem apoio e ser informados de que estão conduzindo aquele problema melhor que ninguém.

Aproximação — afastamento. A resistência é o afastamento. Por trás do afastamento, você encontrará a aproximação. Quando ajudamos alguém a expressar sua resistência, ela diminui, e então passamos a trabalhar com um cliente que está preparado e disposto a aprender e a ser influenciado. Saber lidar com a resistência é compreender a natureza contraditória da posição do cliente e aceitar isso.

Quando um gerente de linha tem um problema e os resultados são o sofrimento, pelo menos a extensão do sofrimento é conhecida. O gerente tem uma ideia clara de como as coisas andam mal e aprendeu a viver com a dificuldade. O gerente pode não gostar da dificuldade mas aprendeu a lidar com ela. Nós, como consultores, convivemos e oferecemos uma maneira alternativa de resolver o problema. Com a oferta vem a promessa de que a nova situação será melhor do que a anterior: haverá menos sofrimento e os resultados melhorarão. Mas essa promessa leva o gerente ao desconhecido, e isto exige uma mudança.

O medo do desconhecido é uma causa importante de resistência simplesmente porque o desconhecido é incerto e imprevisível. Todos nós vemos casais que estão casados há dez anos e parecem estar sofrendo a cada minuto em que estão juntos. Não entendemos por que eles continuam juntos. Talvez seja porque pelo menos eles sabem como a situação pode ficar ruim. Sabem como são os momentos ruins, e sabem que conseguem sobreviver a eles. Existe o conforto de saber o que eles podem esperar. Separar-se seria imprevisível. O medo de lidar com a imprevisibilidade pode ser maior do que a dor de ficar junto. As organizações também valorizam a previsibilidade. O desejo de sistemas permanecerem previsíveis (não me surpreenderem) é uma defesa com a qual os consultores têm de lidar continuamente.

Não surpreende que as organizações com problemas sérios tendem a ser os clientes mais difíceis. Elas são as que mais precisam mudar e são as menos capazes de fazer isso. Para organizações com baixo desempenho, a tensão de fracassar é tão alta que elas são incapazes de assumir mais risco, e por isso se apegam ao seu desempenho insatisfatório. Nesses casos extremos, provavelmente não há muito que os consultores possam fazer para expor a resistência à mudança. Talvez tenhamos de aceitá-la.

OGROS E ANJOS

Em qualquer organização, existem certos gerentes que são conhecidos por desdenhar os grupos de suporte e os consultores internos. Em *workshops* para pessoas na mesma organização — sejam em recursos humanos, auditoria ou engenharia —, os grupos podem apontar um ou dois gerentes em nível de comando que são os ogros aos olhos dos grupos de suporte. Os ogros são vistos como teimosos, autocráticos, insensíveis aos sentimentos — o Capitão Ahab[1] da indústria. Quando se começa a falar em resistência, os ogros são mencionados. Todos nós parecemos precisar de pelo menos um cliente impossível em nossas vidas — o cliente que se torna o para-raios de nossas frustrações em consultoria. Também há uma atração fatal pelos ogros — eles incorporam o desejo de alguns consultores de serem poderosos e bem-sucedidos.

Os ogros não existem. Várias vezes ouvi dizer como um gerente é mesquinho e cruel, e depois conheci aquela pessoa. Chego à reunião bastante constrangido, não querendo ser a mais recente vítima. O que acontece é que a conversa logo muda para os ogros que existem na vida do ogro. Os ogros não são realmente consumidos pela vingança aos consultores; eles estão preocupados com pessoas que possam lhes trazer dificuldades. Por trás do nervosismo do ogro estão certas preocupações que todos os gerentes têm: perder o controle e se tornar vulnerável. Quanto mais agressivo for o cliente, mais intensas serão as preocupações e mais o cliente precisa de assistência.

Os anjos também são imagens unilaterais. Todo grupo com o qual trabalhei é capaz de indicar um gerente que está disposto a fazer tudo o que eles pedem: um gerente progressista, aberto, confiável, que assume riscos, seguro, inteligente e bem apessoado. Mas também não existem anjos. Os anjos têm dificuldade para dizer não diretamente. Existe uma parte do gerente mais prestativo que tem reservas, evita confrontar problemas reais e quer manter o *status quo*.

---

[1] Ahab, o valente e insano capitão, personagem do romance clássico da literatura americana *Moby Dick*, de Herman Melville (1819-1981), é um personagem vingativo e amargurado. (N. T.)

Precisamos ajudar esse lado a se manifestar. Pelo bem do gerente e pelo nosso próprio bem.

...E [OS CONSULTORES] HEROICOS

A necessidade de ter uma autoimagem heroica é outro mito em consultoria que deve ser abandonado. Achamos que devemos ser capazes de superar todos os obstáculos. Não importa o quanto o cliente seja difícil, ou o quanto o problema seja complicado, se temos um cronograma apertado, acreditamos que cabe a nós fazer o melhor que pudermos. Esse desejo de ser o consultor heroico leva a maus contratos. Os contratos heroicos costumam pressupor uma barganha. Se aceitarmos este trabalho ruim agora, seremos recompensados mais tarde. A essência da barganha não é ser implícita, e sim nunca declarada. As recompensas em se fazer uma consultoria precisam constar do projeto e ser especificadas no momento de sua elaboração. Se a atividade não tiver recompensa, o projeto deve ser questionado.

Esse impulso heroico do consultor é a própria resistência do consultor para enfrentar a realidade de um projeto difícil. Resista a aceitar contratos instáveis ou irrealistas. Se não consegue dizer não, diga: "Mais tarde." Se não conseguir dizer isso, fale pouco. Os heróis têm uma vida difícil. As recompensas são superestimadas. A maioria dos heróis, a não ser que sejam os melhores do mundo, recebe o mesmo que você pelo que faz.

CAPÍTULO 9

LIDANDO COM A RESISTÊNCIA

AS PESSOAS USAM A FRASE "superar a resistência" como se a resistência ou a defensiva fosse um adversário que se deve combater ou vencer. Para "superar a resistência", procure agir de maneira inteligente e racional, usando boa argumentação na tentativa de convencer o cliente. Mas não há conversa com os clientes que elimine a resistência porque esta é um processo emocional. Por trás dela existem certos sentimentos, e não fácil fazer com que estes desapareçam, conversando com as pessoas.

Não há etapas que um consultor possa seguir para auxiliar um cliente a superar a resistência e ir em frente na solução do problema. A estratégica básica é ajudar a resistência a desaparecer por si, como uma tempestade, e não lutar contra ela, de frente. Os sentimentos passam e mudam quando são expressos diretamente. A habilidade do consultor consiste em pedir aos clientes para expressarem verbalmente o que estão sentindo — com sinceridade. A maneira mais eficiente de encorajar o cliente a ser sincero é, como consultor, ser autêntico e verdadeiro. Isto é tudo.

Esta maneira de lidar com a resistência — não lutar diretamente — tem uma qualidade *zen*. Combater a resistência, achando que as-

sim irá vencê-la, só a intensificará. Se um cliente está fazendo objeção à sua metodologia (e fez isso durante mais de dez minutos) e você continua defendendo o método, citando referências e contando outras experiências, ele ficará ainda mais frustrado. Provavelmente, ele desejará ainda mais encontrar falhas em seu método do que quando a discussão começou. Em vez de defender seu método pergunte mais ao cliente sobre as preocupações dele e tente mostrar por que sua metodologia é tão importante. Fazer o cliente falar mais sobre suas preocupações ajuda a tempestade a passa. Defender a metodologia é manter a tempestade.

Experimente este exercício.

Coloque as palmas das mãos juntas na frente de sua testa. Deixe seu braço direito ser a resistência do cliente e seu braço esquerdo ser sua reação a essa resistência. Mova seu braço direito e a palma da mão direita contra a palma da mão esquerda. Agora pressione fortemente o braço esquerdo e a palma ao mesmo tempo, para a direita. Se ficar nessa posição, as duas mãos ficarão paradas bem no meio, a tensão aumenta em ambos os braços e você logo ficará cansado. É isso o que acontece quando pressionamos contra a resistência. Ficamos parados, a tensão aumenta e a energia é drenada.

Agora junte as palmas das mãos novamente na mesma posição inicial. Mova seu braço direito e a palma da mão direita para a esquerda, contra seu braço esquerdo. Dessa vez deixe sua mão esquerda ceder, para que a mão direita continue se movendo para a esquerda. Em algum ponto, sua mão direita vai parar. Ela terá empurrado até onde pode. Se ficar nessa posição final, notará que sua mão direita, a resistência, ficará cansada e cairá com seu próprio peso. A mão esquerda, sua resposta à resistência, permite que a capacidade de resistir da mão direita se mova até o limite. A mão esquerda em contato, mas sem oposição, pode manter sua posição sem tensão, perdendo pouca energia.

É este o modo de lidar com a resistência: encorajar a plena expressão das preocupações para que elas passem. Lembre-se de que a resistência é a expressão indireta das reservas do cliente. O objetivo é ajudar o gerente a começar a declarar essas reservas diretamente, sem subterfúgio. Quando as preocupações do cliente são ditas diretamente, o consultor saberá quais são os verdadeiros problemas e poderá responder efetivamente.

TRÊS ETAPAS PARA LIDAR COM A RESISTÊNCIA

Existem três etapas para lidar com a resistência:

1. Identificar mentalmente qual é a forma que a resistência está tomando. A habilidade consiste em captar pistas do gerente e então descrever para si mesmo o que está acontecendo.
2. Declarar, de maneira neutra e não punitiva, a forma que a resistência está assumindo. Isso é chamado "dar um nome para a resistência". A habilidade consiste em encontrar uma expressão neutra.
3. Manter-se calado. Deixe o gerente de linha responder à sua afirmação sobre a resistência.

Etapa 1: Captar Pistas

As pessoas com formação em áreas técnicas como ciência da computação, engenharia ou contabilidade com frequência acham difícil reconhecer os primeiros sinais de resistência. Elas concentram sua atenção em fatos, dados, cifras e no nível racional, e não se habituam a prestar atenção ao nível emocional e interpessoal das conversas. Desenvolver a habilidade de lidar com a resistência exige saber a forma que ela está assumindo, mas a primeira etapa é simplesmente observar o que está acontecendo.[1] Aqui estão algumas maneiras de captar as pistas.

Confie no Que Vê e Não no que Ouve

Preste atenção às mensagens não-verbais do cliente. Ele está:

- Afastando-se constantemente de você?
- Todo enrolado, como um pretzel?

---

1 Gil Gordon, um amigo, ajudou-me anos atrás a ver como a etapa de captar as pistas do cliente está separada da etapa de expressar a resistência em palavras.

- Apontando o dedo e cerrando os punhos?
- Inclinado na sua direção como se fosse superior?

Tome qualquer desses comportamentos como sinal de que o cliente está incomodado com o projeto e é muito provável que se manterá resistente.

Ouça a Si Mesmo

Outra maneira de identificar a resistência é usar seu próprio corpo como termômetro. Quando você começa a se sentir incomodado em uma discussão com o cliente, pode ser um primeiro sinal de que a resistência virá logo atrás. Certamente quando você está aborrecido ou irritado, isso é evidência de que o cliente está resistindo. Quando em uma discussão se fazem questionamentos válidos, esta nunca é chata nem irritante. Quando estiver bocejando ou contendo sentimentos negativos, tome isto como uma pista. Essas reações suas são como bandeiras vermelhas, sinais para chamar sua atenção. São indicações de que deveria começar a verbalizar a resistência que está encontrando.

Ouça Repetições e Explicações

Uma pista segura de que está encontrando resistência é quando a mesma ideia é explicada pela terceira vez. Ou quando você se ouve respondendo à mesma pergunta pela terceira vez. A repetição de ideias e perguntas é uma resistência porque expressar a ideia ou responder às perguntas na primeira vez não foi suficiente. Uma preocupação está aparecendo indiretamente, por meio da repetição.

Você também ouve certas frases do cliente para expressar que ele não foi bem entendido:

"Você precisa entender que..."

"Vou lhe explicar uma coisa."

Essas frases contêm uma agressão sutil. Expressam certa frustração e ameaçam o consultor como se um erro sério estivesse para ser cometido, mas de algum modo supõe-se que essa frase do cliente nos salve.

Provavelmente há certas frases que você ouve muito e que sinalizam dificuldade. Faça uma lista delas agora e a atualize à medida que conseguir captar as pistas de resistência com mais facilidade.

Etapa 2: Verbalizar a Resistência

Quando sabe que há resistência, a próxima etapa é referir-se a ela usando uma linguagem comum, neutra. A habilidade é descrever a resistência de um modo que encoraje o cliente a fazer uma declaração mais direta da reserva que ele está sentindo.

Aqui estão alguns exemplos de resistência e linguagem neutra:

Quando a resistência assume esta forma	**Verbalize-a fazendo esta afirmação**
O cliente está evitando a responsabilidade pelo problema ou pela solução.	"Você não se vê como parte do problema."
O cliente mostra muitos detalhes.	"Você está me dando mais detalhes do que preciso."
Responda laconicamente.	"Você está me dando respostas muito curtas."
Muda de assunto.	"O assunto continua mudando."
É flexível.	"Você parece disposto a seguir qualquer sugestão minha. Eu não consigo identificar quais são seus verdadeiros sentimentos."
Fica em silêncio.	"Você está muito quieto. Não sei como interpretar o seu silêncio."
Pressiona para ter as soluções.	"É cedo demais para soluções. Ainda estou tentando descobrir..."
Ataca.	"Você está realmente questionando muito o que faço. Parece irritado com alguma coisa."

A maneira mais fácil é procurar um modo comum para descrever a resistência. É mais fácil verbalizá-la se você pensar o que diria a um amigo próximo ou cônjuge, e disser isso ao cliente. Fazer uma afirmação simples e direta é o benefício desta sugestão.

Existem outras formas de resistência. Experimente verbalizar cada uma delas de uma maneira neutra, não agressiva:

- Perguntas sobre metodologia.
- Intelectualização e teorias complexas.
- Confusão e ideias vagas.
- Falta de entusiasmo, desatenção.

Aqui estão alguns exemplos de afirmações que você poderia fazer a essas formas de resistência:

Metodologia: "Você está fazendo muitas perguntas sobre meus métodos. Tem dúvidas quanto à credibilidade dos resultados?"

Intelectualização: "Cada vez que nos aproximamos da decisão quanto ao que faremos, você recua para teorizar o que está acontecendo."

Confusão: "Você parece muito confuso quanto ao que estamos discutindo. Está confuso demais com o problema ou só não tem certeza do que fazer?"

Falta de entusiasmo ou desatenção: "Você parece estar pensando em outras coisas ou parece pouco empolgado com este projeto."

Em grande parte dos casos, os clientes reagirão, fazendo uma afirmação mais direta sobre o projeto. Às vezes, verbalizar a resistência não funcionará. Talvez não seja possível fazer nada para superá-la.

Uma Dica para Encontrar as Palavras Certas

Se verbalizar a resistência não estiver ajudando, uma opção é expressar como está se sentindo em relação à discussão. Encontrar resistência é constrangedor e frustrante. Às vezes, isso o faz sentir-se tolo, irrelevante ou insignificante. Experimente dizer isso ao cliente usando frases como estas:

"Estou me sentindo frustrado com esta discussão."

"Parece que meus comentários são tratados como se fossem irrelevantes ou sem importância."

Às vezes o cliente para por um momento e lhe pergunta por que está se sentindo assim, e isso pode levá-lo a uma discussão direta do problema. Expressar seus sentimentos pode ser mais arriscado em certas situações do que simplesmente verbalizar a resistência dos clientes. O cliente pode não se importar com o que você está sentindo e dizer: "Então você está constrangido. E o que isso tem a ver com fazer este equipamento funcionar?". Mas expressar seus sentimentos é ser autêntico e agir a fim de encorajar uma resposta semelhante do cliente, e é isso que você está buscando.

Etapa 3: Ficar Calado, Deixar o Cliente Responder

Após verbalizar a resistência, nossa tendência é continuar falando. Por exemplo, o consultor poderia dizer para um cliente desmotivado:

"Você parece ter pouca motivação para levar este projeto em frente. Vou mostrar quatro razões para a importância deste projeto e você o verá de um modo diferente..."

A primeira sentença é boa — uma expressão neutra da preocupação. Ao continuar a falar, no entanto, o consultor deixará o cliente escapar e este fugirá da responsabilidade por suas ações com mais facilidade.

Em geral, continuamos conversando para reduzir a tensão que sentimos quando confrontamos o cliente. Pare de falar. Enfrente a tensão. Faça uma afirmação sobre a resistência dele e cale-se.

NÃO LEVE PARA O LADO PESSOAL

O comportamento de um cliente não é reflexo de um ato seu. Muitos de nós temos o hábito de analisar o que fizemos de errado. Em um *workshop* recente, pedi a um grupo de engenheiros para fazerem uma lista do que eles, como consultores, faziam bem e outra lista do que faziam mal. Eles conseguiram fazer rapidamente uma lista de oito a dez coisas que faziam mal ou com as quais tinham problemas. As listas de qualidades positivas tinham, em média, dois itens e levaram quase duas vezes mais tempo para serem feitas. Essa paixão pela autocrítica é muito comum e impede que a resistência seja concentrada no cliente, pois é uma reação dele.

Se for interpretar as reações do cliente como sendo um ataque pessoal, a regra é fazer isso depois das seis da tarde — no horário de folga. Passe a noite pensando nisso e envolva seus amigos. Mas não encare a resistência como algo pessoal quando está com o cliente. Se, de fato, fez um trabalho medíocre e o cliente lhe diz isso, você precisa assumir e melhorar. Isso não acontece com frequência — e não é resistência do cliente; é um erro da parte do consultor.

Lembre-se de que as defesas não devem ser negadas. De fato, você precisa expressá-las com clareza. Se suprimidas, elas aparecerão mais tarde e de forma mais perigosa. A chave é como reagir às defesas.

Alguns pontos a serem resumidos:

- Não leve para o lado pessoal. Apesar das palavras usadas, a resistência não visa a desacreditar em sua competência.
- As defesas e a resistência são um sinal de que você tocou em algo importante e valioso. Esse fato agora está simplesmente se manifestando de uma maneira difícil.
- A maioria das perguntas são afirmações disfarçadas. Experimente ficar por trás da pergunta para que a afirmação seja articulada. Responder a uma pergunta fantasma tira um peso de suas costas.

Lidar com a resistência é mais difícil do que fazer coleta de dados e muito mais difícil do que chegar a boas ideias para implementação. O suprassumo da consultoria é lidar com a resistência.

RESPOSTAS SINCERAS

A maioria das perguntas que recebemos sobre a metodologia e o projeto são expressões do desconforto e da defensiva que o cliente está alimentando. É importante, no entanto, responder às perguntas do melhor modo possível.

Uma regra básica é dar duas respostas sinceras a toda pergunta que lhe fazem. Se perguntarem sobre sua metodologia e seu currículo ou como elaborou o questionário, responda a cada pergunta duas vezes. A terceira vez que a mesma pergunta é feita, interprete isso como uma forma de resistência e não responda à pergunta. Em vez disso, perceba que os clientes que fazem a mesma pergunta repetidamente estão, de fato, expressando a preocupação de estarem se comprometendo com o processo e assumindo seus problemas. Então na terceira vez que a mesma pergunta é feita, a única resposta racional é dizer ao cliente que talvez ele esteja sentindo certa relutância em se comprometer com o problema ou com o processo.

Depois de dar duas respostas sinceras, aborde a dificuldade do cliente em assumir compromisso e responsabilidades. Não lide com a resistência como se fosse meramente um problema de procedimento ou de método. Dê as duas respostas sinceras fé e então considere as perguntas como resistência.

CONSULTORIA A UM CLIENTE DURÃO

De vez em quando você encontra o seu par. Sua consultoria é infalível, e, no entanto, seu progresso com o cliente cai vertiginosamente.

Alguns de nossos *workshops* de consultoria propõem aos participantes se engajarem em um projeto de consultoria com um cliente real como parte da experiência de aprendizagem. Uma equipe de consultoria voltou de sua reunião de contratação em que teve de enfrentar um cliente contrariado. O cliente estava resistente, pouco comunicativo e até disse ao grupo na reunião de contratação que achava que eles estavam fazendo um trabalho fraco.

Como forma de lidar com nosso desespero e frustração, fizemos uma lista de maneiras diferentes de realizar consultoria com uma pessoa difícil:

1. Não procure aprovação, apoio emocional ou afeição.
2. Não espere que a responsabilidade seja igualmente partilhada. Os durões jogam tudo em suas costas.
3. Espere argumentos e críticas.
4. Não pergunte ao cliente o que ele está sentindo, nem expresse seus sentimentos.
5. Procure fazer o cliente entendê-lo. Não peça um acordo.
6. Deixe que o cliente tenha muito controle sobre o procedimento usado no projeto.
7. Minimize a elaboração e a explicação dos dados. Justificativas só pioram a situação.
8. Dê assistência ao cliente.
9. Não leve a resposta que recebe para o lado pessoal.
10. Não se deixe levar; evite detalhes.
11. Espere que o cliente possa aprender com este projeto mais tarde, depois de concluído. Você não vai encerrar o projeto agora.
12. Demonstre confiança.
13. Procure aliviar a tensão dizendo algo engraçado.
14. Lembre-se de que a ansiedade do cliente durão surge por temer perder o controle.
15. Continue agindo.
16. Evite clientes durões sempre que possível.

Não existem durões de verdade no ambiente empresarial. Se aparentemente o cliente for tão intratável, por dentro deve ser acessível. Com frequência dar assistência a um cliente durão irá abrandar sua dureza. Se o cliente se mantiver inflexível, minimize seu investimento no projeto. Não se pressione para agir com heroísmo.

Se o durão for alguém com quem trabalha constantemente ou se for o seu chefe, planeje seu escape ou comece a colocar sua energia em atividades fora do trabalho. Finalmente, faça o que puder para não se tornar igual a ele. Isso pode acontecer se mantiver contato com ele por muito tempo.

CAPÍTULO 10

DO DIAGNÓSTICO À DESCOBERTA

QUANDO O CONTRATO está claro e você está preparado para lidar com a resistência, a atenção se volta para a fase da descoberta. São dois os objetivos básicos dessa fase: desenvolver um modo inovador e independente de examinar o que está acontecendo e criar um processo que gere o compromisso do cliente, que ele sinta como seu e seja levado à ação. Isso significa que o objetivo da descoberta não é estar certo, mas ser efetivo e eficaz.

Existem duas maneiras bem distintas de pensar essa parte do trabalho. A maneira tradicional é considerá-la um diagnóstico, seguindo o modelo médico de diagnosticar o problema, chegar a um prognóstico e apresentar uma prescrição. Essa é a expectativa da maioria dos clientes. Eles têm um problema, querem uma solução e querem que esta seja dada por você. Por mais comum que seja essa expectativa, ela tem as limitações de se concentrar estritamente no problema, e o consultor faz o grosso da descoberta.

Em anos recentes, surgiu outra maneira de pensar, diferente do diagnóstico — concentra-se mais em possibilidades que em problemas. Em vez de examinar o que está errado, as deficiências, analisamos o que está funcionando, quais são os pontos fortes e os talentos, e buscamos aprofundar e tirar vantagem desses aspectos positivos. Esta é chamada de *abordagem baseada em ativos*, ou *abordagem baseada nos pontos fortes.*

A mudança do problema para a possibilidade surge da crença de que a mudança radical ou a transformação não vem da solução de problemas, mas de um modo de proceder mais voltado para o futuro. "Estamos aqui para resolver um problema ou para criar um novo futuro para nós mesmos?" é uma maneira de colocar a pergunta.

A metodologia que se baseia em ativos e no futuro é chamada de Desvio Positivo. Desenvolvida por Jerry e Monique Sternin, essa estratégia de descoberta procura exemplos no sistema de processos que estejam funcionando bem. Os Sternins trabalharam em empresas, vilarejos pobres e hospitais onde os problemas pareciam insolúveis. Em vez de se apresentarem como especialistas ou mesmo como pesquisadores, eles simplesmente ouvem exemplos de processos que estão funcionando. Quando descobrem em vilas que algumas crianças são mais saudáveis que outras, perguntam o que aquela família faz de diferente. O simples ato de fazer essa pergunta a muitas pessoas na vila leva à melhoria da saúde das crianças. Em hospitais eles obtiveram o mesmo efeito: as doenças e os acidentes diminuíram; nas empresas, as vendas e os lucros aumentaram.

Um segundo exemplo está no domínio da mudança organizacional, onde há um amplo apoio a um método chamado inquérito apreciativo. Iniciado por David Cooperrider, todo o processo de descoberta focaliza o que está funcionando bem para uma organização, quais as tradições e os rituais que vale a pena apoiar, os sonhos ou visões para o futuro que estão na mente das pessoas.

Embora minha prática tenha migrado para a abordagem baseada em ativos e no futuro, o número de pessoas no mundo que se preocupam com problemas é suficiente para querermos apoiar a consultoria que segue ambos os procedimentos. Além disso, quando existe um problema específico, uma solução analítica direta e técnica é exatamente o exigido.

AINDA É O RELACIONAMENTO QUE CONTA

Independentemente de escolher um processo com base em um problema ou na descoberta de ponto forte ou no futuro, o foco nos relacionamentos que foi enfatizado na contratação continua a ser importante na fase de descoberta. Se quisermos ser autores do que inventamos, o aspecto do relacionamento que envolve o processo de descoberta se torna decisivo, independentemente da experiência ou da visão de mundo do consultor.

Quanto ao conteúdo da descoberta, sua área particular de experiência em consultoria determinará que tipo de dados você coletará. Profissionais que trabalham com sistemas olham para os requisitos de informações, engenheiros e cientistas olham para questões técnicas, especialistas técnicos para o dinheiro e os aspectos econômicos, e os profissionais que trabalham com desenvolvimento organizacional olham para iniciativas de mudança baseadas em ativos ou na solução de problemas.

Uma fonte consistente de tensão, independentemente da experiência ou da metodologia, é que o que o cliente espera com frequência está em desacordo com o que mais provavelmente será útil. Sabemos que o aprimoramento sustentável vem quando os clientes internalizam o que é novo, fazem isso por conta própria, participam totalmente da iniciativa de aprimoramento e constroem sua própria capacidade. Mas isso não é o que a maioria dos clientes tem em mente. Eles querem uma resposta. Embora possam concordar com o forte engajamento e o desenvolvimento de capacidades na teoria, não é o que querem na prática. Na prática, eles querem uma solução rápida.

O mesmo ocorre quando não estamos nos sentindo bem. Queremos ir ao médico, receber uma receita, tomar um remédio e tocar a vida. Viver melhor por meio do uso de fármacos. Quando o médico diz que precisamos mudar nossa dieta, reduzir o estresse, praticar mais exercícios físicos e fazer mudanças fundamentais, não foi para isso que fomos à consulta.

Quando os gerentes de linha decidem que sua organização não está funcionando bem, eles querem que alguém venha, dê uma boa olhada com uma visão nova e sugira uma solução que seja rápida, barata e indolor. É por isso que as primeiras observações de um cliente são: "Quanto tempo levará?", "Quanto custará?" e "Dê-nos uma solução que cause o menor transtorno possível".

Se dermos aos clientes exatamente o que eles pedem, corremos o risco de não oferecer um bom atendimento. Se, no entanto, dissermos a eles que levará um tempo para chegar à solução, custará mais do que o imaginado, e mais tempo e envolvimento serão exigidos deles, corremos o risco de distanciá-los. Alguns desses problemas foram resolvidos na fase de contratação, mas essa tensão existe em todas as etapas. O que é difícil para os clientes perceberem é que as soluções de problemas no longo prazo (ou aplicações das forças) exigem que eles se responsabilizem pela parte que lhes cabe.

Esta reaprendizagem requer tempo e esforço. Os clientes podem terceirizar ou contratar um profissional de fora para fazer a pesquisa e a investigação técnica, mas implementam e mantêm uma solução ou uma nova direção que eles sempre precisam fazer por si próprios. É por isso que atendemos melhor aos clientes se escaparmos do modelo médico. Não somos um médico do trabalho que os examina, analisa seus sintomas, prescreve uma solução e os dispensa. Uma abordagem melhor é definir nossa tarefa como um processo de descoberta e diálogo mais do que como um ato de diagnóstico e prescrição, independentemente de estarmos examinando problemas ou ofertas e possibilidades.

A limitação do termo diagnóstico é que ele implica que uma terceira parte, um consultor, pode analisar a situação, chegar a um quadro preciso do que está errado e recomendar uma ação corretiva que seja útil. Esse quadro de diagnóstico e prescrição é um modelo cômodo de solução de problemas, mas se baseia na crença de que o aprimoramento organizacional pode ser engendrado. Em muitos casos, principalmente quando uma alteração em um sistema humano complexo está envolvida, isto não é realista.

Para problemas estritamente técnicos, como equipamentos que não funcionam ou *software* que trava, isso pode parecer razoável. É raro, no entanto, que os problemas definidos originalmente como técnicos estejam sujeitos a soluções estritamente técnicas. Com frequência estamos lidando com sistemas humanos e estes não são passíveis de soluções técnicas. Os sistemas humanos são complexos e exigem mais do que soluções mecânicas, causa e efeito. Os equipamentos e *softwares* não funcionam porque as pessoas os usam, os mantêm e lhes pedem para fazer coisas para as quais elas não têm preparo. A solução do problema exige frequentemente uma mudança no pensamento e na ação por parte do cliente, e este é o desafio.

Logo, quando aceitamos o termo diagnóstico como descrição dessa fase, reforçamos a crença de que uma estratégia de engenharia prescritiva pode aprimorar um sistema vivo. Essa postura racional subestima os requisitos emocionais e afetivos dos aprimoramentos reais.

A postura que desejamos adotar é de um guia através de um processo de descoberta, engajamento e diálogo em que nossos clientes encontrarão uma resposta para sua pergunta e lançarão uma

implementação que perdurará e será produtiva. Este é o pensamento por trás das metodologias que olham para o futuro e se baseiam no diálogo. Pode parecer um jogo de palavras, mas faz diferença no que fazemos e no que deixamos para trás.

Este capítulo descreve o tipo de descoberta, engajamento e diálogo que nos dá o que há de melhor no desenvolvimento da capacidade do cliente e na solução de problemas.

CONVOCAÇÃO PARA AGIR

O desafio é como ajudar o cliente a ser aberto ao processo de descoberta. Isso é muito mais importante do que estarmos corretos em nossa análise. Significa dar mais espaço para lidar com a resistência. Também exige trabalhar para construir o compromisso interno do cliente em cada etapa do processo. Aguardar até que um relatório seja feito e apresentado em uma reunião de *feedback* é tarde demais para se preocupar com a aceitação das recomendações pelo cliente. Também devemos ficar preocupados em como lidar com a política e as personalidades que cercam o processo de descoberta. Navegar por meio dos estilos gerenciais e da política organizacional dos clientes e ajudá-los a olhar objetivamente se os dados são tarefas vitais. A habilidade vem quando se trata do aspecto organizacional de cada desafio da mesma maneira racional que lidamos com a parte técnica.

Isso começa quando entendemos que não existem problemas puramente técnicos. Como consultores, sempre temos uma perspectiva de como os negócios e a tecnologia estão sendo usados ou gerenciados. Mesmo que contratemos um profissional para instalar um gerador de eletricidade para transmitir energia elétrica a nossa casa, haverá perguntas quanto ao tamanho do gerador, onde ele será colocado, que tecnologia é melhor para nosso estilo de vida e orçamento, e quem fará a instalação e a manutenção. Um bom profissional tratará essas questões como sendo tão importantes quanto o conhecimento de como comprar e instalar uma fonte de energia alternativa. Os arquitetos e empreiteiros afirmam que a parte mais difícil de seu trabalho é lidar com as dúvidas do cliente e a dinâmica familiar. Projetar e construir uma casa são coisas que eles sabem fazer. O desafio é lidar com a dinâmica das relações familiares.

Se isso ocorre com uma família, é ampliado quando se lida com uma organização. A política de uma organização é uma realidade, sempre presente e forte, e este é o desafio da descoberta e da ação.

Logo, o objetivo da descoberta é mobilizar a ação que irá aprimorar o funcionamento da organização. O objetivo não é a pesquisa, a qual visa simplesmente entender algo e trata o entendimento em si como suficiente.

Esta ênfase na ação e na utilização tem fortes implicações dependendo de como a descoberta é abordada:

Abordagem de Pesquisa	**Abordagem de Ação**
Interesse em todos os fatores que têm impacto na situação em questão.	Interesse em fatores que estão sob o controle do cliente e afetam a situação.
Ser abrangente e completo na fase da descoberta é essencial.	Uma abordagem completa e abrangente não é vital. Pode ser excessivo no momento de decidir o que fazer.
Você pode fazer pesquisa por si mesmo. A organização não precisa estar envolvida como parte da equipe de pesquisa.	O envolvimento do cliente no estudo é importante em cada etapa.

Você experimenta eliminar o viés e a intuição. Existe forte ênfase na objetividade e em dados objetivos.	Os consultores estão sendo pagos pelo seu próprio viés e intuição — isso é chamado julgamento. São usados todos os sentimentos e percepções além de dados objetivos.
Abordagem essencialmente neutra em relação ao aprimoramento que poderá ocorrer como resultado do estudo.	Profundamente preocupados com a atitude do cliente em relação ao resultado do estudo.

Essas distinções na abordagem podem ser polarizadas artificialmente, mas o importante é que nosso objetivo seja a ação, e não o entendimento. Com esse foco, precisamos nos concentrar em quatro coisas além das considerações técnicas:

1. Continuar simplificando e estreitando a investigação de modo a se concentrar mais nos passos seguintes que o cliente pode tomar e no que está sob o controle deles.
2. Usar linguagem comum. As palavras usadas devem ajudar a transferir informações, e não escondê-las.
3. Dar muita atenção ao seu relacionamento com o cliente. Incluir o cliente em cada oportunidade na decisão de como proceder. Lidar com a resistência à medida que surge, mesmo que ela não tenha um impacto em seus resultados.
4. Tratar os dados sobre como a organização do cliente está funcionando como informações válidas e relevantes. Também avaliar como o grupo com o qual está trabalhando é gerenciado.

Essas quatro competências afetam o modo como a experiência é usada. Elas tomam sua habilidade técnica e investigativa e as capacidades analíticas como dadas. Essa orientação para a ação pressupõe que a prontidão do cliente para aceitar sua contribuição seja tão importante para a descoberta quanto a análise do problema a ser resolvido ou as possibilidades e ofertas que estão em jogo.

A Figura 9 mostra as distinções básicas na fase de descoberta entre o problema técnico e como ele está sendo gerenciado. É possível fazer as mesmas distinções quando se trabalha com possibilidades e ativos imaginando as possibilidades na coluna esquerda.

Figura 9. O Modelo de Descoberta para a Solução de Problemas

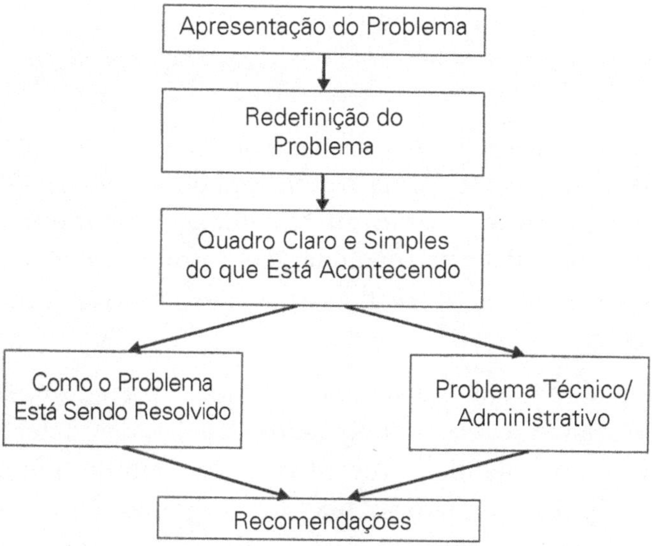

O cliente lhe faz uma...	**Apresentação do problema**
Você começa a...	Redefinir o problema ou a causa dele.
Seu objetivo é desenvolver...	Um quadro claro e simples da situação.
Incluída neste quadro claro e simples está uma descrição do...	O problema técnico ou de negócio em que o cliente pediu ajuda.
E também uma descrição de...	Como esse problema está sendo conduzido — as atitudes das pessoas, o estilo do gerente, a política da situação, as forças das ofertas, e as possibilidades que cercam a questão técnica ou administrativa.

Isso leva a...	Recomendações nas próximas etapas para lidar com a situação administrativa e lidar com a forma como este grupo faz sua autogestão.

O PROBLEMA NÃO É O PROBLEMA

Tudo isso implica que uma das contribuições mais importantes do consultor a um cliente é uma redefinição do problema. O gerente de linha começa sentindo certo sofrimento: as pessoas estão inquietas, o equipamento não está funcionando, a produção caiu, o processo de emissão de faturas apresenta falhas, a extensão de linha está saindo atrasada.

A maioria dos projetos é iniciada porque os gerentes estão aflitos. De vez em quando, eles são iniciados em virtude do desejo de mais sucesso ou de medidas preventivas, mas muito frequentemente há certa aflição no quadro. Quando a organização sente essa aflição, os gerentes começam a descrever para si mesmos por que ela existe. Quando sua explicação é exata, as tentativas de solucionar o problema em geral são bem-sucedidas. Quando os consultores são chamados, as tentativas do gerente de linha em solucionar o problema não tiveram sucesso, ou talvez o gerente não tem ideia nenhuma de como resolver o problema. Quando as tentativas do gerente de solucionar o problema não tiveram êxito, provavelmente é porque as descrições da causa da aflição foram inexatas.

A tentativa inicial do cliente de descrever para nós a causa das dificuldades é chamada de apresentação do problema. Como consultor, nunca aceito apresentar o problema como o verdadeiro problema sem fazer minhas descobertas e análise. O problema apresentado e o real (ou o problema subjacente) são diferentes. Uma vez que os gerentes de linha começam por uma definição incompleta do problema, suas tentativas de solucioná-los não funcionaram totalmente. Portanto, uma contribuição importante para o consultor é redefinir esse problema inicial para o cliente.

Aqui está um exemplo de como a apresentação de problemas é redefinida.

Uma grande organização técnica estava com dificuldade em reter novos funcionários por mais de dois ou três anos. As pessoas chegavam para trabalhar, recebiam treinamento, ficavam um tempo no cargo e então saiam justo quando estavam se tornando bons funcionários. Os gerentes perguntaram aos supervisores por que os funcionários mais jovens saíam. Os supervisores identificaram três razões:

1. Os salários não eram suficientemente altos comparados ao custo de vida na região.
2. Era muito difícil encontrar casa para morar nas áreas mais desejáveis. Os apartamentos eram raros, e as casas à venda eram tão caras que um funcionário tinha de economizar durante dez anos para ter dinheiro suficiente para dar a entrada.
3. Os jovens de hoje em dia querem muito, e depressa. A ambição deles e a noção de direito estão além do que a empresa pode satisfazer.

A alta gerência considerou válidas essas razões. Uma pesquisa de salários foi conduzida e foram feitos ajustes nas práticas de remuneração para funcionários novos. Eles também criaram uma seção de habitação no departamento pessoal para ajudar as pessoas a encontrarem apartamentos e a trabalhar com corretores para identificar imóveis a preços moderados na área. Eles deram *workshops* sobre a realidade das carreiras modernas nas empresas. Essas soluções eram uma resposta direta aos problemas apresentados: dificuldade de encontrar imóvel para morar, remuneração injusta e reivindicação de direitos.

Mas um ano e meio depois, a taxa de rotatividade da organização não havia reduzido, e em algumas seções estava ainda mais alta.

A alta gerência levou o grupo de treinamento da empresa como consultores internos e pediu para ajudarem no problema. O grupo de treinamento primeiro entrevistou os supervisores de primeira linha e os funcionários novos. Dessas entrevistas veio uma explicação diferente do motivo para as pessoas estarem saindo. Os funcionários disseram:

1. Quando eram contratados, tinham de participar de um programa de orientação que os expunha à visão, à missão e à cultura da empresa.
2. Eles não recebiam realmente uma atribuição de responsabilidade até estarem na empresa durante quase um ano.
3. Eles nunca recebiam um *feedback* exato de seus supervisores sobre como estavam indo. Isso dificultava eles saberem como deviam trabalhar para se desenvolverem. Também os deixava sem saber a respeito de suas perspectivas na empresa.
4. Os supervisores de primeira linha sofriam tanta pressão para executar o trabalho e fazê-lo com perfeição que simplesmente não tinham tempo para gastar com novos contratados.

As entrevistas revelavam uma causa muito diferente da situação aflitiva pela qual a empresa estava passando, ao perder tantos funcionários. O problema apresentado originalmente era que as pessoas estavam saindo, e as razões para eles estarem saindo eram salários baixos, um mercado habitacional restrito e expectativas irrealistas. Essa declaração inicial do problema levou a soluções na forma de remuneração, auxílio para encontrar moradia e *workshops*. Os consultores desenvolveram uma explicação diferente para a situação aflitiva e redefiniram essencialmente a causa do problema: novas contratações não recebiam apoio suficiente, atenção, tarefas significativas e *feedback*.

É interessante que a mudança na definição do problema veio de uma causa que ninguém tinha responsabilidade para uma onde o cliente era o responsável. Esta é a essência da descoberta: passar da linguagem da inocência (salário, habitação e expectativas irrealistas — que não são falta nossa) para a da responsabilidade (como os trazemos para a empresa e a estrutura que eles estão vivenciando está em nossas mãos).

Certa vez que a direção teve essa redefinição do problema, pode começar a resolvê-lo. Eles começaram uma série de programas para que supervisores e novos contratados discutissem uns com os outros sobre quanto tempo eles gastariam juntos, as tarefas que receberiam e quando eles teriam *feedback* do supervisor. A alta gerência também apoiou os supervisores a dedicarem mais tempo a novos funcionários. Ao longo do ano seguinte, o índice de rotatividade ficou estacionado e no segundo ano começou a cair. A contribuição dos consultores foi redefinir o problema apresentado e mostrar ao cliente um quadro claro do que estava causando a dificuldade.

COMO O PROBLEMA ESTÁ SENDO CONDUZIDO

Como o problema técnico ou administrativo está sendo conduzido é uma área crítica de investigação na descoberta orientada para a ação.

Os consultores em geral conhecem o estilo gerencial do cliente e a política da situação, mas tendemos a evitar lidar com eles como parte de nossas consultorias. Sentimos que nos pediram para resolver um problema administrativo e não para fazer comentários sobre a organização. Como resultado, tendemos a excluir os problemas organizacionais de nosso campo de investigação. No entanto, não ignoramos os problemas humanos totalmente, pois é a respeito deles que falamos com a maioria de nossos colegas e amigos. A maneira como o problema está sendo conduzido em geral é discutida no toalete, entre reuniões, após o trabalho quando estamos comendo ou bebendo, ou durante intervalos ao longo do dia.

Às vezes questões de gerenciamento são até mais interessantes do que as técnicas. Mas existe uma parte de nós (com o apoio do cliente) que não quer entrar em questões de personalidade, política ou relacionamento. É um erro evitar essas áreas. A forma como o problema é conduzido tem um efeito poderoso na maneira como nossa experiência será usada. Não podemos evitar isso totalmente, mesmo quando o cliente concorda que somos apenas consultores técnicos. Os problemas técnicos e administrativos quase sempre são acompanhados por problemas gerenciais que afetam como o problema técnico ou administrativo é solucionado.

A Figura 10 mostra alguns exemplos de problemas gerenciais típicos que poderiam ocorrer juntamente com problemas técnicos ou administrativos em determinadas áreas e funções.

Figura 10. Diferenças Entre Problemas Técnicos ou Administrativos e Como o Problema Está Sendo Conduzido

	Problemas Técnicos ou Administrativos	**Como o Problema Está Sendo Conduzido**
Sistemas Financeiros	Procedimentos e práticas de controle inadequados. Relatórios demais. Relatórios insuficientes.	Ambiente defensivo, que encobre o que você faz. Guardar informações e dados. Pouca comunicação verbal entre grupos.
Recursos Humanos (RH)	Aprimorar políticas e práticas em áreas de remuneração, benefícios, recrutamento, treinamento. Aprimorar a organização geral e o desenvolvimento gerencial.	Todo gerente é especialista em RH. A função de RH é um grupo com baixo *status* e é tratada de acordo. Especialistas em RH são usados como implementadores. Os gerentes temem que o RH esteja envolvido em sua avaliação de desempenho, por isso eles estão relutantes em confiar no RH e incluí-lo.
Marketing, pesquisa gerenciamento de produto	Políticas sobre precificação, promoção e embalagem. Informação sobre preferências do cliente e características de mercado.	Desconfiança e distância entre o marketing e a força de vendas. Luta pelo controle. A pesquisa de mercado opera como uma caixa preta; o resto da organização opera sobre opiniões privadas e não acredita na caixa preta.
Gerenciamento e consultores de desenvolvimento organizacional	Como aprimorar as atitudes e a produtividade dos funcionários. Nova estrutura organizacional. Novos papéis e responsabilidades.	Certos indivíduos e grupos têm muito poder sob o sistema corrente; mudar a estrutura irá mudar o equilíbrio de poder entre os grupos. Uma nova estrutura sinaliza quem está em ascensão e quem está perdendo o brilho. Um gerente muito autoritário pode não se importar em saber como as pessoas se sentem.

Logo, este é o ponto: cada área ou função enfrenta tanto problemas técnicos quanto organizacionais. A questão apresentada é quase sempre sobre problemas técnicos ou administrativos. Problemas organizacionais, ou o que chamamos de problemas de sistema social, incluem o modo como o problema técnico ou administrativo está sendo conduzido. É preciso decidir se a maneira como o problema está sendo conduzido será tratada direta ou indiretamente.

Tratar do sistema social é mais arriscado para o consultor interno. Você pode ouvir clientes dizendo que eles não o convidam para comentar sobre seu próprio estilo pessoal ou sobre a política da situação. Não tratar do lado social ou organizacional é ver suas recomendações técnicas distorcidas e apenas parcialmente implementadas por causa da dificuldade que a organização tem em comunicar, confiar e se autogerir.

DESCOBERTA INFALÍVEL

Para fazer uma consultoria infalível, você precisa começar a resolver o lado organizacional do problema como uma parte regular de sua consultoria. No mínimo, cada avaliação que você faz deveria ter uma seção dedicada a como o problema está sendo gerenciado. Essa seção só precisa apresentar um quadro claro e simples; não é necessário incluir recomendações específicas.

A preocupação em confrontar o cliente sobre como ele está gerenciando o problema é um medo do consultor. Os gerentes de linha em geral querem *feedback* sobre como estão indo, e têm dificuldade em obtê-lo. Seus próprios subordinados relutam em lhes dar *feedback*. Você, o consultor, está em uma posição especial para fornecê-lo. O único cuidado que deve ter é fazer isso de uma maneira positiva e não punitiva. No Capítulo 14 são dadas orientações sobre a forma de transmiti-lo.

Para resumir, lembre-se de fazer essas coisas na fase da descoberta:

- Pergunte sobre o que os outros na organização estão fazendo para causar ou manter o problema-alvo ou apresentado.
- Envolva seu cliente na interpretação dos dados coletados.
- Reconheça a semelhança entre como o cliente gerencia você e como ele gerencia sua própria organização.
- Condense os dados em um número limitado de questões.
- Use linguagem que as pessoas de fora de sua área de competência entenderão.
- Distinga entre o problema apresentado e o subjacente.
- Descubra e descreva tanto o problema técnico quanto como ele está sendo gerenciado.

CAPÍTULO 11

DESCOBERTA DO SISTEMA COMO UM TODO

A MAIOR PARTE DAS DISCUSSÕES sobre descoberta até aqui seguiu a perspectiva de terceiros, sendo os consultores, engenheiros, especialistas em TI ou profissionais de suporte que fazem a coleta de dados, análise e *feedback*. Embora esta seja a expectativa mais comum que os clientes têm quando recorrem a profissionais de suporte, e também a maneira como vemos tradicionalmente o papel do consultor, há uma alternativa.

A opção é envolver todo o sistema do cliente mais diretamente na redefinição do problema, para visualizar um futuro desejado, descrever ações alternativas e decidir como proceder. Essa é uma estratégia que envolve todo o sistema ou a parte diretamente envolvida, e sua metodologia percorreu um longo caminho nas duas últimas décadas. Muitos consultores e profissionais de suporte têm adotado a abordagem do sistema como um todo e redefinido seu papel, passando este a ser o de convocar as pessoas a desenvolver coletivamente uma estratégia de mudança.

O que é significativo nisso é que as pessoas que fazem a descoberta e as recomendações são as mesmas que irão implementar a mudança. Em outras palavras, as pessoas em todo o sistema estão envolvidas desde o início do processo e participam ativamente de cada etapa.

A denominação *sistema com um todo*, como um no entanto, é um pouco equivocada porque o sistema todo não está literalmente envolvido. É possível ter representantes de todas as partes de um sistema na sala, mas não realmente todos. Isso significa que pelo menos uma grande amostra daqueles que tomarão medidas seguindo as recomendações desempenharão um papel importante na criação deles, tornando o esforço de mudança mais autogerenciável do que uma abordagem de terceiros.

O que também é importante sobre a abordagem do sistema como um todo é que ele examina o sistema inteiro, e não suas partes. Pode envolver uma amostra transversal de pessoas que reúne um sistema todo de forma muito mais direta e rápida do que uma abordagem de terceiros. Uma estratégia que considera a parte diretamente envolvida ou o sistema todo engaja unidades inteiras para avaliar a realidade vigente e planejar como aprimorá-la.

Cada estratégia — de terceiros ou do sistema como um todo — tem suas vantagens e limitações, as quais descreverei brevemente. Durante a leitura, lembre-se de que seu objetivo em cada consultoria é catalisar ações, e não apenas ter uma avaliação exata.

CONSULTORIA DE TERCEIROS

O processo mais tradicional que recorre a terceiros envolve um único consultor que estuda a situação e faz recomendações de aprimoramento. O consultor pode vir de dentro da organização ou ser contratado. Às vezes, encarrega-se uma equipe de pessoas da própria organização para elaborar recomendações. Muitas vezes chamadas *equipes de projeto*, esses grupos podem ter de 10 a 15 pessoas e têm seis meses, mais ou menos, para trabalhar no projeto, depois do que devem apresentar ações recomendadas a serem ou não endossadas e implementadas pela diretoria.

Embora a equipe de projeto envolva mais pessoas do que a contratação de um único consultor e os participantes sejam da própria organização, ela ainda representa uma estratégia de terceiros: sempre que algum indivíduo ou grupo desenvolve uma solução para outro, está adotando uma posição de terceiros.

A justificativa para empregar uma abordagem de terceiros é que os consultores e as equipes de projeto têm competência especial e estão posicionados fora do sistema específico em questão, mesmo que seja apenas temporariamente. Supõe-se que isso leve a certa objetividade e a uma disposição para confrontar questões difíceis, o que as pessoas dentro do sistema podem ser incapazes ou não estar dispostas a enfrentar. Além disso, terceiros podem estar cientes de possibilidades que as pessoas mais próximas do problema talvez não percebam. A ideia de combinar uma equipe de projeto com um consultor de fora tem a vantagem adicional de aplicar o conhecimento íntimo, local, do problema. Acredita-se que, ao dispor de tempo adequado para análise e reflexão, a parceria feita entre o consultor e a equipe de projeto, composta de membros da organização que conheçam bem o trabalho, pode dar recomendações mais práticas e aplicáveis do que um consultor poderia oferecer, individualmente.

O poio de qualquer estratégia de terceiros é a objetividade. Profissionais de fora oferecem um ponto de vista independente, uma visão geral que não é encoberta por fazerem parte de uma cultura e não conseguirem enxergá-la de outra maneira. Se podemos ver com tanta facilidade nos outros aquilo que não vemos em nós mesmos, por que não usar um profissional de fora para nos ajudar a enxergar a nós mesmos? A trajetória de terceiros também tem o poder de apoiar a alta gerência e de ter energia e impulso incomparáveis para o aprimoramento que podem prover. Acreditamos que se a alta gerência apoiar a mudança e talvez até mesmo servir de exemplo a ser seguido, será meio caminho andado para fazer a mudança acontecer.

A limitação da ajuda de terceiros vem da separação entre a descoberta e o fazer. As recomendações de terceiros precisam ser aceitas pela alta gerência, e esta por sua vez deve exigir o cumprimento delas ou ganhar a adesão dos funcionários. O próprio processo de adesão se baseia em premissas falhas: pressupõe a existência de uma resposta certa ao problema, que o consultor ou equipe de projeto têm a solução e que, de uma maneira bem engendrada, a organização pode (e deve) ser convencida a aceitar a resposta e tomar as medidas cabíveis.

Em alguns casos, principalmente quando o problema é de natureza estritamente técnica, pode existir uma resposta correta, e esta pode ser aceita e implementada por seus próprios méritos. Na maioria dos casos, no entanto, esse pensamento é ingênuo. Sempre que existem dúvidas quanto ao compromisso da direção ou dos funcionários, ou problemas para se desenvolver novas habilidades ou novas relações organizacionais, a engenharia prescritiva ou o modelo médico acabam gerando uma mudança modesta, quando muito. Na pior das hipóteses, mesmo que a resposta apresentada por consultores seja correta, ela pode não ser implementada, mesmo com a aprovação da direção.

ADOTANDO A ABORDAGEM DO SISTEMA COMO UM TODO

Às vezes, as pessoas que serão afetadas pela mudança podem juntar-se a você no processo de descoberta, recomendação, decisão e implementação. Esta é a abordagem do sistema como um todo, pela qual as partes envolvidas na mudança participam do processo por iniciativa própria.

A essência da descoberta do sistema como um todo é reunir todos na sala. Isso aprofunda a noção da organização como uma comunidade e permite às pessoas operar com as mesmas informações, usando um banco de dados comum. Todos ouvem o que é dito, e você evita as limitações de ter poucas pessoas planejando o que é melhor para um grupo grande.

A principal vantagem é que não existe necessidade de convencer ninguém de ação nenhuma, principalmente os funcionários nos níveis inferiores do sistema. Quando o objetivo é desenvolver o compromisso interno com uma série de mudanças, convencer as pessoas é a pior maneira de fazer isso. As pessoas resistirão à mudança a elas imposta, não importa o quanto a situação mostre claramente essa necessidade.

A força da abordagem do sistema como um todo não reside tanto no apoio da alta gerência, mas no forte engajamento e envolvimento de toda a organização. O processo do sistema todo não avança sem o apoio, pois a direção da empresa estará presente; porém, ele não conta tão fortemente com esse apoio. É uma aposta no conhecimento coletivo, no propósito coletivo, e no compromisso que cresce quando as pessoas tomam decisões por si próprias.

O "sistema como um todo" significa que você quer representantes de todas as partes do sistema, mas não literalmente de todos da organização do cliente. Dessa maneira, pelo menos uma grande amostra daqueles que tomarão medidas orientadas pelas recomendações desempenharão uma parte importante na criação deles. Isso torna o esforço de mudança mais autogerenciável do que uma abordagem de terceiros. Mas se o sistema todo puder reunir literalmente todos em uma sala e o trabalho da organização permitir isso, receba todos na sala. Desse modo, não precisará se empenhar para construir uma ponte entre a amostra das pessoas presentes na sala e aquelas que estavam ausentes.

SUA OPÇÃO

O valor da abordagem do sistema como um todo é que ele engaja unidades inteiras para autoavaliar sua realidade vigente e planejar como aprimorá-la. Fazer uma escolha sobre uma estratégia de consultoria, então, significa decidir entre dar prioridade à competência distintiva e neutralidade do consultor, o que leva a uma abordagem de terceiros, ou dar prioridade ao compromisso das pessoas com a implementação, o que poderia fazer a balança pender para a abordagem do sistema como um todo. Algumas considerações a respeito:

Terceiros

- Observadores neutros. Não têm interesse na resposta.
- Visão mais ampla. Já viram muitas organizações e maneiras de abordar o problema.

- Têm conhecimentos especializados que não foram adquiridos na unidade.
- Processo simples de tomada de decisão. Mais controle gerencial da decisão.
- Tem credibilidade do profissional de fora.

Sistema Como um Todo

- O processo de tomada de decisão cria um compromisso maior com a implementação.
- As pessoas que decidem são aquelas que precisam executar o trabalho.
- Maior conhecimento local. As pessoas têm intimidade com a situação.
- Mais realismo. As pessoas sabem o que é viável e o que funcionará.
- A aprendizagem fica na organização.

COLOCANDO A DESCOBERTA DO SISTEMA COMO UM TODO PARA FUNCIONAR

A técnica de reunir um grande número de pessoas para avaliar a situação, definir um futuro e falar sobre a ação ganha várias denominações. Uma vez que pode funcionar com várias centenas de pessoas num auditório, com frequência é chamada de *metodologia para grupos grandes*. Outros proponentes concentram-se no envolvimento que ela fornece e chamam-na de *abordagem de alta interação*. Por tentar envolver todos os participantes de uma vez, também pode ser chamada de método de *larga escala*. O nome não é realmente importante, contanto que dê uma noção da intenção dos métodos do sistema como um todo.

O Processo do Sistema Como um Todo

O número de pessoas é limitado em grande parte pelo tamanho da sala. As sessões em geral duram dois ou três dias seguidos. Uma equipe de projeto, geralmente guiada por um consultor, costuma planejar um evento para um grupo grande, mas os planejadores se concentram apenas no processo e não fazem declarações sobre o problema ou as soluções. Eles lidam com questões sobre quem deve ser convidado, o foco certo para as reuniões e como gerenciar a logística e preparar a sequência de atividades. Para tratar de aspectos específicos de como fazer isso, existem livros bons, como os de Kathie Dannemiller, Marvin Weisbord e Sandra Janoff, Barbara Bunker e Billie Alban, Dick Axelrod e Emily Axelrod, Harrison Owen e Juanita Brown. Eles são citados na seção Leituras Adicionais no final do livro.

O que é especial nos métodos de descoberta do sistema como um todo é a fé que eles expressam na capacidade que as pessoas têm de identificar seus próprios problemas e encontrar maneiras de resolvê-los. Um processo do sistema como um todo mostra que não precisamos de um profissional de fora nem de uma equipe especial de consultores internos para nos dizer quem somos e o que teremos de enfrentar. Se conseguirmos ganhar confiança suficiente e formos honestos uns com os outros, todas as unidades terão dentro de si a capacidade de fazer as mudanças necessárias.

Confiar no Processo

Para fazer esta abordagem funcionar, o consultor e o cliente têm de abrir mão de certo controle e começar uma trajetória imprevisível, bem diferente da maneira como a organização costuma operar, e que provavelmente não será confortável. As condições que precisam estar presentes são:

- *Transparência total.* A alta gerência precisa estar disposta a declarar ao grupo tudo o que sabe sobre a realidade vigente. Isso inclui informações financeiras, progresso em objetivos importantes, fracassos que podem ocorrer e como a organização está se saindo no cumprimento das principais promessas a seus constituintes. Se a alta gerência está contemplando mudanças na estrutura da empresa ou em funções, estas precisam ser colocadas na mesa, independentemente da ansiedade que poderão criar.

- *A alta gerência participa integralmente dos procedimentos.* A sessão é conduzida pela equipe de projeto ou por planejadores e um consultor. Cada gerente é um entre muitos, e as ideias da alta gerência não são vistas como melhores do que as de qualquer um. Embora a alta gerência possa decidir reter certo poder de veto, será difícil usá-lo sem gerar acusações de manipulação. Este é um bom modelo quando a alta gerência está disposta a ser vulnerável a tudo o que for prescrito aos outros.
- *Os grupos devem ser uma amostra transversal completa do sistema todo.* Isso significa que os profissionais de suporte e todos os níveis gerenciais e funcionários, mesmo aqueles de outras unidades que têm um vínculo importante com o sistema, estão envolvidos.
- *Diferenças de status, poder, título e função desaparecem durante o processo.* Todos estão em campo e trabalham em iguais condições. Cada equipe de trabalho na sessão terá vários níveis e funções representados. Os participantes devem estar dispostos a transpor as barreiras sociais e organizacionais.
- *Os funcionários precisam estar preparados para se manifestar.* Pedimos para eles não terem cautela nenhuma durante alguns dias. Eles não precisam abrir mão da cautela para sempre, mas a reunião não é um fórum de reclamações e respostas; é um evento criado coletivamente em que todos têm respostas e perguntas.
- *Se os funcionários optarem por não participar, eles abrem mão de seu direito de reclamar ou de serem ouvidos.* Não há como reivindicar mais tarde que eles não participaram da decisão. Os direitos de cidadania são conquistados pela opção de participar.
- *Existe uma ênfase no futuro e no que o grupo quer criar junto.* Discussões tratam dos obstáculos e da realidade vigente, mas a estratégia é conversar mais sobre o que queremos criar amanhã do que como corrigir o que temos hoje.
- *A sessão termina com acordos sobre as próximas etapas e quem vai trabalhar nelas.* A alta gerência e os funcionários precisam estar dispostos a permitir que as próximas etapas se definam a partir dessa sessão. Todos abrem mão de certo controle.

- *Os consultores abandonam o papel de especialistas*. Não analisamos os dados, não fazemos recomendações e acompanhamento. Nosso papel é conduzir as pessoas por uma série de etapas que pedem a participação. Nós nos tornamos menos centrais, menos visíveis, e menos capazes de defender uma determinada resposta.

Cada uma dessas situações move a organização para uma direção autogovernante, igualitária. Esse é o poder da estratégia, mas também sua limitação. Os gerentes não podem iniciar esse processo de compartilhar o poder e depois se afastar em momentos de dúvida e nervosismo.

A COMPENSAÇÃO

Minha intenção ao introduzir o sistema como um todo e avaliar a descoberta é explicar por que esse método é importante e mostrar como ele muda o papel do consultor. Mas também devo admitir certa inclinação para usar a estratégia desse sistema sempre que possível. Em condições ideais, ele tem uma vantagem sobre a postura de terceiros uma vez que constrói a capacidade da organização de conduzir o seu futuro. Também mantém o consultor no papel educacional. Exige que desenvolvamos nossa capacidade de conceber experiências de aprendizagem para os outros. Além disso, requer a ampliação de nossas habilidades no modo de agregar e reunir as pessoas, de incentivá-las a questionar a realidade vigente e imaginar seu futuro e de confrontá-las com sua liberdade e responsabilidade por meio de atividades interativas, em vez de confrontar essas questões de um modo mais tradicional, direto.

CAPÍTULO 12

DESCOBRINDO TALENTOS, CAPACIDADES E POSSIBILIDADES

NA SEGUNDA EDIÇÃO deste livro na virada do século, a novidade na fase da descoberta foram as metodologias do sistema como um todo descritas no Capítulo 11. Desde então, provavelmente a novidade mais interessante na descoberta seja o crescente interesse em examinar os talentos, capacidades e possibilidades presentes em um sistema. Essa abordagem é usada além ou, às vezes, em contraste com a detecção dos problemas — suas causas e soluções.

Esta abordagem recebe várias denominações: desenvolvimento da comunidade com base em ativos, desvio positivo, psicologia positiva, investigação apreciativa, busca do futuro e outras. Todas elas se baseiam na premissa de que examinar o que queremos preservar na nossa história, ou o que está funcionando em um sistema agora, ou o que o sistema quer criar no futuro é uma excelente maneira de construir o compromisso e a sustentabilidade em qualquer processo de mudança ou de consultoria.

Adotar essa perspectiva ou a visão de mundo é uma maneira de compensar algumas limitações no foco de solução dos problemas. Assim que chamamos algo de problema, sinalizamos que aquilo está errado e precisa ser corrigido. Por mais cuidadoso que você seja, é difícil evitar que os outros pensem que *eles* estejam errados e precisem de correções.

A abordagem de análise do problema também tem uma tendência a focalizar o que fizemos até agora. Exige um histórico dos problemas, como chegamos a esta situação, quais são as causas e o que pode ser feito para corrigi-la. Implica que se entendermos o passado e o caminho que nos trouxe até aqui, é um bom sinal de que teremos uma alternativa no futuro. Em muitos casos, no entanto, ela não funciona tão bem.

Quando nossa atenção volta-se para os problemas, também é muito fácil tentarmos convencer os outros da necessidade de um novo futuro, pintando uma situação drástica para ressaltar a urgência da mudança. Tentar convencer os outros pode criar resistências. A persuasão desencadeia tanta defesa quanto compromisso.

Finalmente, o foco do problema tende a se basear na lógica e no racional, o que é extremamente positivo. Mas, pode ser difícil engajar as pessoas usando-se apenas justificativas racionais que forneçam bases sólidas para a sua sustentação.

Isso não quer dizer que não devemos nos concentrar na solução de problemas; é apenas um prelúdio à ideia de que em certas situações, focalizar mais em possibilidades e capacidades pode fazer sentido. É esse ponto que será explorado neste capítulo.

QUANDO TUDO FALHA

A condição que pede claramente uma abordagem baseada nos pontos fortes e nas possibilidades é quando o modelo tradicional de solução de problemas foi tentado várias vezes e não funcionou. Esse em geral é o caso de problemas intrincados — por exemplo, o baixo moral, o fraco desempenho de mercado ou problemas de qualidade que não desaparecem. Em um contexto mais amplo, o foco na solução de problemas, em mais programas e mais recursos tem apresentado muito pouco impacto real em condições desafiadoras como pobreza, crime, doenças e infecções.

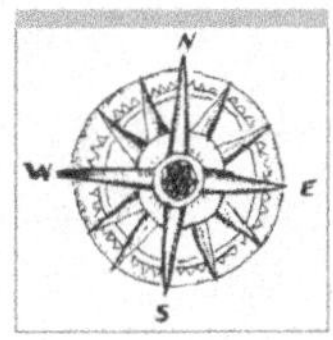

Quando as condições são intratáveis, em geral um futuro alternativo requer a mudança de um sistema social. Soluções técnicas não funcionam quando o aprimoramento depende de uma mudança na cultura, nas normas tradicionais ou nos hábitos das pessoas. Vejamos a reforma da educação, um exemplo detalhado no Capítulo 18. Durante anos, tentamos implementar em escolas públicas melhores práticas de elaboração de currículos, elevar os padrões de certificação dos professores, reduzir o número de alunos por sala de aula, adotar melhores práticas de liderança e implementar a avaliação feita por pares. Todas essas práticas são razoáveis; elas fazem sentido e têm funcionado em alguns lugares. No entanto, o problema nas escolas em que a aprendizagem das crianças é baixa persiste, e os pedidos de reforma ganham cada vez mais força. A maioria dessas estratégias de mudança nas escolas se baseia na deficiência ou na necessidade. É examinado o que está errado e então busca-se a solução do problema para se chegar a um aprimoramento.

Esta pode ser uma indicação de que resultados positivos, importantes, exigem mais do que simplesmente uma solução técnica ou a melhor definição do problema e soluções. O aprimoramento do ensino e da aprendizagem das crianças exige uma mudança do sistema social que as cerca, o que requer em si uma nova mentalidade e a busca de uma mudança mais profunda nas práticas de ensino.

Eu poderia apontar para outras áreas onde a solução de problemas pode ter alcançado os seus limites — por exemplo, a assistência médica, que será discutida mais adiante, neste capítulo. A maior parte das discussões sobre planos de saúde na realidade é sobre atendimento médico, sua acessibilidade e seu custo.

Ou considere nossa preocupação com menores em situação de risco ou vulnerabilidade. São crianças e jovens que se desviaram da trajetória convencional da escola, que vai da pré-escola, passa pelo ensino médio e chega à faculdade. Costumamos nos referir a elas como "crianças-problema". Em organizações, falamos de "pessoas com baixo desempenho" ou "funcionários-problema" e nos programas que podemos implementar para "colocá-los de volta aos trilhos".

Essa linguagem e foco nas deficiências de pessoas e sistemas pode ser parte da razão pela qual é difícil encontrar soluções. A alternativa é focalizar nos talentos e capacidades de um sistema social e nas pessoas incluídas naquele sistema. No caso da educação, por exemplo, como mudamos nossa atenção do desempenho do professor para a capacidade que os alunos têm para aprender? Na assistência médica, como mudamos o discurso da cura por meio da prescrição de medicamentos e de tratamentos dados por um médico para a total participação do paciente e de sua família, do assistente social, dos funcionários do laboratório, enfermeiros e outros que estão em contato com o paciente?

Com os jovens, como podemos mudar o discurso do que eles não são para o que eles adorariam ser? Quais de seus talentos não estão sendo explorados? O que eles fazem bem? Suponha que nosso objetivo como comunidade fosse ajudar todos os jovens com 18 anos a identificar simplesmente em que eles são bons?

O PODER DO DESVIO POSITIVO

Uma das abordagens mais fortes baseadas em talentos, que está ganhando popularidade, tem o nome um tanto estranho de *desvio po-*

sitivo. O desvio positivo é um processo desenvolvido por Monique Eternin e Jerry Sternin em vilarejos no Vietnã para lidar com crianças subnutridas, acabar com a prática da cirurgia genital feminina no Egito e reduzir infecções hospitalares por estafilococos resistentes à meticilina — problemas quase insolúveis pelos meios tradicionais.[1] O que os Sternins, juntamente com seu colega Richard Pascale, descobriram foi que o foco nos problemas antigos, arraigados, só levava a resultados marginais. Toda a educação, oficinas, recursos, desempenho e intervenções do mundo ainda não haviam tocado nas práticas diárias que mantinham fracos resultados, como a desnutrição infantil em vilarejos vietnamitas e infecções hospitalares.

Vejamos alguns aspectos da essência dessa abordagem:

- O interesse em descobrir exceções ao pensamento e à prática convencionais. Isso é chamado de "descobrir exceções observáveis", o que significa focalizar "em exceções bem-sucedidas e não em normas fracassadas". Monique e Jerry perguntam: "Existem crianças nesta vila que são saudáveis?". Os demais grupos que estudaram crianças subnutridas tentaram introduzir as melhores práticas de outros locais. Sua crença era que precisamos nos concentrar na premissa de que pelo menos uma pessoa em uma comunidade , usando os mesmos recursos que as outras pessoas, já resolveu o problema que os outros enfrentam.
- Eles operam estritamente por meio do convite. Convidam o máximo de pessoas possível que se interessam pelo problema para uma reunião. Apresentam o processo que usaram em outros lugares, fazem perguntas e então convidam esses interessados no processo a comparecer a nova reunião na semana seguinte. Trabalham apenas com pessoas que comparecem pela segunda vez. Nada é obrigatório.
- Organizam esses voluntários para começarem a procurar pessoas na comunidade que sejam "desviantes positivos" — pessoas que descobriram algo e agiram de maneira contrária às normas preva-

[1] A abordagem é totalmente explicada em seu livro, em coautoria com Richard Pascale, *The Power of Positive Deviance: How Unlikely Innovators Solve the World's Toughest Problems* (Boston: Harvard Business School Press, 2010).

lentes. Em geral, esses desviantes não têm ciência do que sabem, e é por isso que precisam ser observados, e não entrevistados.

Depois de encontrar exemplos de desviantes positivos, os Sternins adotavam uma postura radical. Eles percebiam que este era o momento em que a maior parte das tentativas de mudança fracassava: "Todos [os fracassos] ocorriam exatamente no momento que descobríamos — o momento em que a solução ('a verdade') é descoberta. O passo seguinte, quase como um reflexo era sair e divulgar: ensinar as pessoas, contar a elas, educá-las... Percebemos que [os fracassos] ocorriam porque estávamos agindo como se, uma vez que as pessoas 'soubessem' alguma coisa esse conhecimento as levaria a 'fazer' algo." Os pesquisadores estão falando sobre a limitação do que estamos acostumados a fazer: a abordagem direcionada para o problema e para solucioná-los.

A estratégia deles é contar com capacidades de aprendizagem e ensino de participantes regulares da comunidade. A comunidade decidia qual abordagem funcionaria. Juntos, eles criavam estruturas nas quais os participantes compartilhavam, demonstravam e ajudavam os outros a praticar o que eles, a comunidade, sabiam. No caso do vilarejo, "as mães e os cuidadores levavam as crianças subnutridas para a casa de um vizinho para passar algumas horas todos os dias. Junto com um voluntário da área de saúde, preparavam e serviam uma refeição complementar nutritiva para seus filhos". Essa estratégia contava com a sabedoria e a generosidade dos moradores do vilarejo. Também significava que praticar o que funciona era mais forte do que ouvir ou ver o que funciona. Finalmente, eles tinham de lidar com a necessidade de avaliar resultados. Na maioria das avaliações feitas em ciência social acredita-se ser necessário ter uma pessoa de fora para garantir a objetividade. Em vez disso, os Sternins incumbiam os próprios membros da comunidade de avaliar o progresso do projeto. "Cada voluntário da área de saúde", eles escreviam, "levava seu próprio caderno com folhas destacáveis para monitorar o crescimento, o que lhe permitia registrar e acompanhar o peso e a condição nutricional de cada criança em sua aldeia durante um determinado período." Depois de alguns meses, "Todos tinham um filho, um parente ou o filho de um vizinho participando do programa."

AS IMPLICAÇÕES DO DESVIO POSITIVO PARA A CONSULTORIA

Muitas lições da abordagem do desvio positivo trazem uma contribuição fundamental para o processo de descoberta em consultoria. De um lado, existem maneiras de reduzir a dependência do consultor ou do profissional de suporte para ter a resposta. Desde o início do contrato, podemos combinar que engajaremos as pessoas no sistema para buscar soluções e trataremos o engajamento como algo tão importante quanto a solução. Também podemos concordar que queremos uma abordagem que possa ser medida e implementada pelas pessoas que integram o sistema.

Em segundo lugar, podemos escolher focalizar as soluções que já existem na comunidade, embora sejam raras e não aceitas como conhecimento comum. Isso valoriza os talentos e a capacidade dos membros da organização, que os Sternins diziam estar "invisíveis a olho nu". Como consultores ou profissionais de suporte, podemos decidir firmar um contrato para descobrir o que está funcionando e quem no sistema do cliente descobriu alguma coisa. Cabe a nós proceder dessa maneira, mesmo quando o cliente ou a comunidade dirigem sua atenção para o problema, o que com frequência é o caso.

Além disso, as estratégias baseadas em talentos quase sempre precisam trabalhar por meio do convite. Mesmo com o apoio da alta gerência ou da liderança e a capacidade que esta tem de comandar um processo, é melhor trabalhar com um grupo menor que esteja interessado do que com pessoas incluídas estrategicamente para tirar partido da situação, que não estão agindo tanto por interesse, mas mais por obrigação.

Finalmente, o interessante na ideia do desvio positivo é que os Sternins assumiram um compromisso profundo de trabalhar em parceria com aqueles que pretendiam ajudar. Eles adotam a prática de ouvir com atenção, infinitamente. Não oferecem soluções; apenas apresentam alguns princípios da abordagem. Eles ensinam e aprendem igualmente em todos os níveis de cada projeto.

UM EXEMPLO DO QUE ESTÁ FUNCIONANDO

Este livro até aqui tratou de uma metodologia e um modo de pensar para fazer a diferença quando não temos controle direto. Quero parar por um momento de descrever a metodologia para dar um exemplo dessas ideias na prática. A mensagem fundamental da metodologia é que a influência nasce de uma parceria e não da orientação dos pais.

A parceria envolve três elementos essenciais:

- A capacidade de fazer um bom contrato e de ser claro sobre nossas expectativas e as dos outros.
- A disposição para investigar e descobrir por meio da escuta.
- A crença que as respostas e a decisão de agir compete àqueles que nos procuram com perguntas, independentemente de quanto conhecimento especializado possuímos ou do que eles estejam procurando.

Para tornar esses aspectos de consultoria concretos e específicos, darei o exemplo de um amigo e colega, Paul Uhlig, cirurgião de tórax, que usou uma estratégia de consultoria e parceria em seu trabalho durante anos. Gosto de citar seu trabalho como exemplo porque vem de uma área importante para nós todos: assistência médica. Esta poderia ser considerada uma área improvável para parcerias e para se adotar uma postura consultiva.

A Reforma da Assistência Médica em Ação

Nenhuma outra profissão produziu um papel mais autoritário e de detentor do saber que o médico. Podemos controlar nosso próprio destino em todos os aspectos de nossas vidas e, no entanto, quando entramos no consultório médico, abrimos mão desse controle. A própria ideia de diagnóstico, prescrição e saber o que é melhor para os outros origina-se neste lugar. Ele se tornou sagrado quando nossa vida está em jogo, e com frequência a colocamos nas mãos de outra pessoa.

Apesar de ser respeitada em nossa sociedade, a assistência médica anseia por reforma. Pensamos ser onerosa demais e com frequência injusta e não acessível a todos. Alguns acham que a assistência médica é administrada com muita rigidez e dirigida a interesses corporativos. Outros se preocupam com a qualidade do atendimento, a segurança dos pacientes e a ausência de provas de que alguns procedimentos e prescrições sejam realmente necessários.

O que é notável nesse debate sobre reformas na assistência médica — toda essa conversa sobre custo, acesso, gerenciamento, segurança e qualidade — é que se fala principalmente sobre doença, necessidades e deficiências, e não sobre o que produz saúde. Achamos que podemos adquirir uma saúde melhor pelo controle dos custos, de químicos avançados, da tecnologia e de procedimentos aprimorados. Isso exige mais esforços do que estamos fazendo agora.

O que está ausente na conversa sobre reformas é o reconhecimento de que a reforma avança com a modificação de relacionamentos, a começar pelo relacionamento entre o médico e o paciente e todos os outros seres humanos que giram em torno deles. Consideramos a posição autoritária do médico e a posição dependente do paciente como inquestionáveis. De fato, o discurso dominante sobre a reforma da assistência médica ocorre principalmente no contexto da orientação do papel de especialista.

Seria fácil aceitar isso como inevitável e acreditar que a assistência médica deve funcionar assim. Existem, no entanto, locais onde o contexto está mudando e onde uma reforma real está ocorrendo. Estes nos dão um bom exemplo de como repensar os processos de contratação, descoberta e *feedback*, descritos neste livro, pode fazer uma grande diferença.

Renegociando o Contrato Social

Uma pessoa que concebeu e iniciou mudanças no contrato básico entre médico e paciente é Paul Uhlig, um cirurgião cardíaco que agora reside em Wichita, Kansas. Em uma carta para mim, Paul começa contando esta história:

> Veja o paradoxo: um cirurgião cardíaco trabalhando com a influência e não com a autoridade. Existem poucas profissões que associamos mais com a autoridade do que a de cirurgião torácico. No entanto, para o que estamos tentando atingir, tem sido essencial ir além da autoridade e encarar o desafio de trabalhar por meio de relacionamentos, exemplo e influência.

Paul está interessado na reforma da assistência médica, mas considera que esta tem pouco a ver com regulamentações, controle de custos e padronização. Ele defende a assistência médica que lembre sua verdadeira finalidade:

> O trabalho que estamos fazendo foi definido dez anos atrás por uma pergunta que eu e outros membros de minha equipe de cirurgia cardíaca ouvimos com frequência de pacientes e famílias enquanto faziam suas atividades diárias. A pergunta era: "Vocês não conversam?".
>
> Claro que conversávamos. Trabalhávamos juntos todos os dias na sala de cirurgia, na unidade de terapia intensiva e em áreas de atendimento a outros pacientes. Deixávamos recados escritos uns aos outros, falávamos por *page* e fazíamos reuniões de improviso

em corredores, saguões e na cafeteria. No entanto, apesar de todas aquelas conversas havia um sentimento frustrante nos pacientes, nas famílias e na própria equipe de que com frequência não estávamos sintonizados.

"Vocês não conversam?" Esta pergunta deu ideias importantes sobre um assunto complexo que perturba Paul há anos: a própria situação da assistência médica. Como tantas pessoas tão bem treinadas podiam trabalhar tanto para oferecer boa assistência e como resultado ter custos incontroláveis, problemas de qualidade e o acesso inadequado que deixavam a todos nós distanciados e desencorajados em vez de recompensados e realizados? Paul e seus colegas começaram a ver que esta simples pergunta – "Vocês não conversam?" – era uma janela para examinar esses desafios.

Paul e sua equipe decidiram mudar a maneira de trabalharem juntos, com o objetivo de não suscitar mais essa pergunta. Eles decidiram basicamente renegociar seu contrato social. Acreditavam que se pudessem criar novas formas de trabalhar em equipe que tornassem os cuidadores, os pacientes e as famílias mais bem-informados e mais conectados, os custos, a qualidade, o acesso e a satisfação do paciente e do cuidador também melhorariam. Essa é a força do contrato.

Uma das mudanças que a equipe fez foi realizar reuniões semanais abertas a qualquer pessoa interessada nos cuidados de pacientes de cirurgia cardíaca. Podia parecer estranho que esse tipo de reunião não tivesse sido realizado antes. Mas na assistência médica, a maioria das especialidades trabalha separadamente umas das outras, só se comunicando por meio de ordens anotadas no quadro de controle de pacientes exposto na enfermagem. Não era prática comum sentar-se durante a semana e conversar sobre trabalho de equipe e como este poderia melhorar. O que Paul estava fazendo era introduzir um processo de consultoria autogerenciado para todo o sistema em torno do paciente.

Mudando a Conversa, Mudando a Cultura

Uma das mudanças iniciadas dizia respeito à maneira como a equipe se relacionava com os pacientes e familiares. Várias vozes respeitadas, um assistente social e um enfermeiro defendiam uma nova abordagem que engajasse ativamente os pacientes e familiares como membros participantes da equipe de atendimento. Um deles sugeriu que a equipe fizesse visitas diárias aos leitos incluindo ativamente pacientes e familiares. Eles queriam renegociar o contrato entre cuidadores, pacientes e suas famílias para transformá-lo em uma parceria.

No princípio, muitos membros da equipe de atendimento riram dessa ideia porque ela parecia impraticável. Não havia tempo para todos se reunirem, diziam eles, e os pacientes e familiares não seriam capazes de entender sobre o que eles estavam falando. Gradualmente a ideia ganhou aceitação e 8:45 da manhã foi escolhido como o "horário impossível, menos impossível". E assim as visitas diárias com a colaboração de pacientes e familiares começaram.

E, novamente, nas palavras de Paul:

> Ter todos nós reunidos com pacientes e familiares mudou tudo. Nosso trabalho ficou mais fácil, embora nenhum de nós percebesse isso no início. Primeiramente, foi confuso e estressante. Não estávamos acostumados a dizer abertamente o que pensávamos e fazíamos uns para os outros, tornando essas informações acessíveis e pedindo conselhos, sobretudo quando estávamos com pacientes e seus familiares. Temíamos sempre precisar sermos vistos como profissionais perfeitos.

Na realidade, era o oposto. Quanto mais mostrávamos aos pacientes nossas incertezas e preocupações de uma maneira direta, mais eles eram capazes de confiar em nós e contribuir. Parece paradoxal à primeira vista, mas agora posso ver, no extremo, que isso faz todo o sentido no mundo. Acho que isso é autenticidade para mim. Nossa experiência ao longo do tempo nos ensinou a força e o valor de sermos nós mesmos.

Eu diria que nenhum de nós, mesmo aqueles mais comprometidos com a participação do paciente e familiares nas visitas, estava preparado para o que vivenciamos e aprendemos com nossos pacientes e o quanto aquelas experiências provocaram mudanças em nós. Achávamos que entendíamos o que significava ser centrado no paciente. Eu achava que era um dos médicos mais centrados no paciente que poderia existir. Mas estávamos errados e eu estava errado.

Foi como descascar uma cebola. Fazíamos uma mudança — por exemplo, uma das maiores foi assumir o compromisso mútuo de usar uma linguagem comum, e não médica, em nossas conversas durante as visitas, e falar diretamente ao paciente e aos familiares em vez de falar entre nós — e podíamos ver dessa nova perspectiva que muito do que pensávamos que estivesse centrado no paciente e familiares não estava. Fomos abrindo cada vez mais os olhos.

Estávamos presos ao poder. Mantínhamos nossas próprias expectativas e nossos próprios valores no centro de nossas interações com nossos pacientes. Não estávamos respeitando os desejos deles por suas próprias perspectivas singulares. Sentimos esse despertar com espanto e humildade. Uma coisa é certa, depois que você entende isso, muda para sempre.

O objetivo tornou-se ajudar cada pessoa a atingir uma vida plena e significativa de acordo com seus próprios termos. Este era um objetivo bem diferente do que eu fui treinado a atingir. Imagine como seria o sistema de assistência médica que tivesse isso como objetivo — atingir a vida plena de acordo com os termos do próprio paciente, e não combater a doença de acordo com meus próprios termos. Não seria reconhecível. Essa visão é muito esperançosa para mim.

Nossos pacientes nos ensinaram essa visão. Fomos sensatos ao ouvir e aprender com eles.

Quando Paul e sua equipe começaram a trabalhar juntos de um modo diferente e a incluir pacientes e seus familiares, os resultados melhoraram. A recuperação pós-cirúrgica ocorreu mais rapidamente, as mortes e complicações diminuíram pela metade, e as pessoas descobriram um novo significado nas experiências de ser um paciente e de ser um cuidador. Um paciente disse: "Para algo que você pensa que seria tão difícil, foi uma experiência maravilhosa." Outro disse: "Você nos tratou como seres humanos, e isso fez toda a diferença".

O que eles fizeram foi a mudança do contrato social com o paciente e seus familiares, indo de especialistas para colaboradores e consultores. Começou com a recontratação dos próprios profissionais: eles se comprometeram a estar na mesma sala juntos regularmente. Iniciaram um processo de descoberta autogerenciado. Ficaram interessados uns pelos outros e começaram a entender os problemas que cada um enfrentava. Essas mudanças deram alguns retornos logo no início. À medida que as pessoas começavam a conversar em reuniões de equipe semanais, as pessoas que haviam trabalhado juntas nos mesmos ambientes, às vezes durante anos, começaram a se conhecer de novas maneiras. Os papéis agora tinham faces, e as faces logo ganharam nomes com histórias.

As pessoas descobriram que seus filhos iam às mesmas escolas e que compartilhavam interesses comuns. As interações entre os membros da equipe de cuidados começaram a mudar, assumindo novas dimensões que refletiam as conexões mais ricas que estavam se formando. A compreensão mútua cresceu, a tolerância aumentou e a paciência se estendeu. As pessoas começaram a valorizar umas às outras, e começaram a contar mais com as capacidades e as forças dos outros. O trabalho ficou mais fácil e realizador.

A segunda transformação foi o contrato entre os cuidadores, inclusive os médicos, os pacientes e seus familiares. Paul e sua equipe criaram uma estrutura em que as expectativas, dúvidas e a exposição dos problemas de todas as partes eram igualmente relevantes. Transformaram isso em um processo de consultoria, uma parceria entre especialistas e clientes.

O Sucesso Carrega Seu Próprio Conjunto de Desafios

Paul apresentou um *follow-up* da experiência inicial que também é instrutivo. Após um tempo, a equipe começou a conversar sobre sua experiência. Paul e sua equipe receberam o Eisenberg Patient Safety Award por seu trabalho, o maior reconhecimento em segurança do paciente dado pelo Joint Commission and National Quality Forum. É possível pensar que esta é uma história de sucesso, e é. Mas vai além disso. Novamente, nas palavras de Paul:

> Depois de recebermos o Eisenberg Award, fui convidado a muitos lugares onde as pessoas ficavam entusiasmados em mostrar suas visitas multidisciplinares. Eu ia com elas e em geral via algo que parecia com um alvo. No centro havia um punhado de médicos, que conversavam. Em volta ficavam pessoas de outras áreas, que falavam quando solicitadas a dar sugestões. No círculo externo, ficavam os outros, que com frequência mantinham conversas paralelas. O paciente em geral ficava próximo ao centro do alvo, enquanto falavam dele, mas não com ele. Em geral, a família do paciente não estava presente. Muitas pessoas pareciam aborrecidas e impacientes. Parecia uma situação desagradável para todos. Este não é o tipo de visita colaborativa que havíamos criado. A deles era multidisciplinar, mas era equivocada em termos relacionais e não funcionava.
>
> Quando recebemos o Eisenberg Award nos pediram para escrever um artigo sobre o que fizemos. Quando releio o que escrevemos, é interessante ver que não entendíamos realmente o que realizávamos.

> No artigo, descrevemos em detalhes as técnicas usadas e, no entanto, esquecemos completamente de apontar o que havia mudado realmente. O que mudou foi a natureza de nossas relações de trabalho, e, em seguida, a relação com nossos pacientes mudou e melhorou. Colocamos em prática processos que mudaram a nossa maneira de trabalhar juntos.
>
> A maioria das pessoas, inclusive nós, na época, via isso como uma realização técnica e não relacional. E, em consequência, quando as pessoas tentavam replicar nosso trabalho, com frequência não tinham sucesso. Os poucos programas que tiveram sucesso inadvertidamente trataram corretamente da questão do relacionamento. Foram necessários muitos anos e estudos para entendermos isso.

A história deveria acabar aí, mas evidentemente não acabou — e esta é a natureza paradoxal da trajetória de consultoria e de mudanças. Depois do sucesso inicial, completado com resultados reais, mensuráveis e o reconhecimento nacional, Paul perdeu seu emprego. Isto não teve nada a ver com seu trabalho como cirurgião, mas com o trabalho desenvolvido pela equipe dele, que questionava o *status quo* vigente. O sistema implantado recusava-se a aceitar a ideia de que a parceria fazia tanta diferença. A resistência consistia em valorizar o controle e o *status*, em detrimento dos resultados. Isso não causa surpresa; lidar com essa reação faz parte do trabalho tanto quanto a contratação, a descoberta e o *feedback*.

Só para terminar a história, Paul diz que ele perdeu o sono durante uma semana, e então percebeu que estes eram dados sobre o quanto pode ser difícil mudar uma cultura. Como muitos outros verdadeiros inovadores, Paul continuou a aprender e descobriu pacientemente novas formas de seguir em frente. Hoje ele é reconhecido internacionalmente por seu trabalho em segurança do paciente e pelo trabalho de equipe no atendimento à saúde. Disseminar essa forma de cuidar de pacientes em parceria atualmente é o centro de seu trabalho e tem ganhado força na discussão sobre assistência médica apesar da resposta da cultura dentro da qual ele foi desenvolvido.

A Verdadeira Natureza da Assistência Médica e da Consultoria

Ao compartilhar sua maneira de trabalhar, Paul comentou sobre a ligação entre as ideias deste livro e sua experiência profissional. Ele ressaltou primeiro a mudança que está ocorrendo ao diagnosticar problemas para ajudar as pessoas a imaginar e chegar a possibilidades. O novo mundo da assistência médica que Paul imagina trata de como chegar a possibilidades. Ele não está apenas interessado em diagnosticar e tratar problemas.

Da abertura de seu livro, Paul selecionou estas frases que ele diz estarem mais próximas do trabalho por ele realizado em assistência médica:

"A capacidade de se relacionar é baseada em ouvir, na autenticidade, e não no conhecimento."

"A verdadeira reforma... virá com a mudança de relacionamento, com nosso provedor de serviços."

"Há necessidade de autenticidade e clareza em questões delicadas."

"Diálogo, interação, dúvidas e compromissos movem a ação."

"Tudo que parece tão simples permanece raro", ele diz.

Paul diz que também endossa o resumo do que ainda continua sendo válido, após todos estes anos:

- As relações pessoais e de equipe continuam sendo fundamentais.
- Nosso objetivo é dar estrutura às dimensões emocionais e pessoais de nossos locais de trabalho.
- É essencial nos conhecermos e sermos autênticos.

- Devemos ficar em sintonia com a dimensão afetiva de nossa ligação com os outros.

Para concluir, Paul diz: "À medida que continuamos a trabalhar com as equipes de assistência médica, nosso entendimento da saúde evolui":

> Quanto mais meus colegas e eu aprendemos sobre saúde e cura, mais estamos reconhecendo o poder e a importância da comunidade para mudar o contexto e a cultura da assistência médica. Se quer criar um sistema de saúde melhor e mais seguro, reúna as pessoas envolvidas e pergunte o que funciona e por quê. Reserve horários para as pessoas se encontrarem e refletirem. A dedicação compartilhada com excelência impulsionará esse esforço. Crie oportunidades para conversas reflexivas acontecerem — reservando espaços para que as pessoas possam reconsiderar suas crenças e expectativas — é assim que a verdadeira reforma acontece.

Começo a entender que a saúde é mais um verbo do que um nome. As pessoas se movem para a saúde e a cura por meio do engajamento e da criação coletiva, com o objetivo de cuidar. A saúde e a cura são realizações fundamentalmente relacionais, estando a ciência a serviço das relações. Os métodos para realizar isso não são difíceis. São apenas diferentes e mais recompensadores do que o que fazemos hoje.

CAPÍTULO 13

ENTENDER O QUE ESTÁ ACONTECENDO

AGORA QUE ABORDAMOS as opções e métodos de descoberta, estamos prontos para entender o que está criando problemas para o cliente ou registrar uma possibilidade futura. Lembre-se de que você tem a opção de se concentrar no problema ou nas possibilidades e nos pontos positivos. A escolha cabe a você e à organização onde está realizando o trabalho. Também em suas mãos está a escolha de estruturar a descoberta pelos olhos de terceiros (você) ou fazer dela um esforço de avaliação realizado pelo sistema como um todo. Novamente, as suas preferências e as do cliente ditarão a escolha. As possibilidades e as opções do sistema todo são rotuladas como *Notas* na lista de etapas apresentada a seguir. Em cada um desses casos, essa fase consiste em:

1. Coletar informações em três níveis diferentes de análise: entender o problema apresentado, os outros e o que o cliente estão fazendo para criar o problema.

   Nota: Se esta fase envolve a criação de uma nova possibilidade em vez da solução de um problema, é necessário definir a pergunta organizadora que irá motivar a discussão sobre possibilidades.

2. Avaliar o clima organizacional e gerencial no qual a ação será considerada.

3. Lidar com a resistência do cliente em compartilhar informações com você ou em se engajar totalmente.
4. Escolher o processo certo de descoberta de modo que a estrutura dessa fase comece a gerar o empenho dos participantes para resolver o problema ou criar uma possibilidade. O processo de descoberta em si muda uma organização.
5. Reduzir o que é aprendido a um número gerenciável de questões.
6. Expressar, organizar e dar sentido aos resultados obtidos com essas ações, de modo a gerar uma mudança.

AS ETAPAS PARA ENTENDER O TODO

Não importa qual o tipo de informação que está buscando — quer examine o fluxo de informações, o projeto de equipe, as atitudes das pessoas ou problemas difíceis e antigos — existem algumas maneiras gerais de descrever as etapas na descoberta que poderiam ajudar. Cada vez que coleta informações para ter uma noção geral do que está acontecendo, seja um projeto de seis meses ou de seis minutos, você faz estas escolhas.

Etapa 1: Decida Retomar o Processo. O consultor e o cliente, juntos, tomam a decisão de começar a descoberta. Com frequência isso envolve várias pessoas que trabalham para o gerente e podem confirmar se existe um incentivo para iniciar um novo estudo. A motivação para prosseguir deve se basear no desejo de fazer aprimoramentos na organização, e não apenas no desejo de fazer pesquisa.

Etapa 2: Selecione a Estratégia de Descoberta. Nesse ponto você deve decidir se quer examinar problemas ou possibilidades, ou seja, examinar o que está e o que não está funcionando. É preciso decidir também quem conduzirá a investigação ou se você quer um processo de descoberta autogerenciado. O Capítulo 11 trata em detalhes as escolhas sobre a descoberta autogerenciada.

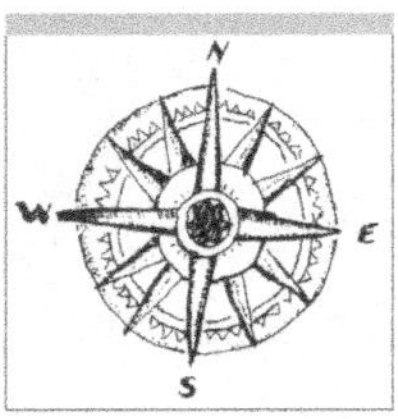

Etapa 3: Identifique o Problema Apresentado. Qualquer descoberta começa com uma conversa sobre

uma preocupação que os gerentes de linha têm sobre sua organização. A primeira descrição do problema feita pelo gerente é chamada de *apresentação do problema*. Em geral esta é apenas um sintoma do verdadeiro problema, e o objetivo da descoberta é elaborar e aprofundar a declaração inicial do problema, feita pelo gerente. Identificar o problema é a primeira etapa da descoberta.

Nota: Se você está adotando uma atitude positiva ou está aberto a possibilidades, então precisa se concentrar no que no ambiente interno ou externo está solicitando como uma nova possibilidade. Qual é a pergunta que, se respondida, iniciaria uma transformação ou o começo de uma nova visão?

Etapa 4: Decida Quem Estará Envolvido. Decida quais níveis da organização serão incluídos na descoberta: quanto maior for a diversidade, mais ricos serão os resultados. Quantos de cada nível? Quem de quais departamentos? Faremos essa pergunta aos clientes, fornecedores, profissionais de suporte, a outros? Lembre-se de que fazer perguntas às pessoas gera expectativas de que alguma coisa mudará, e elas receberão *feedback* sobre os resultados.

Etapa 5: Selecione as Dimensões a Examinar. A descoberta depende de se fazer perguntas. Um número limitado de perguntas precisa ser selecionado dentro da área em que o consultor atua ou do contexto que deu origem ao projeto. Um profissional da área financeira selecionará perguntas sobre informações financeiras e controle; profissionais dos recursos humanos farão perguntas sobre remuneração, atitudes ou cultura.

Nota: Na abordagem de possibilidades, as perguntas serão direcionadas de modo a dar forma a uma visão ou a detalhar o que está funcionando bem ou quem está tendo sucesso por mais improvável que isso seja.

Em qualquer caso, as dimensões e perguntas devem ser limitadas — menos de vinte. Não convém gerar dados demais na fase da descoberta.

Etapa 6: Selecione os Métodos de Investigação. Qualquer que seja sua estratégia, o método usado para reunir informações depende do escopo e do propósito de sua investigação. Selecione um método que se encaixe no tempo disponível, na motivação da alta gerência e na intenção dos esforços. Há algumas maneiras de descobrir o que está acontecendo:

- *Entrevista.* Faça-a individualmente ou em grupo. Use uma entrevista estruturada ou não estruturada.
- *Questionário.* Leva mais tempo para preparar. É adequado para grandes números de pessoas, mas pode ser difícil interpretar os resultados numéricos.
- *Análise de documentos.* Examine os números, os resultados e as comunicações escritas. É útil porque só requer o seu tempo. Também confere a aura de objetividade.
- *Observação direta.* Mantenha-se atento em eventos ou reuniões importantes e observe o que acontece. Examine os equipamentos. Estes podem ser os únicos dados que obterá diretamente. Esta talvez seja a melhor fonte de obtenção de dados, se confiar em sua capacidade perceptiva.
- *Sua própria experiência.* Saiba que está sendo gerenciado pela organização do cliente do mesmo modo que todos os funcioná-

rios. Preste atenção à maneira como você é tratado. Neste projeto, mensure a quantidade de informações, influência, acesso, pressão que você tem. Esses são dados valiosos sobre o estilo gerencial do cliente, e são bastante válidos.

- *Descoberta do sistema como um todo/autodescoberta.* Reúna aqueles que estão envolvidos no problema e nas possibilidades, inclusive os que precisarão agir segundo suas orientações, para discutir a dimensão da situação. Neste caso você é mais um facilitador que um entrevistador. Novamente, consulte o Capítulo 11.

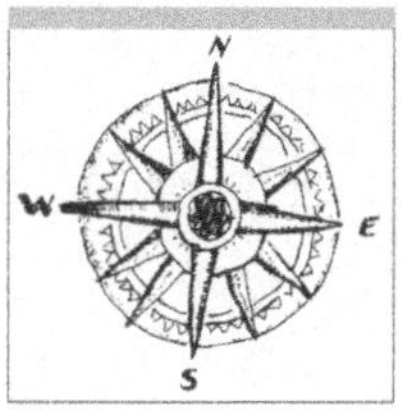

Etapa 7: Colete Dados e Observações. Distribua questionários, faça entrevistas, participe de reuniões, analise relatórios e reúna as pessoas. Colete informações até que elas comecem a ficar repetitivas. Você perceberá isso quando começar a ficar aborrecido. Mas lembre-se: o processo de descoberta dá voz àqueles com quem você conversa. Pedir opinião às pessoas é um modo de engajamento, por isso aprenda a gostar de ouvir repetições ocasionais.

Etapa 8: Filtre as Informações. De algum modo tudo o que as pessoas disseram e apontaram, tudo o que você observou e pesquisou precisa ser reduzido a proporções gerenciáveis. O objetivo da análise é concentrar-se na energia, e não descrever o universo.

Etapa 9: Resuma a Situação Geral. Você precisa encontrar um formato que resuma o que foi produzido. Concentre-se no impacto visual da história que você está criando e o quanto é fácil entendê-la.

Etapa 10: Construa Sentido a partir do Processo. Qual o significado das informações? O que é importante? E por quê? Qual é a solução ou alternativa para o futuro que a descoberta aponta?

Etapa 11: Conduza a Reunião de Feedback. Apresente um quadro geral e suas implicações para a organização. Quem deve estar na reunião de *feedback*? Como os envolvidos no estudo vão descobrir os resultados? Reserve tempo suficiente na reunião de *feedback* para lidar com a resistência que

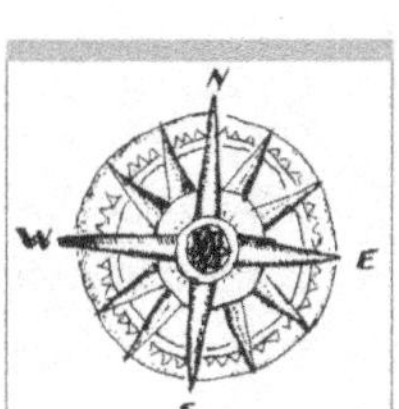

você enfrentará. Estruture a reunião de modo que a maior parte do tempo seja para discussão, e não para apresentação. O Capítulo 15 trata mais detalhadamente dessa reunião.

Nota: Mesmo com a autoavaliação e o diálogo do sistema todo, o quadro geral precisa ser entendido e o sentido, extraído. A única diferença do processo de consultoria tradicional feita por terceiros é quem faz isso.

Etapa 12: Faça Recomendações. Às vezes as recomendações virão antes da reunião de *feedback*. Isso deve estar dentro do controle do grupo que solicitou o estudo. Em uma estratégia de autoavaliação, as recomendações vêm da comunidade.

Etapa 13: Tome uma Decisão. O processo não está concluído até que se tenha tomado a decisão de fazer algo.

Etapa 14: Implementação. Esta é a compensação, por isso fique por perto durante esta fase, mesmo que tome o seu tempo. Após a descoberta, você terá uma noção dos problemas e possibilidades. Suas informações podem ser úteis para interpretar os altos e baixos da implementação. Sugira maneiras de envolver as pessoas na implementação que aumentem as chances de que a decisão se traduza em mudança efetiva.

A maioria dessas etapas se aplica a todos os projetos, independentemente de nossa formação técnica ou de campos particulares de experiência, ou ainda, da estratégia de descoberta. Você sabe quais dados técnicos deseja, como obtê-los e o que fazer com eles depois disso; portanto, no restante do capítulo concentre-se nas dimensões da descoberta com as quais você pode não estar habituado, prestando atenção especial ao seus encontros pessoais com os clientes, à medida que se engaja na descoberta.

UMA PALAVRA SOBRE DISTORÇÕES

Ter um impacto como consultor é estar atento a aspectos que vão além da sua metodologia ou campo de experiência. Independentemente do trabalho que lhe incumbiram ou de seu escopo, este quase sempre influi no sistema social e toca em questões fundamentais em torno do gerenciamento da organização. Portanto, é importante escolher dimensões com as quais você esteja habituado e segui-las durante sua descoberta, em vez de se preocupar em determinar se selecionou a dimensão certa ou errada.

Ao selecionar as dimensões de sua descoberta, você estará predefinindo o problema, mas não há razão para sentir ansiedade, temendo distorcer os dados. Se foi contratado para examinar como o conflito está sendo conduzido, ou o quanto as pessoas são francas umas com as outras, ou como elas planejam, terá condição de imaginar o que há de errado com a organização, principalmente se você for um consultor interno.

Não considere a predefinição do problema como distorção; trate-a como uma forma intuitiva de trabalhar. Predefinir o problema é importante e lhe dá boas pistas sobre como empregar o tempo dedicado à descoberta. Confie nisso. Você precisa continuar ouvindo à medida que coleta dados, para ver se existem outras pistas que você desconhece. Se houver, você precisará segui-las. O importante é não considerar distorção o que está sentindo intuitivamente, só porque você faz parte da organização; considere essas intuições como uma informação útil.

AVALIANDO COMO A SITUAÇÃO ESTÁ SENDO CONDUZIDA

Se deseja desenvolver suas habilidades em coletar informações pessoalmente sobre o sistema social ou sobre como o problema está sendo conduzido, inúmeros são os aspectos da vida organizacional a serem explorados. Seu objetivo é entender como essa organização funciona para saber de que modo irá conduzir a implementação de suas recomendações. Ficar atento a essas dimensões lhe dará uma boa visão da organização. Essas também são áreas sobre as quais as pessoas que estão sendo entrevistadas adoram falar; por isso será muito interessante fazer essa avaliação.

Faça perguntas sobre as seguintes áreas:

1. *Objetivos*: Quais são os objetivos do grupo e da pessoa com quem está conversando? Você quer determinar o grau de clareza e de acordo existente.

2. *Subgrupos.* Qual é a relação entre os grupos que precisam trabalhar juntos neste problema? Quais grupos estão apoiando? Quais estão em conflito? Alguns grupos ou indivíduos tendem a ser excluídos da ação? Por quê?
3. *Apoio.* Como este grupo expressa apoio? Em muitos grupos, o apoio é expresso pelo silêncio: "Se gosto do que você está fazendo, o deixarei sozinho." Quem recebe apoio, e de quem?
4. *Avaliação.* As pessoas sabem qual é a posição delas? Como elas descobrem isso? Quais são as normas para se perguntar qual é a sua posição e ter uma resposta?
5. *História positiva.* Quais são as histórias que engrandecem este lugar, quais são seus pontos fortes? Do que as pessoas se orgulham e o que elas querem preservar?
6. *Diferenças de status.* Quais são os grupos de alto e os de baixo *status*? Como as diferenças são expressas e qual é o impacto disso no problema e nas atitudes das pessoas para uma determinada solução ou possibilidade?
7. *Autoridade e poder.* Quem tem muito e quem tem pouco poder nesta situação? Como as pessoas envolvidas na situação lidam com diferenças de poder: de maneira aberta ou cautelosa? Qual é a atitude das pessoas perante a autoridade? Elas resistem abertamente a ela, cedem, toleram ou não ligam?
8. *Tomada de decisão.* Como o grupo toma decisões? Qual é o papel do chefe? Como as pessoas defendem seus pontos de vista em uma decisão?
9. *Normas para comportamento individual.* Quais são as normas sobre iniciativas a tomar, fazer exigências, expressar discordância, agressividade, pedir ajuda, usar perguntas para fazer declarações, lidar com o desinteresse, assumir riscos ao expressar dúvidas ou incerteza e confrontar diferenças abertamente?
10. *Gerenciamento de informações.* Como os recursos são identificados, o progresso é monitorado, o movimento é avaliado, os problemas são reconhecidos?

11. *Estilo de liderança.* Quais são os estilos de líderes formais e informais? Qual é seu impacto nesta situação?

12. *Conflito.* Como ele é gerenciado, confrontado, atenuado, gera um compromisso, é forçado, ignorado ou suprimido?

13. *Dominação.* A situação é dominada por uma ou mais pessoas? Qual é seu impacto? Faz parte do grupo que tenta trabalhar o problema ou tem uma posição tão alta na organização que é inatingível?

14. *Atitudes sobre este projeto e seu envolvimento.* Para entender as atitudes das pessoas sobre a situação e o que elas pensam de seu envolvimento nesse trabalho, experimente fazer algumas destas perguntas:

"Como você se sente com minha vinda para ajudar nisto?"

"Por que acha que a organização precisa da ajuda de alguém como eu? Você acha que minha ajuda é necessária?"

"Que tipo de pergunta acha que eu deveria fazer às pessoas para ter uma noção do que está acontecendo aqui?"

"Que ideias têm sido apoiadas pelas pessoas mas não receberam apoio suficiente?"

15. *Diversidade.* Como se lida com as diferenças? Qual é o conjunto de pessoas de diferentes mundos, culturas, raças e como elas são avaliadas? Qual é a posição? Existe espaço para dizer não? A surpresa é tolerada? Como pessoas de fora são recebidas?

16. *Indo além.* O que as pessoas recomendariam se estivessem em sua posição? O quanto as pessoas esperam fazer um progresso real neste problema ou possibilidade? Quais os obstáculos que elas veem para a aceitação de suas sugestões?

Evidentemente, não será necessário usar todas essas perguntas. Para qualquer situação, você pode examinar as dimensões, e aquelas que são relevantes se destacarão. Ao fazer duas ou três perguntas, terá dados sobre muitas outras dimensões. Também é possível supor que a maneira como a organização gerencia sua situação será idêntica ao modo como você e suas sugestões serão gerenciadas. Se usar esses tipos de perguntas, saberá onde está entrando, e algumas das respostas devem ser parte do quadro claro que você irá reportar na reunião de *feedback*.

Novamente, é fundamental usar esse tipo de informação como parte de sua análise — mesmo que o cliente não tenha lhe pedido isso. Essa é uma das contribuições singulares que você pode dar ao cliente. Se quer dar um excelente atendimento ao cliente, terá de assumir o risco de oferecer informações importantes. Informações exatas sobre como a organização está funcionando não estão disponíveis à maioria dos gerentes. As pessoas com quem eles trabalham têm um interesse pessoal na organização e, por isso, não se pode confiar que alguém será objetivo. O consultor não tem nenhum interesse pessoal e está em posição ideal para lidar com questões delicadas.

A ENTREVISTA DE DESCOBERTA

A entrevista é um meio de descoberta que é comum a todas as áreas e não pode ser subestimada. Embora haja muito material escrito sobre métodos de entrevista, ela recebe atenção especial aqui por sua natureza interpessoal e pelo efeito que tem na organização cliente. É na entrevista que o relacionamento é construído.

A Entrevista como Acontecimento de Aprendizagem Conjunta

Se você reserva tempo para conversar com uma ampla seleção de pessoas, isto significa que, quando começar a entender o que descobriu, já teve um grande impacto na organização. O simples ato de fazer perguntas pode estimular as pessoas a repensar o que estão fazendo. Suas perguntas transmitem a elas, sem ambiguidade, aquilo que você pensa ser importante se concentrar para solucionar o problema no qual está trabalhando. Os clientes podem aprender muito ao saber o que você escolheu investigar.

Entrevistas Difíceis

Ao se deparar com resistência em uma entrevista, trate disso da mesma forma como lida com a resistência em qualquer outra etapa do processo: escolha a pista, dê um nome à resistência e espere que a pessoa responda. Se estiver fazendo uma entrevista e esta não lhe traz nada, resolva isso do modo mais sincero possível. Diga à pessoa que você não está conseguindo o que precisa. Se isso não ajudar, encerre a discussão. Você construirá mais confiança com essa pessoa se parar a entrevista do que se for em frente mecanicamente, fazendo perguntas, enquanto ambos sabem que não acontecerá nada produtivo.

NÍVEIS DE ANÁLISE

Todo problema que as pessoas ou organizações enfrentam tem níveis ou camadas, como uma cebola. Cada declaração de um problema ou situação é uma aproximação da solução. À medida que atingimos camadas mais profundas, nos aproximamos de causas e declarações do problema nas quais podemos agir.

A declaração inicial de um problema, ou sua apresentação, quase sempre é feita de um modo que inspira superficialidade — da parte do cliente e do consultor. Se o problema, como apresentado, não inspirasse superficialidade (quando na realidade merece uma investigação mais profunda), ele já teria sido resolvido e você não estaria falando sobre ele. Aceitar que o problema seja apresentado superficialmente significa ficar travado. O mesmo costuma acontecer com o primeiro retrato feito pelo cliente dos talentos e possibilidades. Há outras coisas além daquelas que os olhos podem ver. Ao discutir níveis de análise, nos ateremos à linguagem de solução de problemas visando à simplicidade.

Sua tarefa é trabalhar com o gerente de linha — grupo ou organização — a fim de esclarecer as camadas mais profundas. Por causa de sua posição, você tem a vantagem de perceber a complexidade das camadas mais profundas.

Quando estamos trabalhando com pessoas, os níveis em geral se estruturam em um padrão como o seguinte:

- *Primeira camada (Externa).* O problema apresentado costuma aparecer na forma de uma preocupação expressa em termos organizacionais ou de negócios: "Não estamos chegando em nos-

PRIMEIRA CAMADA

SEGUNDA CAMADA

TERCEIRA CAMADA

so produto", "Meu grupo não vai bem", "O sistema não está funcionando" ou "Este grupo de alimentos não está vendendo em certos mercados".

- *Segunda camada.* Perceber de que modo os outros estão contribuindo para a necessidade de mudança situa-se na próxima camada: "As pessoas estão mais interessadas em suas carreiras do que no que é bom para todos", "Dois membros do grupo dominam toda a conversa", "As pessoas não entendem o sistema" e "O mercado está exigindo algo novo".
- *Terceira camada.* Esta é uma declaração de como uma pessoa vê sua própria contribuição para a situação. Ela pode estar contribuindo por meio de certas ações conscientes ou simplesmente não dando muita atenção à situação.

Esta afirmação é vital porque traz a responsabilidade mais perto do gerente de linha ou de quem estiver em contato com você. Em vez de expressar a situação em termos de forças externas à pessoa que está criando os problemas, o foco desloca-se um pouco mais internamente.

As perguntas para obter informações sobre cada nível são diretas:

Primeira Camada (Externa)

- Qual o problema técnico ou comercial você está tendo?

Segunda Camada

- O que os outros indivíduos ou grupos da organização estão fazendo para causar ou manter esse problema no seu atual grau de gravidade?
- O que eles estão fazendo que limita as possibilidades?

Terceira Camada

- Qual é o seu papel em sustentar tudo isso?
- O que existe em sua abordagem ou modo de gerenciar a situação que poderia contribuir para o problema ou atrapalhar a solução dele?
- Como você atrapalharia o aparecimento de um futuro alternativo?

Nota sobre a terceira camada: Seu interlocutor poderia responder: "Não sei de nada que eu esteja fazendo e que seja um problema. Cabe a você descobrir". Se receber essa resposta, não acredite nela. As pessoas costumam ter ideia do que fizeram para causar um problema; elas só estão relutantes em mencionar isso.

Quando alguém lhe diz: "Não sei o que estou fazendo para manter esse problema", você pode fazer outra pergunta: "Se você soubesse qual foi sua participação nele, qual teria sido?". Às vezes, isso os leva a responder à sua pergunta nessa terceira camada.

Se as pessoas não se veem realmente como parte do problema, isto, em si, é importante. Por que elas não se consideram participantes? A postura delas como espectadores ou, mais exatamente, como vítimas pode ser parte de um padrão que fala sobre como o grupo é gerenciado. Essa noção de impotência, ou de estar de fora, fará diferença na energia disponível para tomar medidas que sigam suas recomendações.

Essas camadas podem formar a base para perguntas usadas no processo de descoberta. O objetivo da descoberta (principalmente com um indivíduo) é identificar um enunciado do problema que seja esclarecedor e com base no qual se possa agir — algo que possa ser usado para realizar uma ação. O objetivo em geral não é ampliar o conhecimento nem saber mais sobre organizações — isto é chamado pesquisa. Em vez disso, a energia do consultor é direcionada para revelar continuamente questões pelas quais as pessoas podem assumir responsabilidade.

A questão fundamental é quase sempre determinar o grau de responsabilidade ou autoria que a pessoa sente em relação ao problema — quantas pessoas estão na posição de vítimas *versus* em uma posição com poder para agir. Descobrir níveis mais profundos de um problema significa buscar recursos disponíveis e ainda não utilizados para resolver o problema ou criar algo novo.

SUA EXPERIÊNCIA COMO DADOS

Um último comentário sobre a descoberta trata de sua própria experiência. O cliente gerencia você, o consultor, do mesmo modo como gerencia outros recursos e pessoas. Se quer entender o estilo gerencial do cliente, basta observar como é tratado. Você está se sentindo controlado, ouvido, apoiado, tratado com respeito ou com desdém? As decisões com o cliente são colaborativas ou não? O cliente está aberto a opções ou se mantém inflexível?

Suas observações e experiência sobre o cliente são dados válidos. Prestar atenção ao modo como você é tratado pelo cliente logo no início do projeto lhe dá mais orientação sobre o que explorar para determinar como o problema técnico ou administrativo está sendo conduzido.

Lista de Verificação #5: Planejando uma Reunião de Descoberta

Essas diretrizes de planejamento abrangem a fase de coleta de dados e o ajudam a se preparar para qualquer resistência que possa enfrentar:

1. Fazer perguntas é uma ocasião para aprender. Use a reunião como oportunidade para lidar com a resistência e gerar interesse e compromisso.
2. A resposta obtida fornece dados valiosos sobre a implementação final de sua *expertise*. Observe como o cliente conduz a discussão com você:
   - Qual o grau de interesse e energia nesse projeto?
   - Em quais pontos o cliente se mostra inquieto ou defensivo?
   - Em quais pontos o cliente está aberto para aprender e mudar?
   - Onde o cliente é irrealista em estimar a facilidade ou dificuldade de alguma ação?

3. **Qual é o seu entendimento do problema apresentado ou das possibilidades? Agora, com base em sua experiência, o que você acha que seus níveis de análise renderão?**
   - Nível 1: Qual problema técnico ou administrativo é provável que o cliente esteja sentindo? Quais são os ativos do cliente ou possibilidades?
   - Nível 2: Quais são os outros na organização do cliente que provavelmente estejam contribuindo para o problema? Quem são os outros prováveis atores envolvidos no problema? Quais são os outros na organização do cliente que provavelmente estão contribuindo para o conjunto de ativos e possibilidades? Quem são os outros prováveis contribuintes?
4. **Que folclore, história e cultura organizacional cercam o projeto? Quem são os "ogros" e os "anjos" no ambiente do cliente? A aceitação do folclore como verdade ajuda a bloquear a solução. Identifique áreas de possíveis pontos cegos.**
5. **Você pode apoiar e confrontar durante a reunião:**
   - Que suporte é possível dar ao cliente neste ponto? Exemplos: tente dar recomendações, oferecer incentivo pessoal e segurança, reconhecer dificuldades, descrever situações similares que tenha conhecimento, agradecer ao cliente por ser franco com você?
   - Como é possível confrontar o cliente nessa reunião? Por exemplo, você não está obtendo bons dados, o cliente está alongando demais as respostas e controlando demais a discussão, ele está omitindo áreas-chave a discutir ou respondendo a perguntas com apenas uma palavra, há interrupções constantes nas reuniões, o cliente está fugindo muito do assunto, ele não acredita no projeto ou subestima a gravidade ou as implicações do problema, existem atitudes negativas sobre os consultores em geral?
6. **Quais dados não-verbais você pode procurar? O que no local da reunião transmite uma mensagem sobre o compromisso do cliente e o envolvimento em seu projeto?**
7. **Quais dados você quer coletar sobre como a organização está funcionando?**

Lista de Verificação #6: Revisando a Reunião de Descoberta

Suas observações contêm o conteúdo da reunião de descoberta. Também é uma revisão dos conceitos relacionados à ela.

1. Como o cliente conduziu a discussão?

Controle do Cliente	Controle do Consultor
100%	100%

Baixo nível de energia do cliente para o projeto	Alto nível de energia do cliente para o projeto

2. Qual é o problema técnico ou a possibilidade?
3. Quem mais está contribuindo para ele?
4. O que o cliente está fazendo para criar o problema ou evitar sua resolução? Ou para impedir a percepção da possibilidade?
5. Que folclore, histórias, "ogros" e "anjos" você é capaz de identificar neste projeto?
6. Que declarações de apoio você fez?
7. Que declarações confrontantes você fez?
8. Que dados não-verbais você observou?

CAPÍTULO 14

PREPARAÇÃO PARA O *FEEDBACK*

TODO GERENTE DE LINHA DESEJA saber o que fazer com um problema ou possibilidade e, portanto, quer recomendações. Não tente dar recomendações detalhadas. Se você apresentou um quadro claro e simples das razões que levaram ao problema ou possibilidade, o cliente terá tantas ideias para recomendações quanto você. O cliente não tem recomendações a dar por ter uma noção muito vaga da situação com a qual ele está lidando.

UMA SÍNTESE CLARA PODE SER SUFICIENTE

A tarefa básica do consultor é fazer uma síntese do que foi descoberto. Esta corresponde a 70% da contribuição que você precisa dar. Pode confiar.

O que você faz com a sua descoberta é dirigir a atenção para áreas que seus conhecimentos e experiência lhe apontam como as prováveis causas do problema ou as fontes de possibilidades. Aquilo que é objeto de sua atenção está sob o seu controle, independentemente do que você for incumbido. Confiar em si mesmo para se concentrar no que julga importante pode ser o melhor que tem a oferecer ao cliente. Escolher o que quer examinar é extremamente importante e cabe a você influenciar os outros.

RESUMINDO OS DADOS

Você sempre coleta mais dados do que seria capaz de usar. Um aspecto que gera muita ansiedade em qualquer projeto de consultoria ou relacionamento é o que deve ser compartilhado. Quando se faz a descoberta — quando terminamos de fazer as perguntas e temos todas as informações — é hora de entendê-las no conjunto.

Você pode ter concebido um processo racional, lógico para selecionar e classificar as informações, mas fica a seu critério determinar o que é importante. É para isso que seu cliente está lhe pagando. Confie em sua intuição; não a trate como uma distorção. Se você for consultor interno, certamente conhecerá a organização, as pessoas e como elas trabalham. Use essas informações.

Quando estou tentando decidir o que é importante em uma série de dados, às vezes leio todas as anotações, relatórios e resumos de reuniões, de uma só vez. Então os deixo de lado. Em uma folha de papel em branco, faço uma lista do que considero importante — em geral cerca de quatro ou cinco itens. Deixo que isso me guie sobre o que irei relatar e como organizarei o relatório.

Tenho fé de que posso me lembrar do que é realmente importante. Como uma pessoa é capaz de absorver uma quantidade limitada de dados, o que se destaca é o que quero que tenha mais relevância para o cliente. Deixe as informações que ficam no fundo fazerem parte de um apêndice, mas não inclua na visão geral a lista completa de tudo que você descobriu.

Como orientação para selecionar o que se deve ressaltar para o cliente, prefira itens que:

1. O cliente tenha controle, ao efetuar a mudança.
2. Tenham uma clara importância para a organização.
3. Tenham certo compromisso em algum lugar na organização cliente para serem trabalhados.
4. Sejam claramente uma força ou expansão de algo que atualmente está funcionando ou sendo discutido.

O QUE VOCÊ DEVE E O QUE NÃO DEVE FAZER

Ao se aproximar a data da apresentação da síntese geral e das recomendações, você começa a tomar decisões sobre o que incluir no *feedback*. Veja algumas sugestões.

Não Seja Conivente

Não apoie uma postura do cliente que diminua a capacidade que a organização tem de resolver o problema ou perceber possibilidades. Se existem assuntos delicados que o cliente evita e que o constrangem, não seja conivente com ele evitando-os também.

Existem duas maneiras de os consultores agirem em conivência com os clientes, em prejuízo de si mesmos. A primeira consiste em criar explicações para problemas de modo que a solução esteja fora do controle do cliente. Culpamos a alta gerência, as condições econômicas gerais, o mercado, outros grupos na organização. Cada uma dessas explicações tem o benefício de reduzir a dificuldade que o cliente sente de assumir sua responsabilidade, mas carrega o preço de levá-lo a se sentir impotente, sem saber como aprimorar a situação. Não seja conivente com o cliente que está evitando assumir responsabilidades. Você pode reconhecer que outras pessoas tenham participado para criar o problema e, ao mesmo tempo, manter a conversa voltada para a participação do cliente.

A segunda maneira de sermos coniventes com os clientes é subestimar o impacto que relações difíceis têm sobre o problema. O cliente pode estar com dificuldades com um subordinado ou um chefe e, no entanto, mal menciona isso como sendo parte do problema. Se percebe esse tipo de dificuldade, anote-a em seu relatório. Se o relatório escrito for destinado a uma ampla circulação, então mencione isso apenas verbalmente. Não evite lidar com esse fato. Ajudar o gerente a enfrentar o impacto que relações difíceis têm no problema pode ser a contribuição mais importante que você pode dar.

Não Projete

Projetar é atribuir seus próprios sentimentos a outra pessoa. Se você está se sentindo ansioso com algumas informações que descobriu, supõe que o cliente também esteja ansioso. Se você não gosta lhe digam que seus subordinados o consideram autocrático demais, supõe que o cliente também não gostaria de ouvir isso. Os clientes têm direito a receber todas as informações que você coletou. Repasse-as.

Fique atento a seus próprios sentimentos, mas continue testando os limites do que o gerente de linha pode aceitar. Se apresenta como *feedback* dados que causam um pequeno tumulto, fique firme. Você e o cliente sobreviverão. Não projete seus sentimentos e sensibilidades no cliente. Faça declarações diretas e depois pergunte como o cliente se sentiu com elas. É claro que a linguagem usada é importante, mas discutiremos isso mais adiante.

Apoie as Expectativas do Cliente

Os clientes (e consultores) precisam de apoio. Se parte dos dados que definem a situação pode ser confirmada ao cliente, reforçando que o que ele tem feito é razoável, inclua-os em seu relatório. Se o cliente tem uma percepção do problema ou de possibilidades e você tiver a mesma opinião, diga isso. Os clientes têm o direito de saber que o que fazem está funcionando.

Certa vez, tive um cliente que achava que todos na organização evitavam assumir responsabilidade pelo fato de um determinado procedimento de teste não funcionar e por entregarem uma matéria-prima de má qualidade ao cliente. Desavisado, o cliente usava essa matéria-prima em seu produto acabado, recebia sérias reclamações e às vezes tinha de fazer *recall* do produto.

Isso se tornou uma crise enorme que chegou até o meu cliente. Ele tentou dirigir a atenção para o problema com o teste, mas em vão.

Quando entrevistamos os outros funcionários da organização sobre o problema, ficou claro que ninguém se sentia responsável por solucioná-lo, embora todos achassem que deveria ser solucionado por um grupo de pesquisa específico. Quando relatamos isso ao cliente, ele ficou aliviado por confirmarmos e compartilharmos a percepção que ele tinha do problema. Ele começava a achar que enlouquecera e que todos sabiam o que estavam fazendo.

Esta foi uma experiência valiosa e confirmadora. Se você tem dados para confirmar algo, relate-os. Embora muitos clientes digam que desejam ouvir apenas sobre o problema, não acredite nisso. E não acredite quando dizem que não querem ouvir sobre coisas que eles já lhe disseram que estão funcionando. Dê apoio mesmo que não solicitado.

Confronte

Seus dados também indicarão áreas que precisam de aprimoramento. Você pode identificar o que o cliente está fazendo que é autodestrutivo e áreas de vulnerabilidade. Relate-os, mesmo que causem aborrecimentos. Os dados mais difíceis de relatar podem ser sobre o próprio estilo pessoal do cliente. Compartilhe essa informação com o cliente da maneira mais gentil e amigável possível. Se você evita informações que criam tensão, então por que o cliente precisa de seus serviços como consultor? O cliente já sabe como evitar tensão. Seu papel é ajudá-lo a se aproximar da tensão e enfrentar a realidade difícil que foi evitada. Por isso, construir um relacionamento próximo no início do processo é tão importante: tornará as conversas difíceis mais tarde em um processo produtivo.

COMO APRESENTAR A SÍNTESE

A diretriz mais útil para apresentar a síntese com eficiência — seja por escrito ou oralmente — é agir com assertividade. Há muitas maneiras de se examinar a conduta e a eficiência pessoal. Acho que esta é a mais clara e prática.

Assertividade

Toda pessoa tem direitos. Os clientes e os consultores também. Agir com assertividade consiste em afirmar diretamente o que quer e como vê as coisas, sem desconsiderar ou infringir os direitos dos outros. Dar um *feedback* assertivo é dizer ao cliente como vê o problema ou possibilidade sem que isso implique que ele é um mau gerente ou não conseguiu ver o óbvio.

Agressividade

A conduta agressiva também consiste em expressar desejos e opiniões, mas faz isso de um modo que subestime ou negue a outra pessoa. O *feedback* agressivo consiste em descrever a situação de um modo que deixe implícito que o gerente é incompetente, insensível, desatencioso ou precisa melhorar.

Não assertividade

A conduta não assertiva consiste em omitir seus sentimentos e opiniões e não declará-los. O *feedback* não assertivo, a fim de proteger o gerente ou a si mesmo, ocorre quando não se revela ao cliente informações sobre como a situação está sendo conduzida, ou como o estilo gerencial do gerente afeta o problema ou a possibilidade. A falta de assertividade também ocorre quando se ignora como a situação está sendo conduzida ou se evita questões delicadas.

O Objetivo: Assertividade e Autenticidade

A conduta autêntica e a conduta assertiva estão muito próximas uma da outra. Procure ser autêntico e assertivo com o cliente. A conduta agressiva gera resistência desnecessariamente, e a conduta não assertiva presta um desserviço tanto a você quanto ao cliente.

Ao verbalizar o *feedback*, seu objetivo é descrever o que descobriu sem fazer nenhuma avaliação. Sua tarefa é apresentar um quadro claro e simples da situação. Quanto mais avaliativo o *feedback*, mais resistência haverá. A opção é fazer uma afirmação do modo mais descritivo possível. Por exemplo, uma coisa é dizer que, quando o grupo se senta para trabalhar, 80% da fala é do chefe. Essa é uma afirmação descritiva. Outra maneira de expressar isso seria dizer que o chefe domina totalmente e controla esse grupo e não conduz bem as reuniões. Esse segundo modo envolve uma avaliação.

Quanto mais juízo de valor uma afirmação contiver, mais defensivas as pessoas ficam. Palavras *como fraco, forte, incompetente, indeciso, ditatorial* e *controlador* expressam uma avaliação e não devem ser usadas. Evite usar palavras que envolvam juízo de valor.

Evite ainda estereótipos vagos. Quanto mais específico você for a respeito do que está se passando na organização, mais útil essa informação será. Uma afirmação geral como: "Temos um problema na tomada de decisão" é tão vaga que as pessoas não conseguem identificar realmente o problema que está sendo apresentado.

Explanações e justificativas longas também devem ser evitadas. A maioria das perguntas sobre método e recomendações pode ser respondida em um parágrafo ou menos. Se as dúvidas persistirem, dê duas respostas de boa-fé e depois reconheça que está se confrontando com a resistência. Resista à tentação de explicar o inexplicável.

O quadro da situação que você apresenta é uma declaração do que é, e não uma afirmação do que deveria ser. Discutir o que deveria ser é dar uma lição de moral e soa como um juiz ou um espião. Fale sobre o que deveria ser apenas quando seu contrato com o cliente consiste em prever ou descrever o futuro. Caso contrário, mantenha afirmações neutras, descritivas do que está causando o problema atualmente ou revelando a possibilidade. Para recapitular:

Use Linguagem:	**Evite Linguagem:**
Descritiva	Crítica
Direcionada	Global
Específica	Estereotipada
Breve	Longa
Simples	Complicada

APRESENTANDO O QUADRO... COMO UM JULGAMENTO NO TRIBUNAL

Se pode ver um projeto de consultoria como um processo em busca da melhor decisão, você será capaz de ver o consultor e o cliente assumindo diferentes papéis comumente encontrados em um tribunal. A maioria deles são exemplos negativos do que não se deve fazer. Peço desculpas por isso. Mas esses papéis são desempenhados com tanta frequência em escritórios, salas de conferência e áreas de produção que vale a pena mencioná-los. Nenhum deles, com exceção do último papel, serve realmente ao consultor, embora eu admita que alguns tenham certo apelo.

O Consultor como Juiz

Você está lá para interpretar a lei, ou para interpretar a política corporativa, ou para dizer ao cliente quando ele está fora da linha. Quando um cliente comete um erro, o consultor juiz decide sobre a penalidade que deve ser aplicada, influenciando a próxima avaliação de desempenho do gerente. Uma vez que os juízes estão em uma posição superior a todos nós, as pessoas os temem e não o procuram voluntariamente. Os únicos que se sentem bem com os juízes são outros juízes (às vezes chamados de alta gerência).

O Consultor como Júri

Os jurados determinam ou culpa e a inocência. O jurado consultor se sente responsável por decidir por si mesmo se o cliente estava certo ou errado. Essa posição é vaga e muito paternal.

O Consultor como Promotor

O promotor está lá para apresentar evidências ao júri. Alguns consultores apresentam *feedback* como se fossem dar provas para uma condenação. Geram dados e estatísticas irrefutáveis e apresentam um pacote totalmente fechado, inquestionável. Isso o afasta do cliente e transmite a mensagem de que o sucesso está nas mãos do consultor, e não é um esforço conjunto.

O Consultor como Réu

Às vezes, entramos em uma reunião de *feedback* sentindo como se estivéssemos em um julgamento. Levamos todos os nossos arquivos conosco, por precaução. Ensaiamos nossa apresentação três vezes e até temos um arquivo extra em Power-Point, caso aconteça algo imprevisto. Quando somos questionados pelo cliente, damos explicações demais e fazemos promessas de obter mais dados, mesmo quando sabemos que isso é perda de tempo.

O consultor não é um réu. Se o cliente está o tratando como se fosse, é devido à resistência e à própria ansiedade do cliente em relação ao projeto.

O Consultor como Testemunha

Este é o melhor papel para um consultor. A testemunha não tem interesse pessoal no resultado das deliberações e está lá para apresentar informações exatas. As testemunhas dão um quadro claro, específico do que observaram. Apresentar o que foi revelado pela descoberta não deve ser nada mais que isso, portanto, se considere uma testemunha justa.

É um grande privilégio ser capaz de dar um testemunho justo para um cliente e também não assumir responsabilidade pela guarda do interesse corporativo. Muitos consultores internos precisam atuar como policiais durante um período e juízes no outro. Quando isso acontece, esses papéis interferem imensamente no desenvolvimento do tipo de confiança com os clientes que todos nós desejaríamos ter. Não há como escapar dessa armadilha. O melhor que se tem a fazer é deixar claro ao cliente quando você está uniformizado e quando pode ser apenas um consultor amigo, da casa. Se, no entanto, como consultor interno, você tiver a opção de assumir algumas responsabilidades de policiamento, pense duas vezes. O aspecto atraente é que isso lhe dá acesso e poder imediatos sobre algumas pessoas da organização. O preço por esse poder é alto e, em minha opinião, em geral não vale a desconfiança que cria em seus clientes potenciais ao assumir a toga que lhe confere o poder de julgar. A maioria dos consultores internos discorda de mim sobre isso, portanto, cabe a você opinar.

APOIO E CONFORTO

Em qualquer conversa sobre a organização, você está fazendo duas coisas: dando apoio e confrontando-a. Ver o processo de diálogo apenas como uma confrontação aumenta a tensão e diminui a chance de obter ação. É importante expressar o apoio, bem como chamar atenção para o problema. As pessoas precisam de apoio para assumir a responsabilidade pelos problemas.

O apoio e a confrontação não são mutuamente exclusivos. Conversar sobre o futuro e as possíveis mudanças é difícil para os clientes, embora eles tenham solicitado isso. Eles pedem a confrontação quando o incumbem de fazer uma descoberta, mas também precisam de apoio. Com frequência quanto mais resistente for o grupo, de mais apoio ele precisará (e mais difícil será apoiá-lo). Um exemplo é lidar com gerentes muito autoritários e controladores. Aparentemente, eles podem parecer muito controladores e dar a impressão que não ligam para você como pessoa, ou que não se importam com as pessoas na organização. Eles agem de modo a parecer que não têm problemas ou que seus problemas podem ser resolvidos por soluções mecânicas.

Um estilo autoritário à primeira vista pode realmente ser uma expressão da própria ansiedade do gerente em perder o controle de duas maneiras. Um medo que os gerentes têm é perder o controle de si mesmos ou se ver em uma situação em que eles estariam dizendo coisas das quais se arrependem mais tarde. A segunda ansiedade é de perder o controle da organização se realmente assumem os problemas, os enfrentam e tentam resolvê-los. Os gerentes temem acabar apoiando uma organização mais democrática ou anárquica do que gostariam. Na medida em que é exato afirmar que por trás da resistência há ansiedade em controlar, uma boa maneira de reagir é dar apoio ao gerente.

Se as pessoas estão ansiosas, elas precisam de apoio, e não de confrontação. Mesmo que aparentemente sejam controladoras e indiferentes, ofereça o seu apoio e mostre que elas manterão o controle do processo, que não terão de fazer nada que não queiram. Elas não vão perder o controle da organização nem o poder que pensam ser necessário para administrá-la.

Apoiar e confrontar podem vir quase na mesma sentença. A afirmação de apoio muitas vezes é um simples sinal de que você está ouvindo o que o cliente está dizendo. Ao apoiá-lo, você não está assumindo o compromisso de concordar com ele. Significa que você ouviu o que ele tinha a dizer. A afirmação de confronto identifica a diferença entre o modo como você vê uma situação e a visão que o cliente tem dela. Ambos os tipos de afirmações devem fazer parte do quadro geral que você apresentará ao cliente.

CAPÍTULO 15

CONDUZINDO A REUNIÃO PARA A AÇÃO

SEMPRE QUE APRESENTA um quadro claro e simples da atual situação e dá suas recomendações, faz isso esperando desencadear uma ação. Esta pode ser uma decisão, mais descobertas ou aprendizagem. É a hora da verdade, quando o cliente e o consultor sentem-se mais ansiosos. Também é empolgante e divertido. Depois do momento inicial quando o cliente aceita o projeto, esta é a parte da consultoria de que mais gosto.

A reunião para ação é empolgante por guardar a promessa de um movimento. Guarda certa esperança de que a energia que investimos nesse processo compensará. Este é o ponto principal — o compromisso com a ação. Mesmo que a maior parte da reunião seja gasta para se entender o problema ou a possibilidade, o cerne da reunião é discutir o que fazer. É assim que se trata da reunião — como uma oportunidade para agir, e não apenas apresentar dados. Neste sentido, a reunião não é o final. É o começo da fase de implementação que solucionará um problema ou mudará o *status quo*. Este capítulo trata de como estruturar e gerenciar qualquer reunião para dar início a alguma ação.

Para conduzir essa reunião com perfeição, o consultor precisa tratar do objeto desta fase:

1. Manter o foco na situação. Mantenha a simplicidade e a objetividade. Use uma linguagem informal que seja exata, específica e não punitiva.
2. Apresentar dados pessoais e organizacionais. Inclua em seu resumo informações sobre como a situação está sendo conduzida.
3. Conduzir a reunião. Mantenha o controle dela e a estruture. Continue tratando do que será feito em relação ao problema ou possibilidade.
4. Concentrar-se no aqui e agora da reunião. Para tirar o máximo proveito dela e empregar sua experiência e conhecimentos, você precisa observar o encaminhamento da reunião e lidar diretamente com a resistência e o movimento, à medida que ocorrem. Se não enfrentar a resistência na reunião, poderá não ter outra chance. Se não reconhecer o movimento, ele poderá evaporar.
5. Não levar nada para o lado pessoal. Vale dar um lembrete especial aqui, porque esta é a fase da consultoria em que provavelmente você enfrentará mais resistência. Lembre-se da regra: após as 18 horas, é possível interpretar qualquer coisa como sendo pessoal, mas durante o dia, não importa quantas armas sejam apontadas para você, sua tarefa é se concentrar na luta interna do cliente para confrontar a realidade que está sendo resistida.

A outra parte da consultoria infalível nesta fase consiste em ser sincero — dizer ao cliente o que sente à medida que a reunião avança.

COMO APRESENTAR O QUADRO DA SITUAÇÃO

O quadro apresentado deve se concentrar em alguns aspectos centrais do problema ou possibilidade. O erro na maioria das apresentações é que elas são longas e complexas demais. Quando passamos tanto tempo analisando dados, somos seduzidos por todos aqueles fatos e cifras. Descobrimos discrepâncias interessantes que carecem de explicação; notamos tendências históricas e fazemos comparações; descobrimos curvas e gráficos com formatos, alturas e texturas que valem uma hora de discussão. Vá em frente e se apaixone por seus dados — mas não revele isso a ninguém. Mantenha sua apresentação breve e simples. Quanto mais tempo e mais complexa você torná-la, mais ficará aberto a questões infindáveis sobre metodologia e interpretação.

Para estruturar a apresentação, existem apenas quatro categorias gerais de dados:

- Análise do problema técnico ou administrativo.
- Um quadro do que está funcionando e de quais são as possibilidades.
- Análise de como a situação está sendo conduzida.
- Recomendações.

Ao decidir como apresentar dados, lembre-se:

- O objetivo da descoberta é concentrar-se em um número de dimensões que você seja capaz de gerenciar. A maior parte dos *feedbacks* sobrecarrega a organização. Mantenha-o com dez questões ou ainda menos.
- O que queremos é ação. Não estamos fazendo pesquisa, mesmo que isso seja chamado de pesquisa.

O relatório não precisa ter todas as respostas e nem ser completo. Com frequência, convém conceber um formato que ofereça uma abertura à participação do gerente ou do grupo na análise.

O resultado final com um grupo, bem como com um indivíduo, é levá-lo a assumir a responsabilidade por sua própria situação.

ESTRUTURANDO A REUNIÃO

O objetivo de toda reunião é mais do que a apresentação de seus dados. Você quer fazer o cliente reagir aos dados e recomendações, e quer que ele faça algo como resultado de seu estudo. Veja como conseguir o que quer da reunião.

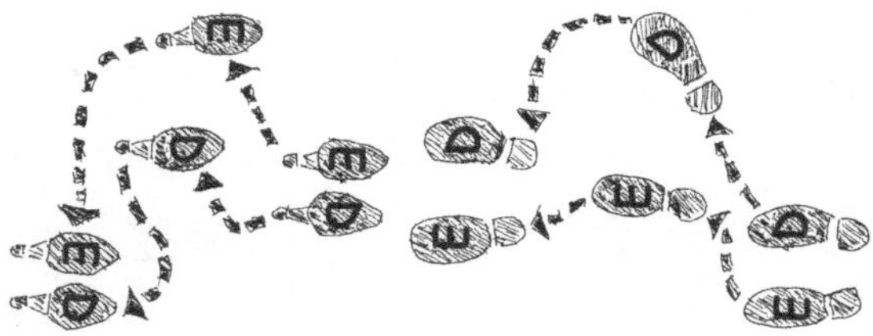

Primeiro, controle o fluxo da reunião. Você está na melhor posição para fazer isso. O cliente estará ocupado tentando manter a resistência e está em uma posição muito dependente durante a reunião. Controlar a reunião servirá como modelo para o cliente aprender a fazer o mesmo.

A pauta deve seguir a sequência mostrada na Figura 11 a seguir. Mantenha os passos na ordem, e não pule nenhum deles.

Figura 11. Passos na Condução da Reunião para Ação

1 Reafirme o Contrato Original

2 Enuncie a Pauta/Estrutura da Reunião

3 Apresente um Quadro Claro da Situação

4 Apresente Recomendações

5 Espere pelas Reações do Cliente

6 Após a Metade da Reunião Pergunte se o Cliente Está Obtendo o Que Precisa

7 Decisão de Ir em Frente

8 Confira Quais São as Preocupações do Cliente Sobre Controle e Compromisso

9 Pergunte a si mesmo se Conseguiu Tudo o Que Queria

10 Dê Suporte

A REUNIÃO PARA AÇÃO, PASSO A PASSO

Aqui está uma divisão detalhada dos passos. As colunas da direita sugerem como alocar tempo para cada sequência de passos. A hora de iniciar e terminar cada sequência em uma reunião de 60 minutos é mostrada. A porcentagem de tempo da reunião que deve ser dedicada a cada passo ou grupo de passos também é listada. Dessa maneira, se você planejou uma reunião de quatro horas, pergunte ao cliente como a reunião está indo (Passo 6) ao final de duas horas.

Passos 1 e 2: Reafirme o Contrato Original; Enuncie a Pauta/Estrutura da Reunião

Passos	Porcentagem de Tempo da Reunião	Em que Momento Iniciar Durante uma Reunião de 60 Minutos
1. Reafirme o contrato original	5%	Início:
2. Enuncie a pauta/ estrutura da reunião		Final: 3º minuto

No restante do contrato original, declare o que o cliente deseja e o que você prometeu oferecer — por exemplo: "Você nos pediu para investigar por que o reator da usina de Brogan quebrou. Concordamos em fazer isso e voltar com as recomendações. Não examinamos os equipamentos auxiliares que dão suporte ao reator". Isso reafirma o problema apresentado e lembra o cliente da essência do contrato. Às vezes os consultores gostam de apresentar um pouco da história do projeto. Não é o meu caso. Dedico apenas 5% da reunião para os Passos 1 e 2.

Depois de reafirmar o contrato, declare a finalidade da reunião e como quer que ela seja estruturada. Lembre-se de que você deve controlar o fluxo da reunião. Não é necessário anunciar que irá conduzi-la; só precisa agir desse modo. Um a maneira de fazer isso é anunciar logo no início: "Veja como eu gostaria de estruturar esta reunião. Pretendo apresentar os resultados do processo de descoberta e passar a maior parte do tempo na ação que poderia resultar disso. Para tanto, seria interessante que vocês [o cliente] respondessem tanto ao quadro apresentado sobre a situação identificada quanto às nossas recomendações. No meio da reunião, podemos fazer uma pausa para ver se vocês estão obtendo o que desejam. Os últimos 40% do tempo dedicarei a uma discussão das ações que vocês podem tomar para resolver o problema. A reunião está planejada para encerrar às...".

Passos 3 e 4: Apresente o Quadro e Dê Recomendações

Passos	Porcentagem de Tempo da Reunião	Em que Momento Iniciar Durante uma Reunião de 60 Minuto
3. Apresente o quadro	15%	Início: 4º minuto
4. Dê recomendações		Final: 12º minuto

Estes dois passos são interligados. Algumas pessoas gostam de iniciar com as chamadas e fazer uma lista de recomendações depois de cada ponto levantado. Outras fazem a apresentação toda e então passam às recomendações. Ajuda estruturar esta parte da apresentação de forma que a reação do cliente ao quadro seja separada da reação às recomendações porque você quer proteger as recomendações de qualquer manifestação de resistência. Se o gerente não ficar satisfeito com o seu *feedback* e fizer uma pergunta atrás da outra, é melhor deixar sua análise ser a vítima da barragem de resistência do que sacrificar suas recomendações.

Se o cliente está ansioso em obter recomendações e em pular os dados, desacelere o processo. Diga que passará às recomendações em um minuto, mas primeiro quer saber a opinião sobre a avaliação dele da situação. Cada organização adota normas diferentes sobre como formatar essa parte da reunião. Algumas são bastante formais; outras informais.

Particularmente, prefiro evitar muita formalidade. Uma apresentação formal, principalmente usando PowerPoint, impõe uma distância muito grande entre o cliente e as informações. Quando olhamos um *slide* em PowerPoint, a tela está longe, e o conteúdo parece inquestionável; por isso, essa ferramenta na verdade trabalha contra o objetivo básico. Sei que isso é um ataque aos usuários de PowerPoint, mas o importante aqui não é deter o poder. Apresentar um pacote perfeito na reunião de *feedback* é um erro.

Lembre-se de que você precisa apresentar dados e recomendações quando apenas 20% da reunião já se passou. Em uma reunião de uma hora, isso representa 12 minutos. Imaginando que tenha levado três minutos para abrir a reunião, restam nove minutos. Essa restrição de tempo o força a ir direto ao ponto e a passar às recomendações rapidamente.

O maior erro que as pessoas cometem é usar toda a reunião para relatar dados. Quando apresentamos os resultados da descoberta, estamos discutindo um assunto de enorme fascinação tanto para nós quanto

para o cliente. Se você se deixar levar por esse fascínio, a reunião se desencaminhará e nem você nem o cliente saberão o que vai acontecer depois que saírem da sala. Isso deixará, a você — e ao cliente — atrapalhados.

É preciso tempo suficiente para lidar com a resistência do cliente. De fato, *a maneira como o cliente reage aos dados é mais importante para a implementação que os dados em si.* Se a análise é brilhante, mas o cliente for indiferente a ela, nada vai acontecer. Se a análise é notadamente medíocre e o cliente está realmente animado com ela (apesar de sua mediocridade), uma ação será tomada. Por isso, use pouco tempo para fazer a apresentação; reserve a maior parte da reunião para as reações do cliente.

Passo 5: Espere o Cliente Reagir

Passo	Porcentagem de Tempo da Reunião	Em que Momento Iniciar, Durante uma Reunião de 60 minutos
5. Espere o cliente reagir	30%	Início: 13º minuto Final: 30º minuto

Esta é a parte principal da reunião. A reação do cliente determinará o grau de compromisso organizacional existente quando você vai embora e se sua experiência e conhecimentos serão empregados.

Este é o momento em que você quer que o cliente expresse suas reservas. Os clientes costumam manifestar suas reações espontaneamente. Se o gerente não manifestar suas reservas sobre os dados ou a metodologia no meio da reunião, essas reservas aparecerão mais tarde, em um momento muito menos desejável — no momento da decisão ou depois que você sair de cena.

Às vezes, você precisa fazer perguntas diretas, específicas, para saber a opinião do cliente. Ele com frequência reage sem que você tenha de

perguntar. Se a resposta do cliente for muito contida, pergunte a ele: "O que acha das informações que estou relatando?" ou "Quais são suas preocupações sobre os dados ou a análise?". Pode haver uma parte dos dados que você conhece e que toca em uma questão muito delicada. Eu perguntaria diretamente: "Parte de nosso relatório trata de como vocês conduziram o problema e sobre o papel de seu chefe neste problema. Como você se sente com o modo como resumimos a situação?". O objetivo aqui é encarar qualquer tensão e propiciar a verbalização de preocupações não manifestadas.

Certa tensão ajuda em qualquer reunião. Se não houver tensão, então provavelmente ninguém ligará para as questões e recomendações, o que significa que também não haverá energia para implementá-las. Se a tensão for excessiva, o cliente e o consultor poderão se sentir tão ameaçados que serão incapazes de assumir responsabilidades e planejar os próximos passos de modo realista e útil. O desejável é um nível moderado de tensão.

Reserve 30% da reunião para dedicar às reações do cliente. É neste momento que ele deve expressar seus sentimentos, por isso, não seja defensivo ao ouvi-los. As reações do cliente não são contra você; são contra ter de enfrentar o constrangimento de confrontar os dados apresentados por você e tomá-los como base para uma ação.

Se ficar na defensiva, correrá o risco de ser levado pela mesma ansiedade que dominou o cliente. Cuidado quando está assumindo a defensiva, tente evitar isso.

Também é importante ater-se à sua avaliação da situação e acreditar em suas recomendações. Deve ter havido boas razões para elas fazerem sentido para você. Não ceda ao se deparar com a resistência. Você confia no que está sugerindo, e embora não precise defender suas sugestões, não ceda com tanta facilidade.

Passo 6: No Meio da Reunião, Pergunte ao Cliente: "Era Isto o que Você Queria?"

Passo	Porcentagem de Tempo da Reunião	Em que Momento Iniciar, Durante uma Reunião de 60 minutos
6. No meio da reunião, pergunte ao cliente: "Era Isto o que Você Queria?"	10%	Início: 31º minuto Final: 36º minuto

O mais importante que você pode fazer é perguntar aos clientes, no meio da reunião, se era isso o que eles esperavam. Essa pergunta é feita por garantia. Eu costumava perguntar ao gerente sobre a reunião um pouco antes de encerrá-la, quando faltavam cinco ou dez minutos para terminar. É tarde demais. Nas poucas vezes em que o gerente estava desapontado com a reunião, não havia mais tempo para recuperá-la. Se o gerente quisesse mais recomendações específicas, ou tivesse questões que não havia verbalizado, não havia mais tempo para responder. Quando se está na metade da reunião, há uma boa chance de se chegar ao que o gerente desejava ou é possível ajudá-lo a expor suas reservas o suficiente para tratar delas.

Apesar da ênfase que damos a esse passo no treinamento a outros consultores, eles raramente são capazes de pedir *feedback* no meio da reunião. O consultor e o cliente estão tão envolvidos na tarefa que o tempo voa. O consultor também pode estar relutante em perguntar como a reunião está indo, temendo não ter meios de reagir ao desapontamento do cliente. É melhor tentar pelo menos remediar do que descobrir, depois da reunião, o que deu errado. (O que fazer quando a reunião não está indo bem é um assunto que será tratado mais adiante, neste capítulo.)

Passo 7: Decisão de Prosseguir

Passo	Porcentagem de Tempo da Reunião	Em que Momento Iniciar, Durante uma Reunião de 60 minutos
7. Decisão de prosseguir	30%	Início: 37º minuto Final: 54º minuto

A finalidade da reunião é ver alguma ação acontecer. A pergunta sobre o próximo passo será feita logo no início da reunião, de modo que o consultor possa participar da decisão.

Se esperar até perto do final da reunião, a verdadeira discussão de como proceder pode acontecer em um momento e lugar que o excluirá. Se o cliente toma uma decisão quando o consultor não está presente, são grandes as chances de ele não tomar realmente a decisão de lidar com a realidade difícil que seu estudo revelou. Isso acontece principalmente se a sua descoberta se concentrou na maneira como o problema está sendo conduzido e no estilo gerencial do cliente. É difícil para os clientes se verem causadores ou mantenedores de um problema e a presença do consultor torna isso mais fácil.

Quando participa da discussão sobre o que fazer, existem algumas tarefas básicas nas quais o consultor deve se concentrar:

1. Manter a discussão centrada em aspectos que estão sob o controle do cliente.
2. Continuar levantando aspectos da situação ou dando recomendações que considera essenciais para tratar do problema ou possibilidade imediata e de longo prazo. Muitas vezes, a parte mais

delicada da situação: uma relação difícil, um profissional com fraco desempenho ou alguma consideração política. Como consultor, você pode focalizar as questões delicadas sem ter interesse pessoal nelas e prestar um serviço ao fazer isso.

3. Manter a discussão equilibrada, expondo os pontos de vista de todos na sala. Com isso, é possível se ter uma noção clara de como diferentes pessoas na organização veem a situação. Como o cliente está considerando o que fazer, é possível garantir que os diferentes pontos de vista sejam considerados na decisão e que a voz de cada pessoa seja ouvida.
4. Apoiar o direito que todo gerente responsável tem de fazer a escolha com coerção mínima dos outros, inclusive do consultor.

Algumas vezes, o cliente preferirá excluir o consultor da discussão para a tomada de decisão. Sempre peço para estar presente. Presenciar o momento em que a decisão é tomada é algo que deve ser solicitado em seu contrato inicial. A razão para o cliente desejar excluí-lo da decisão é manter o controle. Esta é realmente outra forma de resistência.

PASSOS 8, 9 e 10: Procure identificar as Preocupações do Cliente sobre Controle e Compromisso, Pergunte a Si Mesmo Se Conseguiu o Que Queria, Dê Apoio

Passo	Porcentagem de Tempo da Reunião	Em que Momento Iniciar, Durante uma Reunião de 60 minutos
8. Teste as preocupações do cliente com o controle e o compromisso	10%	Início: 55º minuto
9. Pergunte a si mesmo se conseguiu o que queria		
10. Dê apoio		Final: 60º minuto

Encerrar a reunião é como fechar a reunião de contratação. Assegure-se de que as decisões tomadas tenham o compromisso do cliente. A reunião também pode ser vista como a etapa de entrada para o próximo contrato que poderá ser fechado com esse cliente. O fechamento deve ser visto como o mais direto e completo possível.

Aqui estão os passos.

Pergunte ao cliente: "Como você se sente com o controle que terá se formos em frente com a solução?". Se o cliente ficar incomodado, discuta maneiras de lidar com esse desconforto.

Pergunte ao cliente: "A solução que discutimos é algo que faz realmente sentido para você?". Se o cliente parece não ter muito compromisso, insista nisso durante a reunião ou levante a questão mais tarde.

Procure ter um envolvimento contínuo. O consultor pode querer *feedback* depois, sobre o efeito de sua consultoria ou para saber se está ajudando nesse projeto e como poderia ter sido mais eficiente. Pode ser que o cliente diga informalmente ao seu chefe que você fez um bom trabalho. E isso talvez leve a outro contrato com o cliente, para implementar esse projeto ou iniciar um diferente. Se quer algumas coisas, é o momento de pedir. Finalmente, dê apoio. A implementação é um momento em que a carga mais pesada recai sobre o cliente. Dê apoio para essa responsabilidade, e diga a ele o que fez de correto nessa reunião. Isso completa o processo.

UMA RECAPITULAÇÃO

A Figura 12 apresenta uma recapitulação dos passos na condução da reunião para a ação.

Seguir esse esquema assegura a chegada à fase do *feedback*. Esse é meio caminho para a consultoria infalível. A outra metade envolve uma conduta autêntica em cada etapa da reunião. A maior pressão será lidar com a resistência a qual, sem dúvida, aparecerá na reunião. Seguem alguns lembretes para ajudá-lo a superar esses obstáculos.

Figura 12. Resumo: Gerenciando a Reunião para a Ação

		Em que Momento, durante uma Reunião de 60 Minutos	
Passos	**Porcentagem de Tempo da Reunião**	**Início**	**Final**
1. Reafirme o contrato original 2. Enuncie a estrutura da reunião	5%	Abertura	3º minuto
3. Faça uma apresentação do quadro geral 4. Dê recomendações	15%	4º minuto	12º minuto
5. Peça a opinião ao cliente	30%	13º minuto	30º minuto
6. No meio da reunião, pergunte ao cliente: "Era isso o que você queria?"	10%	31º minuto	36º minuto
7. Decisão de prosseguir	30%	37º minuto	54º minuto
8. Identifique as preocupações do cliente sobre o controle e o compromisso 9. Pergunte a si mesmo se conseguiu o que queria 10. Dê apoio	10%	55º minuto	60º minuto

RESISTÊNCIA NA REUNIÃO

Toda reunião faz parte da descoberta do cliente e do processo de aprendizagem. A habilidade crucial na condução de qualquer reunião consiste em se concentrar no processo aqui e agora. Isso é mais importante do que até mesmo o conteúdo das descobertas que estão sendo discutidas. Muitas das questões exploradas na fase de descoberta que lidam com maneiras disfuncionais de operar serão evidenciadas nesta reunião. Ter consciência disso o ajudará a resistir a um impasse, que pode assumir várias formas.

- Ter de defender rigorosamente os dados para pessoas que, supõe-se, estariam aprendendo com isso.
- Ver-se provendo energia para os próximos passos para uma organização ou grupo do qual você realmente não faz parte.
- Ver-se na obrigação de ter todas as respostas.
- Estar na posição de oferecer soluções a problemas altamente complexos em menos de três minutos.

A maneira de sair da maioria dos impasses é verbalizar o que está acontecendo, assim que acontecer: "Tenho defendido dados para pessoas que deveriam estar aprendendo com eles" ou "Continuo propondo os próximos passos para sua organização e nem estarei por aqui!" ou ainda "Uma das normas que mencionei é que as pessoas expressem apoio silenciando. Isso está acontecendo agora?".

A resistência a sugestões para os próximos passos é válida porque significa que se está no caminho certo. Não veja isso como rejeição ou desinteresse por parte do cliente. Significa que tocou em um ponto importante para ele, logo enfrente a resistência em vez de fugir.

A resposta obtida em qualquer reunião irá representar todos os problemas que a organização tem em resolver outras questões e gerenciar outros negócios. A resposta a questões difíceis pode ser um recuo nos detalhes, uma maneira de adiar a decisão de agir, ou uma negação do problema. Qualquer que seja a resposta, interprete-a como o modo característico como a organização lida com suas decisões. É importante interpretar a resposta desse modo e dar apoio à organização para que esta veja o que está acontecendo.

Também, como em todas as outras fases da consultoria, é preciso confiar em seus sentimentos ao conversar sobre implementação ou planejamento. Se está se sentindo desconfortável com alguma coisa — confuso, frustrado ou não ouvido — ou empolgado e positivo e quer apoiar, expresse seus sentimentos em palavras como parte do modelo e da metodologia oferecido ao cliente.

Como na contratação, toda reunião envolve uma dimensão afetiva — sentimentos sobre a interação em si. Existe um processo acontecendo entre você, o consultor que está dando recomendações, e o cliente que está ouvindo uma declaração sobre sua situação. Por exemplo, suponha que você esteja se sentindo confuso e inseguro quanto à direção a seguir. Existem duas maneiras de lidar com isso. Uma delas é tentar falar com mais certeza. A segunda é simplesmente dizer: "Sabe, enquanto estamos conversando aqui, sinto-me confuso e inseguro sobre o que deverei fazer". É muito mais provável chegar ao cerne dos problemas ao reagir e expor seus sentimentos durante a discussão.

Lista de Verificação #7: Planejando uma Reunião para Ação

Veja algumas diretrizes que podem ser usadas para ajudá-lo a se preparar para a reunião.

1. O que você quer da reunião? Entendimento? Acordo? Ação? Mais trabalho?
2. Estruture a reunião de modo a ter o mesmo tempo para a discussão e para a apresentação dos resultados.
3. Revise a forma como apresentará o "quadro da situação" de modo a torná-la o mais descritivo e imparcial possível.
4. Pense onde é provável encontrar resistência na reunião. Quais as perguntas que poderia fazer para que as preocupações ocultadas sejam expressas diretamente?
5. Pense em quem poderia estar faltando na reunião e quem tem grande interesse pelos resultados.
6. Como pode pedir *feedback* sobre o andamento da consultoria?

QUANDO OS INTEGRANTES DO GRUPO NÃO ESTÃO ENTROSADOS

Quando você está relatando suas conclusões e recomendações a um grupo de pessoas, sua tarefa assume uma dimensão adicional. Se o grupo não está acostumado a trabalhar junto ou trabalha mal em conjunto, eles podem jogar as dificuldades que têm uns com os outros para o consultor. O consultor se torna um alvo fácil quando eles não conseguem se confrontar diretamente. A habilidade consiste em não deixar que a reunião acabe se definindo como o cliente *versus* o consultor.

Há maneiras de combater isso:

- *Trate o grupo como uma reunião de indivíduos.* Não suponha que todos estejam de acordo, que todos eles apoiem uns aos outros e que sintam ou pensem do mesmo jeito. Um a um, pergunte o que cada pessoa espera da reunião. Essa pergunta revelará diferenças e forçará o grupo a assumir responsabilidade por algumas das dificuldades que possam surgir. Se elas não ouvirem umas às outras, peça, chamando cada pessoa pelo nome, para reagir ao que a outra está dizendo. Isso tira o foco de você e o coloca no grupo, onde deve estar. Dê apoio o tempo todo. Quando as pessoas estão sob estresse, e as coisas não vão bem, elas precisam de apoio, e não de confrontação.
- *Existirá sempre algum segmento do grupo que sentirá uma enorme ansiedade e resistirá.* Eles expressarão isso na forma de perguntas agressivas sobre a mudança, os dados ou o programa apresentados. A regra básica não é investir demais em pessoas resistentes. Novamente, as perguntas merecem duas respostas sinceras, mas você precisa ter sensibilidade política sobre com quem está realmente o poder do grupo e a opinião de quem irá convencê-lo. Invista sua energia nessas pessoas e não naquelas que falam demais e criam

polêmica. Você pode dizer em algum momento: "Já ouvimos várias questões de Bob e João. Não sei como o resto do grupo está se sentindo. Jean [se Jean for o chefe], o que você acha disso?".

- *Se o seu cliente acata rapidamente uma sugestão, cuidado.* Muitas pessoas e equipes lidam com conflitos de uma maneira passiva ou cordata, e eu suspeitaria disso.

Lista de Verificação #8: Revisando a Reunião

Seguem algumas perguntas que poderá fazer a si mesmo depois de uma reunião para ação. Respondê-las deve ajudá-lo a avaliar seu próprio aprendizado em cada reunião e a se preparar para a seguinte.

1. Qual foi o resultado?
2. Qual foi o entendimento final das escolhas ou possibilidades? O que mudou como resultado da reunião?
3. Que forma a resistência assumiu?
4. Como você responde à resistência?
   - Leva para o lado pessoal?
   - Faz mais explanações e dá mais dados?
   - Procura identificar preocupações não reveladas sobre controle e vulnerabilidade?
5. Você ficou num impasse em algum momento?
6. Quais mensagens não-verbais você notou?
7. Que ligações podem ser feitas entre a maneira como a reunião foi conduzida e a maneira como o problema técnico ou administrativo está sendo conduzido?
8. Que efeito em seu relacionamento com o cliente essa reunião teve?

DANDO FORMA À REUNIÃO

Estas são competências importantes para conduzir uma reunião para ação:

- Confrontar o cliente com todos os dados relevantes coletados, mesmo que não faça parte de sua avaliação original.
- Apontar a possibilidade e também o problema.
- Dar *feedback* descritivo e não apreciativo.
- Dar dados ao cliente sobre conduta pessoal ao lidar com o problema-alvo.
- Entender que a crítica e a resistência do cliente não são dirigidas pessoalmente a você.
- Estar presente na reunião onde os passos para ação são determinados.
- Estruturar e controlar a reunião de *feedback* para descobrir a reação do cliente e a escolha dos próximos passos.

Em seu trabalho com os gerentes, é necessário ter o mesmo tipo de comportamento autêntico que está sugerindo que eles se engajem quando lidam com seus subordinados. O consultor está sempre agindo como modelo de um estilo de lidar com problemas ou de colocar as possibilidades em prática. De fato, o veículo mais significativo para a aprendizagem dos gerentes é fazê-los vivenciar como você lida com essas situações. Isso pode significar muito mais do que qualquer coisa que se diga verbalmente ou qualquer tipo de processo em que você os engajaria com seus subordinados.

CAPÍTULO 16

IMPLEMENTAÇÃO

NA PRIMEIRA EDIÇÃO deste livro, dediquei exatamente duas páginas à implementação. Não consigo me lembrar se estava correndo para terminar o livro ou se tinha pouco a dizer sobre o assunto. Ao longo dos anos, no entanto, tive cada vez mais clareza de quantos trabalhos de consultoria tiveram o encaminhamento correto, mas resultaram em poucas mudanças. É frustrante, para dizer o mínimo, fazer um bom contrato, desenvolver um quadro exato da realidade atual, dar *feedback* e tomar uma boa decisão e, no entanto, ver poucos resultados concretos gerados pelo esforço.

A implementação é, na teoria, o ponto alto da consultoria, o fruto de nosso trabalho. Infelizmente, saber o que fazer (o produto da fase de descoberta) e identificar a maneira certa de fazer (o foco da implementação) são dois mundos diferentes. Os consultores tradicionalmente têm dado muita atenção à análise e a recomendações e pouca atenção à complexidade de traduzir essas respostas em ação.

Nosso erro é tratar a implementação como um processo fundamentalmente racional. Acreditamos logicamente que o passo a passo para a solução de problemas possa levar à realização de nossos planos. Nossa preferência por listas, referências e pelo calendário eletrônico é um exemplo disso. Se pudermos manter uma lista do que precisamos fazer em um lugar visível, essas coisas serão feitas. Embora seja difícil argumentar contra a organização, tendemos a simplificar excessivamente a ação do que sabemos ser verdade. Em um nível pessoal, é a diferença entre ter uma visão e vivenciá-la. Quanto mais fiéis formos a nossa visão, mais perceberemos que ela é o trabalho de nossa vida.

PREFERINDO O ENGAJAMENTO À IMPLANTAÇÃO

Para uma organização, mudar a maneira de pensar e a maneira de operar é ainda mais difícil. Parte do que dificulta a implementação é que, com frequência, tratamos a mudança como se ela pudesse ser implantada, administrada e engendrada. Planos de implantação contam fortemente com metas claras, um conjunto definido de etapas, objetivos e medidas cuidadosamente especificados — como se um esquema pudesse ser desenvolvido para os outros seguirem. Esta é a mentalidade centrada na engenharia, que funciona bem para solucionar problemas técnicos, mas que é incompleta quando se deseja ter um impacto em sistemas vivos. A mudança não pode ser implantada e engendrada, e por isso ela é sempre mais demorada e mais difícil do que imaginamos. As pessoas com desvio positivo, mencionadas anteriormente, sabem disso, e é por essa razão que são bem-sucedidas. O mesmo acontece com as abordagens do sistema como um todo, que apostam em ações coletivas e em novas ideias para fazer a diferença.

O engenheiro dentro de nós precisa ser complementado com o pensamento do arquiteto social e as habilidades de um organizador comunitário. Qualquer implementação exige não só uma mudança no que é tangível, como métodos ou estrutura, mas também uma mudança no que é intangível, como as relações pessoais, acreditar nos outros e o compromisso pessoal. Este e o próximo capítulo tratam de como abordar os aspectos intangíveis. São direcionados para um aspecto essencial da implementação: reunir as pessoas para criarem e planejarem como fazer algo funcionar.

A arte de reunir pessoas é denominada *engajamento*. As ideias aqui são realmente sobre os meios de engajamento como uma alternativa ou aprimoramento às estratégias de implantação. As etapas oferecidas são os fatores para o engajamento. O que estou propondo é que nos tornemos engajados. Se conseguir encontrar uma proposta melhor, aceite-a.

Existem dois aspectos da implementação para os consultores. Um deles é o trabalho técnico associado à experiência que levou anos para desenvolver. Se você for analista financeiro, comece a introduzir um sistema de controles. Se for especialista em TI, redesenhe o *software*. Se for um gerente de treinamento, inicie o programa de treinamento.

O segundo aspecto da implementação é como ganhar o apoio para a mudança técnica ou administrativa que você está planejando. Essa não é uma tarefa fácil. A implementação não começa realmente antes de as pessoas que fazem o trabalho decidirem se de fato farão mudanças ou simplesmente se cumprirão tarefas. Mudanças reais exigem o compromisso real, e parte de seu papel é ajudar a por fogo na palha. Para que seja levada a sério a construção do compromisso interno entre aqueles que precisam viver no sistema, onde você é simplesmente um convidado, é necessário eliminar algumas crenças convencionais que, na verdade, atrapalham.

DECIDINDO PELA NÃO REALIZAÇÃO

Um número muito grande de projetos resulta em mudança aparente: o pensamento e a retórica sobre a mudança são perfeitos, mas a experiência das pessoas não corresponde à promessa. Muito do cinismo sobre os consultores vem de nossa conivência com estratégias que começam com muito alarde e acabam em um mundo onde as promessas de mudança não fizeram diferença nenhuma para a vida profissional das pessoas no dia a dia. Muito de nossa conivência com mudanças aparentes acontece por acreditarmos que uma nova conduta pode ser definida, modelada, induzida, impulsionada, comprada e medida, tornando-se realidade. Muitas das maneiras como os consultores tentam mudar as instituições realmente servem de defesa contra a mudança.

Um dos obstáculos à mudança (aqui uso *mudança* e *implementação* para significar essencialmente a mesma coisa) tem origem em nossa crença na capacidade de decisão dos executivos. Em nossa adoração aos líderes e na crença teimosa no individualismo, achamos que, quando o chefe tem algo claro em mente, a ação se seguirá. Raramente isso acontece. Nenhuma pessoa isolada dirige um negócio, ninguém faz ou entrega um produto sozinho, um general só não vence uma guerra.

É interessante que os gerentes entendem suas limitações melhor que os consultores. Os gerentes sabem que o fato de estarem convencidos não significa que as decisões serão implementadas. Todo dia eles enfrentam o fato de que muitas de suas melhores intenções têm pouco impacto na maneira como o trabalho é realizado. São os consultores que têm dificuldade para aceitar isso. Sempre que um grupo de consultores se junta, em algum momento virão as reclamações de que falta coragem, vontade ou persistência aos gerentes, para acompanharem suas decisões e assegurarem que as recomendações apresentadas como resultado da consultoria sejam implementadas.

Nós nos apegamos à crença mágica de que a liderança e a capacidade de decidir são fundamentais e do que precisamos é mais de ambas. A mudança nos sistemas humanos, mesmo em uma monarquia, tem muito mais a ver com o consentimento do governado do que com a vontade e a capacidade daqueles que governam.

OS LIMITES DA IMPLANTAÇÃO

O esquema para uma implementação tradicional, do tipo de implantação, consiste em:

- Articular uma visão.

- Estabelecer padrões para o que é esperado.
- Definir medidas para a mudança.

Mantidos em perspectiva, todos esses são aspectos legítimos da vida diária em qualquer local de trabalho. O que interfere na implementação é que usamos essas ferramentas inadequadamente. Quando isso acontece, elas se tornam formas sutis de coerção em vez de maneiras neutras de gerenciar e definir o futuro. Pensamos ter de vender e induzir o apoio para um novo modo de operar. Quando consultores e gerentes aplicam uma visão criada por eles, padrões e medidas como ferramentas primárias para manter o controle e tornar o mundo previsível, eles interferem no esforço de implementação. O que poderia ser uma oportunidade, para as pessoas optarem por assumir a responsabilidade por suas respostas a essas perguntas, se perde. Em vez de confrontar pessoas com sua liberdade, nós as convidamos a acatar. É a institucionalização obrigatória de práticas úteis que tira a vida da maioria dos processos de implementação. Seguem algumas maneiras importantes que os levam ao fracasso.

Liderança por Laminação

Interferimos na mudança real quando pensamos que o progresso cresce da visão do líder, independentemente de os líderes sermos “nós”, como consultores ou treinadores ou “eles”, como gerentes. O mito é que se pudermos tornar a mensagem suficientemente clara e contundente, se formos capazes de descrever a plataforma imediata com urgência suficiente, a mudança ocorrerá. Isso leva a uma enorme ênfase em comunicar a visão e a razão para a mudança.

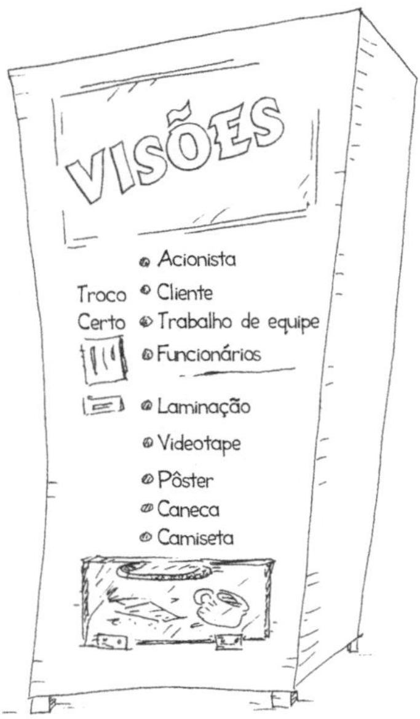

Dei uma contribuição para o problema quando escrevi um capítulo sobre visão em meu livro *The Empowered Manager*. Era sobre o poder da visão e de como a transformação começa imaginando-se um futuro diferente. Este se tornou o capítulo preferido do livro. Recebi centenas de declarações de visão em minha caixa postal e em minhas viagens. A maioria era contundente, e muitas eram impressas em cartões laminados de um tamanho que poderia ser guardado na carteira para que pudéssemos levá-los conosco. Muitas declarações de visão foram penduradas nas paredes de escritório e salas de recepção, muitas assinadas pela equipe gerencial. Todas tinham um tema em comum: a construção de uma organização duradoura exigia que a direção tivesse uma visão.

O problema aqui apresentava duas faces. A primeira, afirmamos, é que no momento da laminação, a visão da diretoria era a que contava. Todos nós queríamos saber o que a direção estava buscando. Quando identificávamos essa direção, podíamos nos alinhar e proceder para transformar isso em realidade. Isso originava uma articulação incipiente da visão. Nós consultores iniciávamos cada projeto ajudando a direção a definir e a expressar sua visão. Isso podia levar dias ou meses. Com muita frequência era realmente uma pessoa de suporte ou um consultor que redigia a visão e a levava para a aprovação da direção. Mas o produto refletia os pensamentos da direção, e eles lhe davam um selo. Isso era bom para os gerentes que criavam a visão — bom, ou seja, desde que eles a tivessem criado para si mesmos e buscado orientação para suas próprias ações através dela.

Infelizmente, as visões em geral eram destinadas para os outros. Acreditávamos que a direção deveria decidir a cultura que orientaria os funcionários dos níveis médio e básico da empresa. Esta é a mentalidade que tira a força da visão, embora os níveis médio e básico desejem ouvir o que a direção tem em mente. O fato de todos quererem saber qual é a visão da direção não a torna significativa.

Com muita frequência, quando a organização ouve a visão da diretoria, paira um leve desapontamento. A reunião geral destinada a mobilizar a todos acaba drenando a energia. Ficou claro para mim, depois que comecei a ler as 400 visões que recebi: todas elas pareciam ser iguais. Toda organização zela pelos clientes, valoriza o trabalho de equipe, existe para os acionistas ou para a comunidade, acredita na excelência em tudo o que faz. Se todos nós escrevêssemos nossas declarações de visão em um pedaço de papel, colocássemos em um chapéu e tirássemos um, pensaríamos ser a nossa, independentemente de onde ela veio. Finalmente percebi que era o ato de criar uma visão que importava, e não tanto o seu conteúdo.

A segunda consequência de se ter a visão da direção impressa em um cartão laminado era que esta podia, então, suportar as intempéries, como o vento, a chuva e a escuridão da noite. É por isso que a imprimimos em um cartão laminado: para que dure para sempre. Essa visão da direção deve ser permanente e duradoura. A visão da direção não é apenas o ponto, mas também não é imortal. Todos precisam lutar com a questão do tipo de futuro que queremos criar, e essa visão tem vida e está aberta à mudança. A visão é mais um diálogo do que uma declaração e precisa emergir como um trabalho coletivo em processo, de cada unidade. Uma vez laminada, ela perde a vida.

Em termos práticos, se um grupo precisa de uma visão mais clara para si mesmo, não o ajude a criá-la. Mas não faça vídeos de líderes pedindo transformações. Não faça reunião geral com a finalidade de esclarecer a visão da direção. Se a implementação exige que as pessoas saibam o grau de união e a direção que tomarão, não as incumba de declará-la. Reúna as pessoas para definir a situação de sua própria união e para juntar seu conhecimento do que o futuro poderá trazer. Mas estamos nos colocando à frente da história.

Precisamos de Padrões Mais Altos, e Agora nos Referimos aos Negócios

Existe uma crença generalizada de que não estabelecemos padrões suficientemente altos. Isso ganha mais destaque na educação, a qual o Estado acredita que pode aprimorar sendo mais rigoroso quanto aos padrões de desempenho de alunos e professores. Isso é feito há anos, e eles continuam a se desapontar com os resultados e continuam fazendo o mesmo.

Evidentemente, a crença de que padrões baixos são o problema não está restrita à educação. Invade todas as nossas instituições. Nasce da crença de que as pessoas não estabelecem padrões altos para si mesmas — que elas precisam de uma agência externa para motivá-las e inspirá-las. No cerne disso está uma estratégia baseada no medo, na qual aqueles que estabelecem padrões são os sujeitos e aqueles que devem segui-los são o objeto.

A ideia de que os padrões e o desempenho estão relacionados tem certa validade. Sabemos que as pessoas responderão às expectativas que os outros têm delas. Se um chefe espera que a equipe tenha um bom desempenho, é mais provável que isso aconteça. Se um chefe espera o fracasso, isso também pode acontecer. Há uma diferença, no entanto, entre as expectativas do chefe e do subordinado ou entre as do professor e do aluno, para estabelecer padrões.

Ter altas expectativas dos outros é ter fé neles. É uma expressão de otimismo e esperança nas capacidades do outro. É uma manifestação da ligação entre as pessoas que é vivenciada como apoio. O estabelecimento de padrões, da maneira como é usado mais comumente para desencadear a mudança, não nasce do apoio mas do desapontamento e da demanda.

Julgar que os outros estejam apresentando um desempenho fraco devido aos baixos padrões é desprezá-los. É acreditar que eles precisam de nossa intervenção e do estabelecimento de padrões para animá-los e motivá-los. É um ato institucional que depende de coerção. Se não elevamos nossas exigências, eles não se esforçarão. Existe pouca atenção ou ligação com a estratégia, e, portanto, isso gera tanta resistência quanto aquela que teria de ser superada.

O mito é que estabelecer padrões aumentará a responsabilidade. O que isso cria com muita frequência é a obediência. As pessoas podem ser forçadas a encontrar uma maneira de alcançar esses padrões, mas a instituição sofre de outras maneiras, menos mensuráveis. Em vez de uma cultura mais responsável, encontramos mais burocracia, mais pessoas trabalhando de acordo com as regras, mais cautela e menos flexibilidade.

Os chefes, evidentemente, têm um papel legítimo na definição de um campo de atuação e dos resultados que a organização exige de cada unidade. Mas definir resultados é diferente de estabelecer padrões como uma tática para iniciar mudança ou implementar algumas recomendações. O que corrompe o processo é a crença de que um grupo sabe o que é melhor para outro. E é por isso que essas estratégias de engenharia e implantação não bastam. O foco nos padrões também é muito sedutor para o consultor. Depois de passarmos pela contratação e descoberta com um gerente cliente, queremos estar ao lado dele e nos alinhamos com muita facilidade aos modos tradicionais daquela pessoa de fazer as coisas acontecerem.

As Pessoas Precisam Melhorar

Precisamos evitar planejar algo em conjunto com o cliente que deva mudar a conduta dos outros fora de nosso círculo. Não estamos aqui para melhorar as pessoas. Nossa tarefa é nos concentrar nos talentos e capacidades das pessoas e no que elas podem fazer sobre suas próprias ações. Se os gerentes acreditam em padrões mais altos, deixe que eles mesmos os estabeleçam e vivam de acordo com eles durante um tempo.

Isso mantém a legitimidade no esforço de consultoria e em nossa relação com o gerente cliente. Quando planejamos com os chefes as mudanças em seus subordinados, cooptamos com a crença de que os funcionários precisam mudar e os gerentes estão bem. Então perdemos a oportunidade de fazer uma mudança mais fundamental das crenças sobre como a mudança acontece e a responsabilidade é criada. A mudança e a responsabilidade ocorrem quando as vivenciamos, e não quando as pregamos. O instinto comum para começar a implementação com padrões mais claros e mais amplos é, com muita frequência, uma armadilha.

Se Não Podemos Medir, Então É Algo Sem Importância

Outra maneira de interferir na implementação é por meio de nossa atitude sobre mensuração. Nós a sacralizamos. A questão aqui é parecida às perguntas anteriores. Não há nada contra a necessidade de medida; a questão é o papel que esta deveria ocupar e quem deveria provê-la. Quando impomos medidas em todo o sistema, temos de nos certificar de que precisamos realmente delas e de que poderemos fazer uso das medidas coletadas.

A avaliação quantitativa do trabalho tem um valor indubitável. O exemplo mais simples da necessidade legítima de medidas comuns são as práticas contábeis. Dados econômicos sobre cada unidade da organização precisam ser reunidos para atendermos aos requisitos de órgãos fiscalizadores, e para sabermos de nossa viabilidade econômica. Existe a necessidade de medidas comuns da qualidade do produto e do atendimento ao cliente, e de muitas outras medidas para avaliar o sucesso da instituição. Passamos para um terreno menos mensurável, no entanto, quando convidamos o economista a desenvolver medidas comuns para avaliar o modo como trabalhamos juntos, quais os processos que criarão qualidade e, em geral, qualquer coisa no âmbito de como os sistemas humanos operam. Toda medida da dimensão humana ou qualitativa do trabalho revela mais aspectos não testados do que avaliados.

A crença de que se não pudermos medir algo, isso não existe, trata o sistema humano como se fosse mecânico. A crença de que as pessoas só farão o que é avaliado objetivamente é uma visão cínica da condição humana, e embora possa ser verdade para certas situações de vendas ou certas dinâmicas em sala de aula, levamos o valor da mensuração para lugares onde esta não pertence. Quando atribuímos as medidas quantitativas para avaliar a capacidade de criar comportamentos desejados, recorremos a uma relação simples de causa e efeito e nos atemos à crença de que a implementação e a mudança podem ser planejadas racionalmente. Com um sistema humano, isto é mais imaginário do que fato.

Cada um de nós quer *feedback* sobre como estamos fazendo. Mas o *feedback* não cria ação. Medidas impostas sobre o aspecto qualitativo do trabalho na realidade podem atrapalhar a ação.

Diluímos particularmente o valor da mensuração quando separamos as pessoas que avaliamos das pessoas que fazem o trabalho. O controle de qualidade costumava ser separado daqueles que faziam o trabalho. Era uma função que consistia em julgar e criava alienação entre o fazer e a avaliação de qualidade. Isso tem mudado nos últimos dez anos, para a melhoria tanto da qualidade do produto quanto da qualidade das relações que circundam o local de trabalho.

Podemos aprender com o movimento de qualidade que embora haja ferramentas úteis de avaliação, elas precisam estar sob o controle daqueles que fazem o trabalho e precisam ser mantidas em perspectiva simplesmente como uma parte da realização da mudança. Muito do que importa não pode ser medido, e nossas necessidades de consultoria precisam refletir isso.

APOSTANDO NO ENGAJAMENTO

Nada disso é um argumento contra a visão, os padrões ou medidas. Eles são elementos importantes para organizar os esforços das pessoas. Apenas aponta que temos abusado deles quando os tornamos elementos de controle coercitivo. E então só aumentamos o erro. Quando eles não resultam em mudança genuína, tentamos fazê-los funcionar em vez de apostar em outras estratégias. Tentar mais, pressionar e persuadir tem impacto limitado para mudar um sistema social. E quando essas ações ajudam, logo desenvolvem seu próprio sistema comunitário.

Um sistema social é vivo e não está sujeito a crenças lineares ou mecânicas sobre as organizações. Sempre que a direção ou os consultores apostam em definições, induções, medidas e padrões, reforça não intencionalmente a mentalidade burocrática que estamos tentando reduzir. São as ferramentas de engenheiros e economistas. Estratégias de engenharia e de economia não constroem o compromisso e a responsabilidade, apesar de seu valor aparentemente atrativo.

O que temos subestimado é o poder do engajamento e do diálogo. Os movimentos para a organização aprendiz, a qualidade total e o trabalho de equipe vão na direção do engajamento, mas com algumas poucas exceções, eles raramente recebem a importância que merecem. Os dois próximos capítulos exploram o engajamento no processo de implementação e oferecem exemplos concretos para envolver as pessoas de um modo que aumente a probabilidade de mudança real, duradoura.

CAPÍTULO 17

ASPECTOS DO ENGAJAMENTO

UMA CONSULTORIA EXCELENTE pode aumentar a consciência dos clientes sobre o valor do engajamento no processo de implementação. O engajamento tem força independentemente do conteúdo das recomendações. O conteúdo mais técnico ou importantes decisões de negócio não são postos em prática sem uma interação diferente dentro do sistema do cliente. Sem uma mudança na qualidade da interação, nenhum padrão, medida e recompensa terá impacto. Os consultores podem ajudar os líderes a engajar os outros nas decisões de implementação, seguindo os mesmos princípios para construir o compromisso que exploramos no processo de contratação e descoberta. Revisando brevemente:

A fase de contratação se baseia:

- Em um entendimento profundo do problema.
- Na expressão clara das expectativas.
- Em uma exploração das preocupações sobre controle e vulnerabilidade.
- Em dar apoio.

A fase da descoberta enfatizou:

- Tratar cada interação como uma ocasião para aprendizagem.
- Perguntar persistentemente o que estava sendo feito para causar o problema.
- Buscar uma linguagem esclarecedora, sem julgamentos.

Manter o mesmo ânimo quando você está lidando com o cliente durante a implementação e a ação exige:

- Planejar cada reunião para fortalecer o engajamento.
- Manter o equilíbrio entre a apresentação e a participação.
- Apoiar a exposição total e a manifestação pública da dúvida.
- Colocar as verdadeiras opções na mesa.
- Iniciar novas conversas.
- Escolher uma sala com estrutura física para acolher a comunidade organizacional.

A REUNIÃO É A MENSAGEM

A implementação de qualquer mudança depende da responsabilidade que funcionários de vários níveis na empresa assumirão pelo sucesso da mudança e da instituição. É isto. Ponto.

Podemos divulgar nossa intenção de dar aos funcionários menos qualificados mais liberdade de escolha e envolvimento, mas se a reunião realizada para divulgar essa intenção não for, ela mesma, um exemplo do conteúdo da divulgação, a promessa terá pouca legitimidade. A natureza, o tom e a estrutura assumidos na reunião servem de amostragem usada pelas pessoas para determinar a credibilidade da estratégia.

Isso significa que cada evento de consultoria precisa ser uma amostra do modo como desejamos que uma mudança maior aconteça. Cada momento se torna um exemplo do que almejamos no final. Se você está fazendo uma reunião para discutir um novo conjunto de medidas para um *call center*, por exemplo, essa reunião precisa incorporar princípios importantes, tais como colocar na mesa as verdadeiras opções e lidar publicamente com questões difíceis.

OITO MANEIRAS DE ENGAJAR

Os aspectos do engajamento parecem ser suficientemente simples, porém é mais fácil citá-los e falar sobre eles do que praticá-los. Seguem oito maneiras práticas de engajar as pessoas, independentemente do local ou das expectativas que elas têm ao entrar na sala de reunião. Juntos esses métodos representam os elementos-chave para o engajamento e levam à implementação infalível, pois confrontam o trabalho emocional e de construção de relacionamentos que essa fase requer.

Abrir com Transparência Quanto à Finalidade e com um Campo de Ação Equilibrado

Para abrir uma conversa ou reunião, descreva as preocupações que deram início ao processo, defina onde está o esforço de mudança neste momento, descreva o que a organização espera de todos agora e dê uma ideia da estrutura dessa etapa.

Muito de nós estamos familiarizados com a necessidade desse tipo de informação. A chave é contar a história toda. Isso inclui fraquezas e fracassos. Não poupe as pessoas de más notícias para evitar que elas se sintam ansiosas. A ansiedade é um estado natural e devemos lidar com ela claramente. A única cautela que se deve ter é que esta deve ser passageira e informal, mais tratada com a emoção do que com a razão.

Desnecessárias são as bênçãos motivacionais exaltadas ou discursos moralizadores de gerentes ou de apoiadores importantes que não participarão da sessão inteira. A presença de um executivo que, no início, expressa compromisso com o processo e sai logo em seguida é um paradoxo. Dizer "Estou interessado, comprometido e já vou indo" não funciona. É uma conduta que denota superioridade e arrogância, subjugando os procedimentos e aqueles que ficam.

Renegociar as Expectativas sobre a Participação

Fico surpreso ao ver quantas novas estratégias ou programas começam sua implementação com uma apresentação ou fala do con-

sultor ou da direção sobre metas, estratégia, métodos e medidas. Já vi um gerente ou consultor ficar na frente da sala por longos períodos — às vezes horas — declarando a visão, definindo termos, mostrando todo o quadro do que virá. A estrutura de uma reunião "telegrafa" nossa intenção para o futuro e, no entanto, continuamos a seguir nossos hábitos de trabalho em vez de mudar a tecnologia para atender melhor a nossos objetivos. Baseamos nossas reuniões no pensamento de que, quando alguém está confuso ou ansioso com o que dizemos, nossa reação deve ser repetir a mensagem, em tom mais alto, como se aumentar o volume resolvesse a confusão.

Como participantes, vamos a reuniões esperando que alguma coisa aconteça conosco. Somos programados para o entretenimento e ficamos imaginando se a reunião será bem conduzida. As formas que usamos para avaliar uma reunião questionam sobre aqueles que a encaminham. Eles estavam preparados? Os objetivos deles estavam claros e foram atingidos? Qual a qualidade dos recursos visuais? Quantos formulários de avaliação você preencheu que lhe perguntavam sobre sua contribuição para a reunião? Os líderes de reuniões sempre dizem: "O que conseguimos de uma reunião depende de todos nós", mas eles em geral não querem dizer isso — e não acreditamos nisso — e poucos realmente agem em conformidade com o que falam.

Certa vez, eu estava em um bar e os artistas começaram a dizer: "Somos os Cavaleiros do Condado do Sul... e vocês são o público". Pensei que eles entendessem algo profundo sobre a relação entre eles, na frente, e nós, acomodados em cadeiras baratas. Ao se dirigirem a nós, eles declararam que, como público, nós também tínhamos uma tarefa a cumprir: tínhamos de nos juntar para dar vida à a dramatização.

Você pode estar pensando que a importância do simples equilíbrio entre a apresentação e a participação está sendo exagerada. Pode confiar: ela tem mais sentido do que percebemos. Por mais objetivo que o conceito seja, a maior parte das vezes quando nos reunimos, empregamos muita energia na apresentação e consideramos a participação como uma consequência.

O contrato passivo entre as necessidades do líder e dos participantes precisa ser renegociado no início e de maneira clara. Tendo feito isso muitas vezes, posso assegurar que alguma coisa sempre muda. Há mais vida na sala de reunião. As pessoas fazem mais perguntas. Algumas pessoas se irritam. Algumas preferem continuar falando com seu vizinho do que responder ao palestrante. Tudo isso são sinais de vida.

Fazer Mudanças na Sala de Reunião

O formato da sala de reuniões e a maneira como dispomos as cadeiras transmite nossas intenções. Se dispomos os participantes em círculo, usamos uma mesa redonda, quando é realmente necessário ter uma mesa, e não temos um pódio, deixamos claro desde o início que a participação entre os colegas é importante. Você pode perguntar por que fazer tanto alarde com uma atividade sem importância como arrumar a sala. A razão é que essas atividades específicas transmitem a mensagem sobre a mudança na visão e na cultura que temos em mente. Estamos falando sobre elas aqui como maneiras de engajamento, mas elas poderiam ser chamadas facilmente de modos de transformação ou de mudança cultural. Se podemos fazer mudanças na sala e na maneira como a ocupamos, também podemos mudar a instituição e a maneira de trabalhar nela.

O importante aqui é que não existe uma estrutura certa. Não há uma maneira correta de arrumar a sala. Com ou sem mesas. Em círculo ou fazendo um quadrado, ou em fileiras, como numa capela.

Centralização ou descentralização, organização funcional ou matricial, ou ainda, geográfica. O líder está na frente, atrás de um púlpito, em um palco, ou sentado no círculo? Tudo isso pode funcionar.

O que importa é que todos estejam engajados em adaptar a estrutura à tarefa em questão. Quando sabemos que cada um de nós é capaz de fazer mudanças para se adaptar a nosso objetivo e, ao mesmo tempo, atender ao propósito maior da organização, o mundo mudará. Não precisamos mais viver segundo as regras do economista ou do engenheiro. Nós nos tornamos os arquitetos, designers e autores da instituição em que vivemos. Optamos por assumir responsabilidade pela instituição e não ter mais de ficar atados a ela.

Criar uma Plataforma para a Abertura e para as Dúvidas

A liberdade de expressão e o direito que as pessoas têm de se reunir são garantias constitucionais. O que vale para as ruas, no entanto, não é tão válido para os escritórios e salas de reunião de nossas instituições. Parte de nossa tarefa como consultores é levar o direito de reunião e a liberdade de expressão para as organizações. Em termos práticos, isso significa criar reuniões onde haja a oportunidade para todas as vozes e pontos de vista serem ouvidos. A realidade verbalizada pelo público se torna tão importante quanto a realidade falada do púlpito — talvez mais importante. E aqueles que estão no púlpito dizem a verdade sobre o fracasso e a incerteza.

Criar essa plataforma permite que se volte a acreditar, o que é essencial para qualquer esforço de mudança ou aprimoramento. Enquanto não pudermos falar em público aquilo que acreditamos ser verdadeiro — nossas dúvidas, reservas e as decepções que tivemos —, seremos incapazes de investir em um futuro diferente. Se não conseguimos dizer não, nosso sim não tem sentido.

As pessoas expressam suas dúvidas e dizem a verdade dentro das organizações; porém fazem isso em locais privados: nos banheiros, nos bebedouros, durante uma refeição ou um *happy hour*. Se uma conversa franca acontece em particular, as conversas em público não terão a mesma franqueza e acabarão sendo desencorajadoras. O mesmo acontece quando é reunido um grupo grande. Se todas as discussões verdadeiras acontecerem somente em pequenos grupos, pouco se acreditará na validade de conversas feitas na comunidade maior.

A redistribuição de poder e responsabilidades acontece quando conversas honestas, diretas, acontecem em ambientes públicos. Quando vários pontos de vista são ouvidos por todos na sala, principalmente em grupos maiores, isso gera poder político. Se acreditamos que a redistribuição de poder seja fundamental para uma mudança de quem vai assumir responsabilidades, a transformação começará quando as conversas públicas forem alteradas. Propiciar o espaço físico e um clima psicológico para essa mudança acontecer é o primeiro passo na transformação de uma cultura e na implementação de uma mudança. É tarefa do consultor contribuir para que isso aconteça.

A principal conversa que precisa acontecer em público é sobre as dúvidas e reservas das pessoas. Se a dúvida e até mesmo o cinismo não podem ser expressos publicamente, então o compromisso interno não pode ser oferecido livremente. Algumas dúvidas dão orientação para o aprimoramento; outras não. O engenheiro dentro de nós quer responder a todas as dúvidas. Quando se está construindo uma ponte ou um avião, é preciso garantir que todas as dúvidas e perguntas foram respondidas. Os sistemas humanos não são tão organizados, e muitas dúvidas ficam sem resposta. Para se criar um forte engajamento, é a expressão da dúvida que conta, e não o seu esclarecimento. Não podemos construir um plano que elimine todas as dúvidas, mas sempre podemos reconhecê-las. Podemos reconhecer o cinismo e dar espaço para ele sem ficar paralisados por ele. O fato de as pessoas mais alienadas na organização poderem se manifestar contribui mais para o compromisso daqueles que estão presenciando a conversa do que qualquer apresentação contundente ou programa de incentivo financeiro possa dar.

A abertura e a reciprocidade precisam ocorrer toda vez que nos reunimos. Elas não podem ser relegadas a sessões que rotulamos de "formação de equipe" ou a uma "intervenção do grupo grande". Mesmo quando estamos implementando uma mudança altamente técnica ou orientada para os negócios, é preciso haver uma plataforma relativamente pública para as pessoas expressarem suas preocupações e pontos de vista. Cada mudança técnica e administrativa desestabiliza o sistema humano no qual está inserida. As relações mudam, a influência se altera e os limites são ameaçados; o diálogo, mantido amplamente, é o único modo de se encontrar nova estabilidade. Garantias dadas pela direção não ajudam. Ninguém acredita nelas porque é dever da diretoria dar segurança a todos.

Desperdiçamos reuniões destinadas a dar garantias, acalmar os trabalhadores e contar uma história em vez de promover uma conversa. São oportunidades perdidas. A dúvida que fica na mente das pessoas é se elas estão ouvindo a história exata. Se o palestrante não falar da dúvida e da incerteza, e falar sobre o fracasso, caso este tenha ocorrido, a história exata não foi contada.

As pessoas também não saberão se estão ouvindo uma história objetiva até se juntarem à discussão. Com muita frequência, no esforço de vender uma estratégia, os problemas são atenuados e posicionados para se promover a confiança e ganhar apoio. As pessoas depositam confiança na direção da empresa não tanto quando esta está certa, mas quando está disposta a contar a verdade.

Dizer a verdade em público é raridade na maioria das instituições. O sucesso de uma estratégia de implementação dependerá da qualidade da conversa que a inicia. E quanto mais público for o ambiente, mais forte será o impacto. A mudança começa na interseção da liberdade de expressão e do direito a se reunir. Não só é bom para a democracia, mas começa a transformar a retórica em realidade.

Pergunte: "Queremos Criar Juntos?"

Não existe pergunta mais profunda do que essa, e nenhuma mais difícil de responder de forma significativa. É a pergunta sobre em quem recai a responsabilidade. Ela é constituída de duas partes: a indagação sobre "criação" e "em conjunto".

1. *Criar?* "Queremos criar?" é a parte perigosa da pergunta. Se eu disser sim, não estou mais reagindo ao que me foi dado. Agora estou começando a definir um futuro pelo qual serei responsável. Quando decidirmos que queremos criar, estaremos nos ligando emocionalmente à organização para definir seu futuro e dessa maneira ir contra nossa cultura patriarcal e nossos próprios hábitos. Pode ser por isso que, quando pedimos às pessoas para definirem sua visão, a primeira tentativa é bem desinteressante. Quando a pergunta é: "O que queremos criar?", a demanda é por uma resposta que seja exclusiva desse grupo. Este é o trabalho: pedir a cada grupo para construir um futuro singular que seja adequado para a função deles. Essa é outra maneira de confrontarmos pessoas com sua liberdade – perguntar o que elas

querem criar força a questão, mesmo que a resposta inicial possa ser insípida.

2. *Em conjunto?* A segunda parte da pergunta "Queremos criar algo juntos?" também é difícil de responder. Podemos estar acostumados a criar sozinhos ou em nossa unidade, mas, quando a pergunta é: "O que podemos criar juntos que não somos capazes de fazer sozinhos?", espera-se outro nível de colaboração. A maior parte das vezes em que perguntei a grupos o que eles podem criar juntos, eles respondem com uma lista de ações colaborativas que cada grupo é capaz de fazer sozinho.

Para criar em conjunto temos de cruzar fronteiras e possivelmente abrir mão de territórios. A maior parte das iniciativas de mudança e das etapas de implementação requer isso, e é difícil fazer com profundidade. Essa pergunta abre-nos a possibilidade e nos confronta com a relutância de atender à instituição maior em primeiro lugar e à nossa própria unidade em segundo.

Mudar a Conversa

Uma mudança na ação é precedida por uma mudança na conversação.[1] Velhas conversas levam a velhas ações. O desafio é ter uma conversa relacionada à tarefa que as pessoas não tiveram antes. Apegar-se à velha conversa, a antiga maneira de apontar problemas ou descrever possibilidades, é uma forma de buscar segurança e manter o controle.

Velhas conversas são uma forma de nos atermos a uma posição que sabemos ser capazes de defender. Queremos que as pessoas assumam posições que não consigam defender. Então saberemos que estamos em um território novo. Além disso, o otimismo nasce no momento em que ficamos surpresos com o que dizemos e ouvimos.

O verdadeiro custo de nossas conversas habituais é o cinismo que elas geram. Não significa que os questionamentos levantados não foram respondidos.

---

1 Joel Henning foi um amigo e me ensinou a entender e articular que mudamos a cultura ao mudarmos a conversa.

Em vez disso, é a falta de vivacidade da discussão que consome energia. As velhas conversas se tornam um refúgio, uma maneira de encontrarmos segurança.

Se mudar a conversa não resultar em nada, pelo menos dará esperança de que cada vez que estivermos juntos, teremos a capacidade de transformar nossa experiência. É assim que a cultura muda no momento, e se fazemos isso com frequência suficiente, aprendemos mais, arriscamos mais e nos movemos com mais rapidez. A mudança e as reações que a acompanham, a surpresa e a inquietação, estão sempre ao seu alcance. Só estão esperando para acontecer.

Optar por Compromisso e Responsabilidade

Nossas capacidades aumentam quando optamos pelo compromisso e pela responsabilidade. Na sociedade atual, perdemos a crença em nossa disposição para assumir responsabilidades. Achamos que conseguimos impor a responsabilidade por meio de normas ou pelo "gerenciamento da responsabilidade", ou ainda, comprar a responsabilidade com esquemas de incentivo. Essas estratégias resultantes do descrédito criam seu próprio peso morto, por isso tentamos sempre renová-las. Elas criam um ciclo no qual, quanto mais controle e imposição de normas houver, mais resistência e escapatórias são criadas, evocando uma nova onda de controle e normas. Isso acontece no local de trabalho e na sociedade em geral.

A alternativa é acreditar na existência de condições que levam as pessoas a desejar assumir responsabilidades como estabelecer metas altas, zelar pelo maior bem-estar da organização e saber se estão dando uma boa contribuição. Uma dessas condições é uma crise. Em uma crise as regras são suspensas, o *status* e o interesse próprio são deixados de lado e a tarefa e o objetivo superam o hábito. O desafio é encontrar a mesma disposição sem uma crise.

Existem duas condições de responsabilidade que apoiam estratégias de implementação que exigem um forte compromisso. A primeira é que precisamos ser responsáveis por nossos colegas em primeiro lugar e depois por nosso chefe. A segunda é que precisamos assumir um compromisso sem negociação ou "trocas".

Responsabilidade Perante os Pares

Existe um poder entre pares que os chefes não conseguem controlar. Por um lado, ao longo de toda a vida exercemos a prática de controlar nossos chefes. Isso começa com nossos pais. Quando crianças, podíamos achar que quem mandava eram nossos pais, mas quando nos tornamos pais, sabemos que isso não era verdade. Os pais podem dar ordens e anunciar consequências, mas no final as crianças é que decidem quando vão limpar o quarto ou colocar os pratos na pia da cozinha. Trabalhamos duro para controlar e às vezes manipular aqueles que têm poder sobre nós. Ao longo dos anos nos tornamos craques nisso. Aprendemos a lidar com nossos pais, professores e finalmente com os chefes, para conseguirmos fazer o que queremos e não ter de pagar por isso. Quando nossos chefes se aborrecem conosco, aprendemos a dizer: "Obrigado pelo *feedback*", como uma maneira de nos defender contra o desapontamento deles e não ter de mudar realmente.

No entanto, é menos provável que nossos pares tolerem esse tipo de manobra. Eles nos veem mais claramente, e estão mais em contato, por isso é mais difícil manipulá-los. É por essa razão que ser responsável perante os pares é uma proposta que exige mais de nós. Também, temos uma relação de interdependência com nossos colegas de

trabalho, e não com nossos chefes. É o trabalho deles que é facilitado quando trabalhamos bem e é dificultado quando trabalhamos mal. Eles precisam contornar a situação e compensar nossos erros operacionais. Os pares são funcionalmente responsáveis por nossa avaliação de desempenho, não importa quem a conduza.

Já reconhecemos essa interdependência em nossa atenção às equipes, à construção de equipe e a esquemas de pagamento de equipes. A próxima etapa é iniciar mais conversas formais entre pares sobre compromissos e consequências. Precisamos aderir ao princípio de que assumir responsabilidades deve ser um ato voluntário, e isso tem mais força junto aos colegas de trabalho.

Assumir responsabilidades perante os pares também significa que cabe a eles falar pelo bem-estar da organização. Não é apenas função dos chefes. Os pares precisam nos dizer se o compromisso que assumimos é suficiente para cumprir as promessas da unidade e do sistema todo. Esse requisito de pensar nos interesses do sistema todo tem impacto nos pares, que estão ouvindo os compromisso e na pessoa que os está assumindo.

Compromisso Sem Nada em Troca

Um segundo aspecto da implementação por consentimento é explorar o que significa realmente um compromisso e uma promessa. Fazemos parte de uma cultura que negocia. Gostamos de trocar bens e temos o conceito de *quid pro quo*, ou seja, *"dar, e receber algo em troca"* profundamente incutido em nossas relações pessoais. As ideias sobre contratação descritas anteriormente são um bom exemplo. Existe uma distinção importante, no entanto, entre respeitar nossos acordos contratuais e assumir um compromisso pessoal ou emocional.

Um compromisso pessoal significa que concordamos em fazer algo que não seja condicional à resposta de outras pessoas. É por isso que a palavra *promessa* é tão adequada. Se tornamos nossos compromissos condicionais à resposta dos outros, não estamos realmente comprometidos; são contratos ou outras formas de escambo. Eles se tornam acordos condicionais que podem ser revogados se houver descumprimento da outra parte. Durante todo o processo de consultoria, buscamos o compromisso interno exigido para ir além da retórica e da mudança superficial que nos cerca. Um compromisso é uma promessa ou um comprometimento de fazer algo. Mesmo em sua definição no dicionário, não há menção de nada que a pessoa que assuma um compromisso receba em troca; é apenas uma escolha a ser feita.

Se assumimos um compromisso imbuídos desse espírito, discussões sobre como a direção precisa mudar, como outros departamentos e pessoas impõem obstáculos, como os sistemas e práticas não apoiam a mudança – tudo isso desaparece. No momento que o compromisso é assumido, cabe a nós criar a instituição e nesse ato de compromisso, podemos encontrar nossa liberdade. Agora prosseguimos por conta própria e com os outros a quem nos juntamos por livre vontade. Algo mudou para nós e para a instituição.

Ainda haverá obstáculos e decepções, mas eles não vão gerar cinismo, pois não fizemos uma escolha com base nas ações dos outros. Se a nossa fé se firma ou se perde, não será nos outros, mas em nós mesmos.

Foco nos Talentos

Existe a necessidade de encerrar cada reunião reconhecendo o esforço e a atenção de todos naquele encontro. Uma boa maneira de fazer isso é ressaltar os talentos e o valor que cada participante trouxe para os procedimentos. Vivemos em um mundo que está muito mais interessado em nossas fraquezas e deficiências do que em nossas forças e talentos. Isso é tão comum que até acreditamos ser útil. Nem tanto.

Muitos de nós nos voltamos para nossas deficiências na maior parte de nossas vidas e examinamos o progresso que fizemos.

Se o *feedback* negativo fosse tão útil, todos nós recorreríamos a ele, mas não é o caso. O impacto básico de focalizar as fraquezas é que elas geram dúvidas em nós e facilitam o controle. É por isso que as fraquezas são tão atraentes e populares. Tememos que se todos entendessem realmente sua força e valor, o sistema poderia não se sustentar. Todos poderiam explorar seu livre-arbítrio, se tornariam caros demais e botariam o pé na estrada — ou ficariam e se tornariam insuportáveis. Se ficassem, o que eles exigiriam? E como funcionários, estamos tão acostumados a examinar nossos pontos fracos que isso nem nos incomoda.

Como adultos, aprendemos tudo o que pudemos ao focalizar nossos pontos fracos. Não enxergamos nossos talentos e ficamos constrangidos com eles, com nossa capacidade de perdoar a nós mesmos e de afirmar o nosso valor. Apesar de nossa timidez e do desconforto que sentimos ao falar sobre talentos, a implementação de sucesso ocorre mais rapidamente quando nossos pontos fortes são capitalizados. É conversando sobre nossos talentos que isso acontece tanto com uma organização quanto com um indivíduo.

O PONTO

Estes aspectos e técnicas são tanto uma metodologia quanto uma metáfora para uma possibilidade mais universal. Cada um simboliza a intenção maior e nesse sentido tem um significado mais amplo do que seu efeito momentâneo. A implementação não envolve uma trajetória clara, universal colocada diante de nós. Ela é mais complexa do que as fases de contratação e descoberta, pois é particular a cada situação. É mais emergente do que afeita a um modelo. As estruturas aqui são mais um menu de opções ou um ponto de partida do que uma série de etapas a seguir, e cada uma é um exemplo de como tratar o engajamento como a questão central na implementação. Todos nós desejamos uma trajetória mais simples, como se a decisão fosse seguida imediatamente pela ação, de modo que pudéssemos ver a ação corretiva tomada e depois avaliada. Essa concepção racional da solução de problemas que incorpora ideias em um sistema vivo apresenta um mundo que não existe.

As pessoas se comprometem com uma decisão baseadas em emoções, sentimentos, intuição, confiança e esperança. Estes se tornam o campo de jogo para a mudança. Mesmo as mudanças mais concretas — como reestruturar, usar um novo sistema de informação, cortar custos — acontecem quando os indivíduos decidem apoiar as recomendações e decisões e fazem os ajustes exigidos em cada etapa ao longo do caminho. A decisão de apoiar a mudança não se baseia apenas na lógica e na razão; precisamos ajudar nossos clientes a lidar com atitudes e sentimentos também. Este é o ponto fundamental da consultoria, conforme descrito neste livro.[2]

As pessoas também decidem se comprometer com uma decisão com base na profundidade e na qualidade de suas relações com aqueles à sua volta. Por essa razão, a estratégia central para construir o compromisso sincero com a implementação consiste em planejar novas formas de engajamento. Isso pode ser mais fundamental do que a clareza ou o acerto da decisão. Os resultados são atingidos quando os membros de um sistema optam coletivamente por se mover em certa direção. Esse ato de escolha é fundamental.

A conduta de liderança não é tão vital quanto a de fazer parte de um grupo. É difícil para uma sociedade patriarcal como a nossa aceitar essa realidade. Nós nos apegamos resistentemente à crença de que os líderes podem induzir os outros a agir. Os líderes não podem induzir seus seguidores a agir mais do que os consultores são capazes de induzir a ação da parte de seus clientes.

---

2 Reconheço o quanto aprendi sobre engajamento com colegas que fizeram parte da School for Managing and Leading Change. Em particular, Dick Axelrod e a falecida Kathie Dannemiller entendiam o engajamento muito antes de eu levar o assunto a sério. Eles participaram da invenção do universo da metodologia relacionada a grupos grandes. Dick criou o The Conference Model com Emily Axelrod, e Kathie foi mentora para todos no âmbito de mudanças estratégicas interativas, em tempo real. Eles ofereceram ideias inovadoras generosamente, e devo muito a eles.

Nenhuma mudança, não importa o quanto seja acertada ou necessária, ajudará se não houver a noção profunda e disseminada de que cada indivíduo que exerça sua liberdade de escolha e trabalhe em conjunto deve fazer esse trabalho. Esta é a verdadeira responsabilidade — a disposição de cuidar pessoalmente pelo bem-estar da instituição primeiro e de minha unidade e de mim mesmo em segundo. Esta é a opção pessoal, e é muito provável que aconteça quando as pessoas se sentem ligadas umas às outras e influenciam no processo.

Em todo o livro falei sobre como levar a responsabilidade para a interação entre nós e nosso cliente. As habilidades de expressar nossos desejos, lidar com a resistência, e comandar a reunião de contratação são formas de construir a responsabilidade. Promover a intensa interação entre nossos clientes é como trazer a responsabilidade para a fase de implementação.

Se a meta é construir o compromisso interno, o meio é criar a ligação, dizer tudo, travar novas conversas e finalmente oferecer às pessoas a opção de fazer negócios. A opção que damos às pessoas é fundamental e fala contra nosso desejo de predefinir o futuro. A implementação efetiva com muita frequência envolve a redistribuição de poder. E isto é muito mais sutil do que refazer a matriz, descrevendo quais pessoas decidem quem dará conselhos, quem dará contribuições, em que momento do processo de trabalho. Um quadro das regras para a tomada de decisão não muda o poder; ele o restringe.

A redistribuição de poder precisa estar presente em nosso modo de viver, e não apenas em como tomamos decisões. É disso que essas estruturas tratam.

Lista de Verificação #9: Preparando para a Implementação

Veja aqui alguns lembretes sobre como trabalhar os elementos de engajamento para reunir pessoas durante a fase de implementação ou a qualquer momento no processo de consultoria.

1. O que você fará durante cada reunião para a balança pender mais para a participação e menos para a apresentação?
2. Como está planejando oferecer espaço para pessoas expressarem suas preocupações e opiniões? O que fará para promover a abertura e dizer a verdade?
3. Considere como pode ser capaz de ajudar a definir as escolhas para o cliente. Como poderia ajudar a abrir oportunidades para a verdadeira escolha em vários níveis da organização? Como pode reservar tempo para o diálogo sério sobre como as coisas mudarão?
4. O que fará para ajudar as pessoas a se desprenderem das velhas conversas de sempre e começarem novas sobre as esperanças e dúvidas que a mudança proposta gera?
5. Que dúvidas e reservas são expressas? Como a discussão foi encaminhada? Houve pressa para chegar a um acordo? Buscaram-se soluções? Foi possível para o grupo adiar a decisão? Alguém gastou muito tempo se explicando?
6. Como os integrantes do grupo determinaram o que queriam criar juntos?
7. O que as pessoas fizeram para que novas conversas ocorressem? Como você ajudou? O que eles aprenderam?
8. Quais promessas as pessoas estavam dispostas a fazer? Elas foram suficientes?
9. O que fez para encerrar a reunião de modo que o esforço e as contribuições de cada participante fossem reconhecidos?
10. Que efeito essa reunião teve em seu relacionamento com o cliente?

CAPÍTULO 18

O PROFESSOR COMO CONSULTOR

WARD MAILLIARD leciona no Ensino Médio e está explorando uma maneira nova de ensinar, para alcançar um tipo diferente de aprendizagem. Ele começou a buscar um modo mais eficaz de ensinar inspirado, em parte, pela leitura de *Consultoria Infalível*. Percebeu que se quisesse ter uma influência maior na aprendizagem dos alunos, seria necessário fazer algo mais dramático ou radical do que se empenhar mais em conduzir conversas tradicionais sobre desempenho do professor, currículo, resultados ou avaliação. Decidiu que precisava olhar para si e reexaminar a natureza do contrato entre ele e seus alunos. Usando a abordagem e a terminologia deste livro, ele tentou abrir mão do papel de especialista assumido pelo professor e adotar a postura de aprendizagem por consulta.

Esse caminho o levou para além de um novo contrato com os estudantes. Ward empregou várias práticas exploradas neste livro. Adotou uma maneira de ver as perguntas sobre o desempenho do aluno pela ótica da descoberta e da investigação. Ele começou a ver o comportamento difícil do aluno como uma forma de resistência, e não como rebeldia ou desajuste. A aprendizagem da classe mudou de um foco nas deficiências para um foco nos talentos. As aulas começaram a ser estruturadas em consonância com muitos dos princípios do sistema como um todo. Toda aula era dirigida para o engajamento e para o conteúdo curricular. Ele também reorganizou a sala.

É por essa razão que contar a história dele, basicamente usando suas próprias palavras, parece ser uma boa maneira de juntar as ideias contidas neste livro. Ward nunca se considerou um consultor. Ele opera no setor educacional, em uma arena onde muito da sabedoria convencional não está ajudando um número muito grande de crianças. Como resultado da aplicação de muitas das ideias "infalíveis", ele obteve resultados novos, aprimorados, e não precisou empregar mais dinheiro para obtê-los.

A HISTÓRIA

A história de Ward trata de como um compromisso profundo com a autenticidade e os processos de contratação e descoberta discutidos aqui estão fazendo a diferença em lugares inesperados. Este exemplo não é apenas sobre como produzir uma aprendizagem excepcional em uma sala de aula do Ensino Médio. Trata de uma transformação profunda na maneira de educar as crianças.

Como a reforma na assistência médica, o debate sobre reforma educacional há muito tem sido travado, com dificuldade. A conversa tem focalizado o número de alunos, o desempenho do professor, uma variedade de questões curriculares, formas de testar e avaliar o desempenho do aluno. Como nação, tentamos uma variedade de inovações como escolas cooperativas, gerenciamento privado de escolas públicas, métodos de aprimoramento da qualidade, gerenciamento por área, alto controle da comunidade, contratação de ex-militares como superintendentes, entre outras. Não importa que você não esteja familiarizado com essas abordagens porque elas não melhoraram a aprendizagem geral dos jovens.

Este capítulo descreve o processo usado por Ward para radicalizar a educação. Ele escolheu levar uma postura consultiva, exatamente o objeto deste livro, para dentro da sala de aula. Esta história do que um professor criou dá uma ideia sobre o que uma reforma verdadeira pode envolver.

Em uma carta para mim, ele descreveu seu próprio processo de pensamento e como acabou se comprometendo com uma aprendizagem consultiva. Seguem suas palavras:

> Se queremos uma reforma educacional, o ponto central da questão é mudar o que se pensa sobre o ensino e a aprendizagem. Quando pensamos em um professor tradicional, imaginamos alguém que tenha conhecimentos. Alguém que transmite conhecimentos. Por outro lado, quando pensamos em um aluno, pensamos em alguém que ainda precisa adquirir conhecimentos.
>
> Temos professores ativos e alunos receptivos. As informações e tomadas de decisão fluem do professor para o aluno.
>
> Neste contexto, o professor recebe um palco e se dirige a uma plateia. O professor muitas vezes trabalha com um plano de aula preparado: explanações claras, uma sequência de atividades, conteúdo e resultados esperados. Esperamos que os alunos compreendam e memorizem o conteúdo, e avaliamos o desempenho deles. O aprimoramento do professor em geral significa dar a este melhores ferramentas e técnicas para oferecer o conteúdo e ter uma boa avaliação.

PRESSUPOSTOS SOBRE COMO MOTIVAR OS ALUNOS

O quadro descrito por Ward coloca nas mãos do professor o desafio de motivar os alunos. A avaliação pela atribuição de conceitos, uma importante ferramenta motivacional, atende ao objetivo de manter certo controle sobre uma plateia de alunos cada vez mais difíceis e distraídos. Os conceitos ou notas determinam o movimento para cima e para baixo na escala de desempenho e realização. Eles controlam a entrada na faculdade, o que, de acordo com o enredo convencional, leva a empregos bem-remunerados que oferecem segurança e realização. A equação é simples: conceitos equivalem a desempenho, que garante realização, que gera riqueza, que oferece segurança e é a chave para a felicidade.

Esta é uma teoria da motivação interessante; infelizmente só se aplica a uma minoria de alunos. E se não funcionar, é vista como falha do aluno, da família ou do educador. Por que ela só é parcialmente bem-sucedida? Nas palavras de Ward:

> Existem muito poucos níveis de controle para os adolescentes de hoje. Eles têm dinheiro, mobilidade e distrações demais: sexo, drogas, entretenimento, subculturas e liberdade suficiente para experimentar tudo o que existe. Isso ocorre tanto em subúrbios e pequenas cidades quanto em grandes centros urbanos.
>
> Os jovens também têm uma capacidade extrema de se relacionar, por meio de mensagens de texto, internet, bate-papo ao vivo, redes sociais como o Facebook, MySpace e Twitter. Os adolescentes são organizados, independentes, criativos e muito capazes. Eles têm sua própria cultura e código de ética. Pode-se dizer que a escola é um lugar onde eles se encontram para organizar seus finais de semana, tardes e noites. O celular é uma ferramenta fundamental para essa tarefa de organização e é usado continuamente, principalmente onde é proibido.

O resultado é que os professores não têm a atenção nem a obediência necessárias para fazer o modelo padrão de ensino e a motivação funcionarem. A maneira como o sistema tenta lidar com isso é atribuir notas e tomar as notas altas como uma medida de excelente desempenho. Isso cria na sala de aula uma relação de poder entre professor e aluno com base no medo. Ao professor resta apegar-se aos últimos vestígios de autoridade: notas, ameaças e a vergonha cultural de se ter um desempenho fraco. Tudo isso se baseia em um sistema de valor segundo o qual a educação se traduz em segurança e sucesso material.

A REALIDADE

Esta equação cria um mundo onde o desempenho passou a ser a finalidade dominante da educação, ocupando o lugar da aprendizagem. Para alcançar um bom desempenho, como diz Ward, os professores se tornam artistas animadores, disciplinadores, seres alienígenas ou supervisores, ou passam a ter baixas expectativas, a evitar conflitos, dando notas altas por uma aprendizagem medíocre. Diz ele:

> Há um preço a pagar pelo controle do futuro do aluno pelo professor, através da nota por desempenho que equivale à equação de sucesso. O preço é o lado humano do aluno e o nosso também. O que se perde é o prazer de aprender, por parte do aluno, e a alegria de ensinar, por parte do educador. No fim do dia estamos exaustos. Os professores são solidários, recontando as histórias que colocam o aluno no centro, identificado como um paciente que eles são incapazes de curar.
>
> Há exceções, mas de fato a maioria dos professores tenta agir dessa maneira. Afirmaria que a maioria dos professores pode se relacionar com essas forças que modelam nossa experiência diária e acabam procurando uma razão ou alguém, inclusive eles, para culpar.

O que Ward começou a buscar e encontrou foi uma mudança na maneira de pensar sobre a sala de aula. Por exemplo, ele se perguntava: *E se mudássemos a postura do professor como o conhecedor para o professor como aprendiz?*. A pergunta poderia ser: "O que eu poderia aprender com meus alunos que me permitiria ser mais eficiente no ambiente de aprendizagem? E se eu parasse de pensar em mim como professor e começasse a pensar em mim como consultor à aprendizagem?".

Ward diz que foi inspirado pela definição de um *consultor* dada no Capítulo 1 deste livro: "Em seu uso mais geral, a consultoria descreve qualquer ação tomada em um sistema do qual você não faz parte." Ele observou: "Espero que nenhum de nós, como professores,

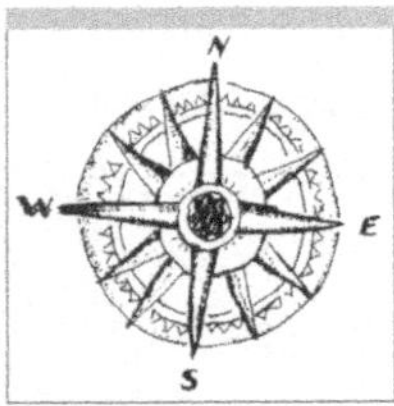

alimente a ilusão de que fazemos parte do sistema que está prosperando abaixo de nós e permanece separado de nossos planos e currículo. Como todos sabemos, a cultura jovem é um sistema separado com suas próprias associações, regras, intenções, linguagem, entretenimentos e finalidades."

ADOTANDO A POSTURA DE UM CONSULTOR

Ward decidiu tornar-se consultor de seus alunos – ele iria parar de controlá-los e chegaria a um ponto em que eles tivessem certa privacidade e alívio da pressão continua para terem um bom desempenho porque isso é útil e bom para eles. Ele via isso como uma espécie de colonização do mundo adulto:

> Trata-se de uma colonização que, como todas as ações coloniais, tem pouco a ver com o que realmente importa aos colonizados e não considera seu mundo como um sistema viável, competente.
>
> Quando entramos para "ensiná-los", nós os vemos em termos de sua utilidade no futuro, e não de suas capacidades atuais. Temos algo em mente para eles que é nossa noção do bem, como os missionários cuja intenção era salvar os selvagens da ignorância, desmantelar a cultura deles, explorar seus recursos naturais e usá-los como mão de obra da cultura dominante.
>
> Se prendermos à noção de que não fazemos parte do sistema social dos alunos, podemos perguntar do que precisamos para ser consultores bem-sucedidos para a aprendizagem. Desista da ideia do professor como o propulsor ou o produtor de aprendizagem. Isso nos ajuda a escapar ou a nos livrar da pergunta: "Como eu faço para ensinar meus alunos?". No mínimo isso pode nos deixar curiosos sobre a cultura dos alunos com a qual estamos engajados.

Contexto da Humanidade e da Abundância

O primeiro passo de Ward para implementar essas ideias foi trabalhar a partir de um novo contexto. A essência de um novo contexto era ver uma classe como um grupo de seres humanos, cada um com talentos em abundância, em vez de alunos com deficiências ou ne-

cessidades. Mesmo diante de desafios reais como dislexia, transtorno de déficit de atenção e hiperatividade, transtornos de alimentação, problemas de comportamento ou falta de motivação, os alunos são seres humanos vivos que estão aprendendo, e não pacientes.

Mesmo quando eles parecem não estar aprendendo, ou não estar presentes, ou quando não aceitam o que nós adultos temos a oferecer, no momento em que nossa prioridade é recuperar a humanidade deles, descobriremos que eles aprendem o que lhes interessa; veremos que se tiverem chance, descobrirão um caminho para seu próprio futuro, que nem nós nem eles poderíamos imaginar.

Neste contexto, quando Ward assumiu o papel de consultor, ele não poderia entrar em uma sala de aula e começar a dizer aos alunos o que fazer sem primeiro sentir o clima da sala. Ward disse:

> Os professores precisam fazer o trabalho de descoberta descrito no livro *Consultoria Infalível*. Investigar, entrevistar, mapear, entender a dinâmica, ver como os alunos estão lidando com o problema da aprendizagem. Devem perguntar aos alunos quais são suas intenções, objetivos e desafios. Colocamos o que sabemos, nossa expertise, a serviço do sistema, primeiro aprendendo tudo o que podemos sobre o sistema.

Na visão de Ward, os professores devem engajar as três habilidades necessárias a todo consultor para realizar seu trabalho: habilidades técnicas, interpessoais e de consultoria. Podemos supor que a maioria dos professores tem as habilidades técnicas (eles têm conhecimento de sua área), e também supomos que a maioria dos professores domina as habilidades interpessoais básicas. Nosso foco é nas habilidades de consultoria que são a chave neste exemplo.

Renegociando o Contrato Social

O projeto compartilhado ou o trabalho em sala de aula é propiciar uma aprendizagem excepcional a cada pessoa. O desafio de consultoria que os professores enfrentam é como criar uma prática onde a aprendizagem ocorra. Isso começa com a contratação. A dificuldade que muitos alunos têm com a aprendizagem em sala de aula pode ser entendida mais claramente considerando-se que o projeto de aprendizagem foi falho na fase inicial de contratação.

Na verdade, a fase de contratação no ensino tradicional inexiste ou, quando muito, é implícita, se baseia no medo e de forma alguma é um trabalho conjunto. Isso acontece por várias razões, sendo a mais destacada que muitos alunos não estão na escola por opção. Quando não há liberdade de escolha, é difícil despertar responsabilidade e entusiasmo.

Focalizando a Verdade Entre os Alunos

Com um contrato onde o poder permanece nas mãos do professor e a obediência é a resposta do aluno, isto gera uma cultura onde há pouca confiança entre os alunos. Com frequência, os alunos mais alienados, que são os mais desajustados, tornam-se os mais fortes. Dentro dessa cultura dominante de obediência e resistência, existe um custo para os alunos que, por alguma razão, vão para a escola realmente para aprender. É lamentável que os alunos que mostram interesse genuíno em aprender em geral paguem um alto preço no âmbito social. Eles são rotulados e relegados ao ostracismo. O grupo dominante tem interesse em manter as expectativas baixas. A questão, diz Ward:

> é sobre a relação que eu quero que eles tenham uns com os outros. Como fazer um contrato disto? Essas são perguntas relacionadas à consultoria. Leva tempo, uma vez que eles estão tão marcados pelo processo de aprendizagem tradicional que demora meio semestre para se realizar um recondicionamento. Isso precisa ser adaptado a cada grupo, para criar um sistema social que valorize as relações entre pares e saiba que estas são essenciais para a aprendizagem.

A Construção da Confiança pelo Consultor

A intenção, portanto, é dar consultoria aos jovens em sala para ajudá-los a construir a confiança uns nos outros. O professor age como um profissional de fora, que procura descobrir o que está acontecendo, e não como um especialista ou mesmo como um árbitro. Segundo uma experiência de Ward:

> Uma garota ficou magoada com comentários negativos feitos sobre ela em sala de aula. Quando isso aconteceu, interrompi a aula e pedi a ela permissão para usar o que aconteceu como aprendizagem. Ela consentiu, embora hesitante. Então eu lhe perguntei como ela se sentiu acerca do comentário. A aluna relatou que havia ficado magoada, sem saber o que fazer e que isso a fez se sentir não querida. Os alunos que a ofenderam foram convocados pela Direção da escola. Não para se defender. Enquanto eles ouviram, algo mudou naquele momento, na classe. Ambos os lados acabaram conversando. Isso restabeleceu a humanização das relações em sala de aula.

Conservando a Confiança e a Capacidade de Estabelecer Relações Sociais

Se o professor escolhe agir como um consultor de relacionamento entre os alunos, o desafio, disse Ward, é criar um ambiente seguro em sala de aula:

> A pergunta é: Como entrar em sala se não sou bem-vindo? Tenho que estar disposto a sacrificar o conteúdo em nome do relacionamento. Logo, o que envolve meu contrato com os alunos?
>
> Em primeiro lugar, tenho que me interessar pelas vidas dos alunos. Se uma aluna aparece sem o livro, tenho que optar. Posso ver uma aluna que não seguiu as instruções, talvez pela quarta vez e portanto é "uma aluna sem livro". Ou, em vez de a ver como uma "aluna sem livro", vejo uma pessoa com uma "história esperando para ser contada".
>
> Margaret é um caso desses. Liguei para ela e perguntei o que estava acontecendo. Ela disse que seus pais estavam se divorciando. Ela ficou com o pai, não estava dando certo, então saiu da casa do pai com muita raiva e esqueceu o livro lá. Quando chegou em casa não tinha como ligar para o pai e pedir para lhe trazer o livro.
>
> Quando ouvi isso, deixei passar. Desisti de puni-la em nome da ligação que estabeleci com ela.

De uma maneira muito importante, o professor ganha poder ao optar por agir como um consultor, e não como um pai. Mostrar interesse em vez de considerar um erro do aluno. Ward continuou:

> O importante é que se nos engajamos como parceiros em uma consultoria, descobrimos uma forma de eles aprenderem a partir de sua própria experiência. Eles tirarão algo especial disso. Se nos concentramos apenas no conteúdo de uma aula, ou em uma tarefa, ou em conferir se todos trouxeram o livro, então o aluno ou o cliente nunca entenderá a força de ser um parceiro e a experiência de engajamento que isso produz.

O que a postura de consultoria oferece aos professores é uma forma de lidar com o fato de que muitos alunos não estão na escola por opção. Na ausência de opção, os professores enfrentam resistência quando os alunos dizem: "Diga-me o mínimo que preciso fazer para conseguir o que quero". Os alunos se tornam obedientes e agem como se tivessem interesse porque acham que a obediência vale pelo menos um ponto a mais. A reação de obediência funciona porque os professores são seduzidos pelo interesse e pelo reforço positivo como qualquer outra pessoa.

Ward empenhou-se para renegociar o contrato no início do contato com a sala. Não foi fácil, como ele disse:

> Se não podemos escolher entre estar aqui ou não, como iremos reivindicar nossa liberdade ou criar nos alunos uma noção verdadeira de responsabilidade?
>
> Podia haver algumas possibilidades que nós como consultores poderíamos ganhar criando uma sala que compartilha poder e valorize a aprendizagem em vez de desempenho. Por exemplo, e se no lugar de chegar no início do ano com um plano que tivéssemos preparado para nossa classe, fizéssemos um plano com nossa classe e dedicássemos tempo para explorar primeiro as perguntas de contratação?

Ward começou a ter conversas honestas com os alunos sobre esses e outros tópicos, a fim de iniciar mudança de "Como ter poder sobre meus alunos?" para "Como ter poder junto com meus alunos?". Eles realmente iniciaram uma conversa sobre confiança. Quando ele dedicou tempo para perguntar sobre o que poderia funcionar de outra maneira, ficou surpreso ao encontrar interesse sob uma aparente indiferença.

O Novo Contrato

Aqui estão alguns aspectos do novo contrato desenvolvido por ele.

Preferindo a Verdade à Mentira

Ward perguntou-se qual era o custo de dizer a verdade na sala de aula:

> Se pergunta quantos leram a lição de casa, que tipo de resposta recebe? Se 60% não leram, você quer ouvir isso? Quando os alunos lhe dizem algo que não quer ouvir, como você reage? Com crítica ou curiosidade? Existem maneiras sutis de ensiná-los a mentir? O que fazemos quando eles não estão prestando atenção? Pedimos para prestarem atenção ou tentamos entender para onde eles desviaram sua atenção? Mentir foi o que eles aprenderam, e isso é esperado na sala de aula tradicional.

O Fracasso É uma Opção; O Que Importa São os Talentos

Uma das Regras que surgiram na sala de aula de Ward é que o fracasso não é problema. A resistência não é problema e errar também não. Não importa onde eles estejam, porque é desse ponto que começarão. Como Ward lembrou da leitura de *Consultoria Infalível*, a resistência é um sinal de que algo importante está acontecendo. Não é um problema a ser resolvido ou superado.

Concordar em não ter represálias ajudou a mudar o contexto da classe. O que os outros estavam fazendo não era julgado, apenas as escolhas que os alunos faziam. Ward dizia a eles: "Se vocês estiverem cansados, tirem uma soneca. Quando terminarem a tarefa, podem sair. Se estivermos fazendo uma tarefa em grupo e não souberem como ajudar, encontrem outra coisa útil para fazer".

Isso se baseia na realidade de que a aprendizagem efetiva é uma descoberta aleatória. Se o objetivo é a aprendizagem, e não o ensino, cada pessoa precisa de permissão para falhar. Isso não pode acontecer sem uma postura que favoreça tentar algo novo e ter apoio, qualquer que seja o resultado, visto que se o objetivo é a aprendizagem, o "fracasso: é uma maneira excelente de isso acontecer. Portanto, de fato os alunos que fracassam estão no caminho para atingir o objetivo de aprendizagem. É isso o que é necessário, diz Ward, para que os alunos deixem de se concentrar no desempenho e voltem a se orientar para a aprendizagem:

> Uma maneira de implementar isso é decidir ver os talentos em cada aluno, mesmo que envolva uma reformulação séria. Veja Sandy como exemplo.
>
> Sandy é disléxica e tem muito medo de sair. Se você lhe pede para dizer alguma coisa sobre si mesma, estas são as principais histórias: "Tenho um transtorno de leitura e muito medo de contato com o mundo lá fora". Este é o tema dominante de sua história e Sandy recebeu muita ajuda profissional para tratar dessas dificuldades.
>
> Está bem claro que essa criança foi desafiada e é disléxica. Ela é brilhante mas fala e processa seus pensamentos muito devagar. Às vezes os profissionais chamam isso de "processador atrasado".
>
> Decidi vê-la como um "processador profundo", em vez de um "processador atrasado". Interpretar o ritmo dela como um dom: ela tem

profundidade em vez de velocidade. Também, a certa altura eu vi Sandy desenhando e percebi naquele momento que tínhamos uma artista em nossas mãos. Esse foi o ponto onde paramos de dizer o que ela não conseguia fazer. Ela é reflexiva, tem pensamentos profundos e é uma artista.

Sandy e eu testamos essa premissa quando chegou uma parte importante do ano de conclusão de curso: uma viagem da classe durante uma semana. Assim que os planos começaram, percebemos que Sandy estava com muito medo da viagem. Ela conversou comigo sobre isso e pensou em não ir. Os pais dela se envolveram. Depois de muita conversa decidimos juntos inventar uma estratégia. Ela concordou que em vez de ser controlada pelo medo, sempre que o medo aparecia ela se disporia voluntariamente a dominá-lo.

Isto se tornou outro talento para ela focar: sua capacidade em mostrar coragem. Ela ainda tinha medo, mas não era controlada por ele. Então conseguimos que ela concordasse que fracassar não era problema, falar devagar não era problema. Ela ainda podia agir no seu ritmo, e isso também não era problema. Isso deu a ela o tempo de que precisava. Enquanto os outros podiam ler com mais rapidez, ou fazer outras coisas bem, ela era corajosa, reflexiva e uma artista que sabia tudo de desenho.

Somente na formatura Ward descobriu como Sandy conseguiu lidar com sua própria aprendizagem. Todos os alunos tinham de fazer uma apresentação de três minutos sobre o que o ano significou para eles. Sandy se beneficiou de modo que poucos outros teriam imaginado. A viagem foi o ponto alto. A confiança dela mudou. Ela foi a única aluna ovacionada de pé após sua apresentação.

Conservando o Não Saber

Outra grande questão que Ward e seus alunos faziam a si mesmos é: "Qual é o custo de não saber?". "Em geral é a vergonha da parte do aluno", diz Ward, "e o desapontamento da parte do professor":

Quando ficamos desapontados ou mesmo irritados porque eles não sabem, estamos nos apegando a quem queremos que eles sejam. Não estamos vendo quem eles são. Também não estamos estabelecendo condições onde o fracasso e a aprendizagem caminham juntos. Errar e falhar precisam ser valorizados porque nos levam a

> aprendermos a ser nós mesmos. Se não for assim, então o desempenho se torna o ponto importante e aprender sobre si mesmo é sacrificado.

Como Avaliamos o Sucesso?

Em qualquer debate sobre reforma educacional, precisamos abordar a questão da avaliação e fazer uma discussão mais profunda do que falar apenas em conceitos ou notas. O sucesso na aprendizagem e o sucesso no ensino podem ser coisas diferentes. "Como professores", Ward disse,

> não estamos apenas vendendo ideias, como vendemos um produto. Também estamos promovendo a consciência do eu. A consciência do que significa fazer parte de uma comunidade, ser um cidadão. Os alunos precisam chegar à sua própria definição de sucesso sobre essa questão. Se não colocamos a questão de sucesso em pauta, então ficaremos parados na posição padrão dos alunos como consumidores, se eles forem bem, ou os identificaremos como pacientes se eles não forem bem. Com muita frequência falamos de alunos como pessoas a serem tratadas, corrigidas, curadas ou preenchidas com informações.

Como Lidar com as Funções de Árbitro (Avaliador) e Consultor (Facilitador) ao Mesmo Tempo

Este é o paradoxo inerente ao papel do professor e do consultor; a solução é apresentar isso como uma conversa da comunidade. O professor e o aluno, ao fazerem juntos o contrato, trabalham para imaginar como atender aos requisitos de atribuir notas da sociedade em geral; no entanto, não deixam isso dominar a maneira de eles trabalharem juntos. Ward disse:

> Comece perguntando aos alunos o que eles querem dessa aula. Quais as expectativas que eles têm de si mesmos? Qual é a intenção deles para si mesmos? A conversa poderia ser sobre como eles aprendem, como trabalham, como operam enquanto integrantes de uma equipe. Ou sobre o processo de contratação.

Então Ward pergunta o que os alunos querem dele, como professor. O que ele, o professor, pode fazer para apoiá-los a fim de alcançarem o que eles querem da experiência? Qual é o papel desempenhado pelo professor em apoiar o que eles definem como sucesso e ajudá-los a avaliar isso? Esses são questionamentos próprios da consultoria, como observou Ward:

> Isto pode se realizar de formas bem concretas. Podemos descobrir a visão do aluno do que define o sucesso para cada projeto ou mesmo cada atribuição. O que é o sucesso e como você sabe? O desafio é passar pelo que dizem que eles querem. Por exemplo, em uma atribuição de leitura ou pesquisa, pergunte a eles: "O que o tocou, o que você notou, o que o desafiou, o que foi interessante? Qual foi o valor deste livro para você?" Essas são perguntas diferentes do que perguntar do que eles se lembram, qual era o enredo, o que o autor tinha em mente?

Métodos de Aprendizagem Versus Métodos de Ensino

Se refletimos sobre como os alunos aprendem, existe um contínuo desde ouvir, a ler, a ver, a falar e a fazer alguma coisa. A maior parte da aprendizagem vem de se falar e fazer. No entanto, pedimos aos alunos para passarem muito tempo ouvindo e lendo. Cito o que disse uma aluna de uma das salas de Ward: "Gosto de pequenos grupos porque quando converso com meus colegas, aprendo. Quando você, o professor, fala, eu não ouço".

Se acreditamos realmente na aprendizagem deles, podemos ter de abrir mão de grande parte de nosso conteúdo, pois de que vale ensinar ou falar se ninguém está ouvindo? Isto faz parte da mudança de contrato do professor como provedor de currículo para o professor como consultor. A estratégia é que se pudermos engajar os alunos e eles investirem mais em sua aprendizagem, terão algo maior a partir disso. Se nos concentrarmos basicamente no conteúdo, então os alunos, como os clientes, nunca entenderão a força de seu próprio engajamento.

VIAGEM A WASHINGTON, D.C.

O que tornou essas conversas e acordos sobre as regras básicas na sala de aula de Ward digno de nota foi que eles seguiram o conteúdo curricular da matéria. No primeiro ano, eles deram uma olhada no plano básico da matéria, uma viagem a Washington, D.C. para entrevistar líderes do governo e de organizações não governamentais. Ward disse:

> Tenho feito esta viagem todos os anos, desde 1989. A viagem tem sido um sucesso e se tornou um rito de passagem para a 11ª e a 12ª séries.
>
> Parte de minha velha história era que a viagem era um sucesso porque eu a gerenciava bem. Entretanto, eu sempre senti que poderíamos fazer mais e engajar mais os alunos se eles tivessem uma noção mais clara de compromisso pessoal. É por isso que eu estava interessado em experimentar a noção de poder compartilhado em sala de aula. Pensei, E se eles definissem o sucesso, estabelecessem objetivos e planejassem sua própria experiência? O que isso significaria se eu realmente me tornasse um consultor do projeto deles em vez de os alunos serem participantes de meu projeto? Queria saber o que isso poderia produzir.
>
> Usei os capítulos sobre contratação do livro *Consultoria Infalível* para os princípios que eu poderia usar. Se eu fosse fazer esse projeto dessa maneira, então coisas como consentimento mútuo, reconhecimento pessoal, troca de expectativas, teste do controle e da vulnerabilidade e uma definição compartilhada do resultado ou do produto precisavam ser discutidos.

Nessa fase inicial de contratação e exploração da mudança do professor para consultor, Ward descobriu várias coisas. O mais importante era que se tivessem chance, os alunos estabeleceriam os objetivos que desejassem atingir ou superariam qualquer proposta dele. Para a viagem a Washington, embora eles nunca tivessem estado lá, foram capazes de esboçar e revelar tudo o que Ward sabia que seria possível ou importante nos quase vinte anos de viagens à capital da nação:

> Em vez de dizer a eles o que era importante ou descrever a minha visão, descobri que a visão já estava neles e eu só precisava perguntar. Quando eles tiveram liberdade para optar, escolheram mais do que eu teria escolhido para eles.
>
> Era essencial que eu fosse honesto com meus alunos. Eu lhes disse que esse processo de fazer os alunos planejarem sua própria viagem era novo para mim e eu iria aprender com eles. Eu me permitira ser

"pego em plena aprendizagem". Não foi fácil. Às vezes eu me sentia como se estivesse sendo desnudado. Deixei de ser o especialista.

Meus alunos percebiam que às vezes eu ficava travado em nosso processo e não tinha a resposta. Convidei uma amiga, Vivian Wright, que era uma consultora muito experiente da Hewlett-Packard, a ir à sala de aula e nos ajudar. Liguei para Peter Block e ele fez uma conferência por telefone em que os alunos lhe fizeram perguntas. Depois de engajar Peter e Vivian, os alunos se sentiram mais animados e tiveram uma ideia mais clara do processo. Na maioria das vezes, deixei de ser o centro da experiência de aprendizagem, o que senti como uma grande perda de controle e mais vulnerabilidade.

O objetivo de mudar a história de quem detém a aprendizagem do professor para os alunos foi o que me apoiou.

Na viagem para Washington, D.C., Ward notou uma mudança qualitativa na maneira como os alunos participavam:

Realmente não consegui definir o que foi. Mas depois que voltamos fizemos uma reunião tradicional na escola onde os alunos descreveram o significado e as aprendizagens que tiveram com a viagem.

> Na sessão de perguntas e respostas que segue a apresentação, a pergunta final foi: "Que efeito a opção de planejar e vivenciar esta viagem teve para vocês?".
>
> A resposta foi essencialmente que, como eles tiveram escolha, com frequência optaram por se engajar mesmo quando não tinham certeza do que queriam. Eles assumiram a responsabilidade por suas escolhas e ficaram mais presentes.

A mudança do professor como um conhecedor e juiz para aprendiz, produtor e o centro do projeto pode ser assustadora. Mas como mostra a experiência de Ward, é aí que a aprendizagem acontecerá para ambos. Esta é a intenção do processo de consultoria discutido aqui. Quando abrimos mão do controle e agimos como iguais, nos tornamos vulneráveis. Sem dúvida é uma proposta assustadora, mas ela também gera confiança. A maioria dos professores sabe intuitivamente e por experiência que o relacionamento é a chave para ensinar e aprender, e este se baseia na confiança. Sem algum nível de reciprocidade em nossas salas de aula, quando muito teremos uma confiança moderada. O efeito disso é que os alunos permanecerão relutantes em seu desempenho e um nível mais profundo de aprendizagem será sacrificado.

A OPÇÃO EM QUESTÃO

Uma das principais mudanças que ocorre quando passamos de professores a consultores aprendizes diz respeito a nossa própria perspectiva sobre onde reside a escolha. De acordo com Ward,

> Uma vez que somos apaixonados por nossos assuntos e somos obrigados a apresentar certos resultados, com frequência agimos como se nós e os alunos não tivéssemos opção. Sob a pressão do tempo e o conteúdo que temos que cobrir, muitas vezes usamos o poder do sistema para influenciar o que é possível com os estudantes, todos organizados em torno do argumento de que seu futuro será prejudicado se eles não receberem o programa orientado pelo desempenho e por notas.
>
> Em termos de desenvolvimento, os adolescentes realmente não têm a capacidade plenamente desenvolvida para entender as conse-

> quências de suas ações. Isso não forma totalmente no cérebro antes de vinte e poucos anos. Talvez seja por isso que em nosso desespero para sermos bem-sucedidos continuamos contando com ameaças como nossas ferramentas de escolha. Exageramos a importância do desempenho com o argumento de que se você não tirar boas notas, não entrará em uma boa faculdade, ou em qualquer faculdade, e isso poderá afetar sua capacidade de ganhar bem e sua futura segurança financeira.
>
> A parte triste é que muitos aspectos que levam ao sucesso na aprendizagem, que são essenciais para se ter uma vida significativa, acabam sendo suprimidos. Dessensibilizamos nossos alunos para elementos mais sutis de uma pessoa educada, como cidadania, discernimento, amor ao processo criativo, paixão, descoberta e surpresa. Todos esses aspectos são sacrificados em nome da promessa e talvez da ilusão de segurança no futuro.

Logo, este exemplo de reforma educacional em sala de aula fala sobre escolha, que é o centro de uma postura de consultor. Significa que precisamos decidir os valores que queremos incorporar, se acreditamos na validade do papel de consultoria. Ward reflete sobre a experiência:

> Precisamos ser conscientes do que queremos conservar em nossa maneira de estar em sala de aula. Existem perguntas que nós, professores, precisamos fazer: "Vivo de um modo conservador? Em minha maneira de ser com os alunos, o que estou vivenciando? Estou cultivando a confiança, a intimidade e a cooperação, ou estou alimentando o medo, o isolamento e a competição?".

Essas indagações são o cerne da educação e do ensino, assim como o ponto fundamental para prestar consultoria e dar suporte aos outros. São as conversas que precisam constituir a base da criação de organizações bem-sucedidas e constituem a fundação para a tão buscada reforma na educação.

CAPÍTULO 19

O CERNE DA QUESTÃO

PARA DIZER TALVEZ PELA ÚLTIMA VEZ, a consultoria trata basicamente de relacionamentos. Não importa o quanto o projeto seja técnico ou baseado em pesquisas, ele sempre alcançará um ponto em que o sucesso do trabalho dependerá da qualidade das relações que temos com nossos clientes. Estas relações são um canal para nossa *expertise.*

Manter o contato e engajar as pessoas em torno de nossa *expertise* é uma arte que assume uma centena de formas. Por vezes, consiste em um treinamento específico de um indivíduo ou uma equipe. É possível trabalhar com um grupo de estratégia ou tecnologia ou realizar uma sessão de treinamento. Por trás de todas as maneiras que trabalhamos com os clientes há um conjunto de crenças sobre relacionamentos, aprendizagem e as nuances de como a mudança ocorre que acabam definindo nossa prática.

Embora este livro tenha tratado de ideias sobre uma prática boa, senão infalível, de consultoria, quero reservar um momento para explicitar seus conceitos básicos. Quando me vejo perdido, sem saber como proceder, o que acontece na maior parte das vezes, retomo algumas ideias que me devolvem à realidade e me servem como reafirmação. Cada uma dessas ideias tem muito a ver com a emoção e a razão; de fato, encontrar e manter essa ligação pode ser o ponto fundamental. A consultoria não pode ser bem feita sem o interesse genuíno pelo cliente, e o desafio é encontrar maneiras de incorporar nosso cuidado na forma como realizamos o trabalho. Nosso cuidado é expresso em parte em nosso comportamento e estilo, mas também é uma questão de como estruturamos os elementos fundamentais da aprendizagem e do processo de mudança.

Em certo sentido, é nossa tarefa sermos arquitetos do conhecimento. Em nossa melhor atuação planejamos ambientes sociais que propiciam *insights*, ajudam a resolver diferenças e geram mudanças. Seguem algumas ideias que apoiam condições sob as quais a aprendizagem e a mudança têm mais probabilidade de ocorrer. Nenhuma é infalível, cada uma envolve certa aventura, e todas fluem contra a sabedoria convencional e a cultura dominante. É isto que as torna úteis.

PREFERINDO A APRENDIZAGEM AO ENSINO

Embora geralmente afirmamos que nosso trabalho seja ajudar nossos clientes a aprender, os esforços mais tradicionais de consultoria ou educacionais são mais ligados ao ensino do que à aprendizagem. Se você pergunta quem está aprendendo realmente em qualquer reunião, sessão de comunicação ou treinamento, a resposta em geral é: "A pessoa que está no comando".

Os modelos dominantes para a aprendizagem vêm de nosso sistema educacional. Se você olha para a maioria de nossas salas de aula, o professor fica à frente e os alunos se alinham atrás ou em torno de uma mesa, olhando para frente. A agenda, os objetivos e o método de aprendizagem são especificados pelo professor. De fato, ele é o supervisor da aprendizagem. Este é o mundo do qual Ward, no capítulo anterior, está se afastando. De modo parecido, em consultoria, o consultor deve ser o gerente da mudança, e até mesmo o agente de mudanças. A tarefa do cliente é absorver o que o consultor tem a oferecer.

A sala de aula ou o projeto de consultoria que segue esse modelo se baseia na necessidade de previsibilidade e controle. Nossa necessidade é tornar o professor ou o consultor fundamental para a aprendizagem. Em parte é uma questão de pedagogia e nosso desejo de prescrever para os outros o que desejamos que eles façam. Mas não somos os únicos atraídos por uma abordagem controladora. Esse modelo para sala de aula ou de reunião também é exigido pelos aprendizes. Se você resolve sugerir aos clientes que definam a agenda, criem o processo de aprendizagem e avaliem seu próprio desempenho, provavelmente enfrentará uma revolta. Os clientes estão tão condicionados a serem passivos no processo de ensino e aprendizagem que ao terem a opção de conduzir sua própria aprendizagem, abrirão mão dela e devolverão essa incumbência ao consultor.

O resultado é que o professor/consultor conspira com o participante ou cliente para manter o professor/consultor em posição central e o aluno/cliente reativo. E como resultado com muita frequência quem mais aprende é o consultor. Em parte isso é inevitável, pois quando somos forçados a dar explicações ou a ensinar os outros, nos inteiramos do assunto para que o cliente não precise fazer isso. Mas parte vem de nossa necessidade de controlar o que é apresentado e especificar o que é aprendido e aceito. O símbolo disso para mim é a maneira como fazemos a maior parte de nossos treinamentos. Temos uma paixão por vídeos que apresentem modelos, por treinamentos, com resultados previsíveis para os participantes. Prometemos um caminho certo, tornamos esse caminho explícito destacando os marcos e pontos de aprendizagem, e então anunciamos desde o início os resultados previsíveis. Chamamos isso de "bom planejamento".

O custo é que raramente vemos as pessoas empregar toda a sua capacidade para aprender. Como sugeriu Tim Gallwey, autor e criador do método de aprendizagem Inner Game (Jogo Interno), na maioria dos treinamentos e instruções, muito é ensinado e pouco se aprende. Nos formatos centrados no professor, o verdadeiro aprendiz é o treinador, e o participante está engajado em uma forma sofisticada de imitação e absorção.

A verdadeira aprendizagem reside no ato de criar o curso online, o vídeo que servirá de modelo, identificar os pontos mais importantes e fazer o plano de aula. É na luta para criar que encontramos valor. É no esforço de entender e criar ideias e práticas que reside a aprendizagem. Quem recebe esses ensinamentos, o participante, com frequência sai da sessão pouco mudado. Sabemos disso, e é por essa razão que falamos tanto sobre avaliação. A fala é uma indicação de nossa ansiedade sobre a relevância do processo.

APRENDIZAGEM COMO AVENTURA SOCIAL

Para oferecer valor ao participante ou ao cliente, precisamos conceber nossos esforços de modo a apoiar a aprendizagem à custa do ensino. Como mostra o exemplo da educação, isso significa que precisamos construir elementos de surpresa, descoberta e desconhecer como será nossa interação com os clientes. Precisamos permitir riscos, fazer apostas, nos engajar em confrontação cuidadosa, oferecer forte apoio, e afirmar o que cada um de nós sabe. São essas ações que geram a aprendizagem.

Dar uma resposta pronta, colocá-la online, como fazemos com muitas de nossas ideias e programas, interfere na aprendizagem. Sem dúvida, pacotes de consultoria ou de treinamento são mais rápidos, mais digeríveis, mais visíveis e previsíveis e, portanto, mais fáceis de vender; esta é uma boa estratégia no curto prazo. Mas ao longo do tempo, é como dar álcool a um alcoólatra para lhe curar de uma bebedeira. Se o pensamento predeterminado, altamente controlado for um problema do cliente, não podemos resolvê-lo com respostas predeterminadas, altamente controladas.

Se a aprendizagem e a mudança forem realmente nossa intenção, uma abordagem mais lenta, mais exigente e deliberada é necessária. Precisamos valorizar o esforço à prescrição, as perguntas às respostas, a tensão à acomodação e capacidades às necessidades e deficiências.

O ESFORÇO É A SOLUÇÃO

Os problemas mais persistentes que pedem consultoria não têm uma resposta definida e clara. Isso significa que precisamos nos habituar a enfrentar a natureza paradoxal do local de trabalho e os seres humanos que encontramos lá. Pensamos como você lida com situações onde dois pontos de vista opostos são verdadeiros. Precisamos de mais controle, ou de menos? Mais centralização ou mais controle local? As pessoas precisam de mais liberdade ou elas abusarão do privilégio e se dispersarão em várias direções? Devemos dizer a verdade sempre ou reconhecemos a natureza política das organizações? Mais tecnologia e informações ajudarão, ou se trata de um problema de motivação e falta de treino?

Toda consultoria envolve esses tipos de questões. Mesmo em uma consultoria muito técnica, perguntas como essas estão imbuídas da arquitetura de nossas soluções. Cometemos um erro sério se escolhemos uma ou outra, ou mesmo se tentamos encontrar um meio termo. Perdemos o benefício de ideias originais nos dois extremos quando aceitamos o meio termo. Os melhores resultados surgem no esforço de entender a verdade em ambos os lados. A tarefa do consultor é evocar uma exploração da polaridade, adiar respostas rápidas e certificar-se de que a complexidade da questão seja reconhecida antes de se escolher a ação a tomar. É no esforço para transcender ambos os lados que se encontra uma solução.

Por exemplo, precisamos de controle, e também precisamos de escolha local. As pessoas precisam de mais liberdade, e elas às vezes abusarão dela. Mais tecnologia é vital, e a motivação e a habilidade são tudo. É a tensão entre essas polaridades que informa a ação baseada na realidade e se mantém viva. Se podemos aceitar que esse tipo de tensão está sempre presente, então a ação que tomamos em um determinado momento em certo sentido não importará: qualquer que seja a nossa escolha, pagaremos um preço por isso. Logo, por que não reconhecer isso, ver a luta como a trajetória, e resistir à tentação da certeza e da velocidade?

A PERGUNTA É MAIS IMPORTANTE QUE A RESPOSTA

Isto significa que precisamos aprender a confiar nas perguntas — e reconhecer que a maneira como fazemos perguntas dirige o tipo de resposta que desenvolvemos.

Ficamos paralisados quando fazemos a pergunta errada. A pergunta errada mais comum é aquela do engenheiro dentro de nós que deseja saber como fazer alguma coisa. Essa pergunta leva rapidamente à metodologia e à técnica. Supõe que o problema seja o que fazer e não por que fazer, ou mesmo se vale a pena fazer.

Diversas são as variações de perguntas associadas às formas de proceder. Tome-as como sinais de advertência.

- Quanto tempo levará? Queremos ser rápidos, independentemente do que estejamos fazendo.
- Como faremos para eles mudarem? Se só eles mudarem, é melhor ficarmos de fora. A direção acha que os funcionários menos qualificados são o problema, e estes acham que o problema está na direção, e quando eles estão reunidos, ambos concordam que os funcionários situados no “meio da pirâmide organizacional” são o problema.

- Quais são as etapas necessárias para...? A vida pode ser reduzida a um plano de etapas. O PowerPoint é o ícone, a distribuição em escala é a preferida. Modelos detalhados são a droga e mais disciplina é a prescrição que nunca cura.
- Como medimos o efeito? Isto implica que não existe valor no mundo invisível. É a medida da realidade que se torna o ponto. O filósofo Alan Watts certa vez disse que alcançamos o ponto em que vamos a um restaurante e comemos o cardápio. Nós nos interessamos mais pela definição e medidas da vida do que em viver.
- Como comunicamos isto? O problema é que eles não nos entendem. "Um problema de comunicação" é a última palavra em diagnóstico vazio. Nega o verdadeiro conflito e acaba girando em torno do propósito. Nosso melhor exemplo disso é Washington, D.C., onde o trabalho básico da aula de política é dominar a imagem e as notícias. Questões de comunicação são com muita frequência a saída fácil a perguntas sobre vontade, coragem e compromisso.
- De que maneira as outras organizações estão fazendo isso ou onde isto funcionou? Queremos liderar e desejamos ser seguidores ao mesmo tempo. Existe certo valor em descobrir o que os outros estão fazendo: isso nos dá esperança. Com muita frequência, no entanto, a questão é um desejo de segurança, pois quando nos dizem onde isso funcionou, então falamos o quanto nossa situação é singular.

Essas perguntas são muito atraentes porque exigem muito pouco. Prometem um mundo lógico e previsível. Também expõem o problema e são focadas na mudança de pessoas que não estão presentes. Além disso, reduzem o problema a uma dimensão controlável, tratando-o como uma questão de habilidade e não como uma questão de propósito e de uso de poder.

INDO ALÉM DOS PROCEDIMENTOS

Perguntas relacionadas aos procedimentos não nos levarão além de nosso ponto de partida. Levam-nos a empregar um esforço maior no que já estamos fazendo. As perguntas que nos curam e oferecem a esperança de uma mudança autêntica são aquelas que não podemos responder facilmente. Os sistemas vivos não são controláveis, apesar do fato de evoluírem para a ordem e para certa coesão. Para alterar um sistema vivo, precisamos questionar o que estamos fazendo e por quê. Precisamos escolher profundidade à velocidade, consciência à ação — pelo menos durante um breve período.

As perguntas que mudam nossa maneira de pensar são mais orientadas para as razões e motivos. Alguns exemplos:

- Qual é o fundamento do que estamos fazendo? Vivemos em um mundo medido pela riqueza e pela escala. Estamos aqui para ganhar dinheiro, cumprir orçamentos, fazer as operações crescerem? Isto basta? E quem é o beneficiário disso? Quem está aqui para servir e que preço estamos dispostos a pagar quando damos respostas autênticas?
- O que precisa ser concluído antes de podermos passar para algo novo? Queremos mudar mas não queremos pagar por isso. Sempre nos solicitam para deixarmos de lado o que nos trouxe aqui, e seguirmos em frente. Onde encontraremos coragem para fazer isso?
- Qual é o verdadeiro valor de nosso produto ou serviço? E aos olhos de quem? Qual é a validade de nossa promessa, e quais são os efeitos colaterais do que oferecemos? Nossa propaganda e o modo como nos apresentamos formam uma imagem que até nós cremos ser verdadeira?
- Que significado pessoal as pessoas encontram no que estamos fazendo? Quais são as recompensas intrínsecas para nós? Nós nos apresentamos voluntariamente, ou nos forçamos a trabalhar simplesmente para sustentar nossa vida fora do trabalho? Muitas pessoas acham que trabalhar é isso, trabalhar, e esperar mais é tolice.
- O que aconteceria se não fizéssemos nada? Quando a mudança não tem finalidade? Talvez devêssemos ser melhores no que fazemos agora.
- Quais são as capacidades e forças que não estamos usando plenamente? Desista de melhorar fraquezas; descubra o que mais é possível. Às vezes nem sabemos quais são nossos talentos, enquanto indivíduos e instituições. Quais são os pontos fortes que os outros

veem em nós? Anos atrás em nossa empresa de consultoria, perguntamos aos clientes por que eles nos contrataram. Eles disseram que o que acharam atraente foi nosso aparente desinteresse e relutância em trabalhar com eles. Ficamos chocados. Pensamos que se demos a impressão de ser indiferentes, foi por sermos desorganizados; eles viram isso como sinal de integridade.

- E o que estamos deixando para a próxima geração? Esta pergunta é para a segunda metade da vida, mas mesmo assim é um exercício útil. Nossa cultura materialista consome seus recursos e aposta na ciência ou em milagres para lidar com o que deixamos para aqueles que virão. Qual será o nosso legado?

Estas são perguntas difíceis, que exigem fé e paciência. Não substituem a ação, e em algum momento temos de perguntar: "Como?". Mas as perguntas iniciadas com por que, que buscam razões e motivos, se destinam à aprendizagem e à mudança, e nesse sentido são realmente muito práticas. É no diálogo acerca dessas perguntas que a mudança ocorre. São perguntas para o cliente se engajar com a direção, a base e os níveis intermediários; não são perguntas para o consultor responder.

É difícil para alguns se engajar nesse nível de diálogo abstrato; embora estas sejam as perguntas que cada um de nós faz para si mesmo. Não importa o quanto seja difícil, essas são as perguntas com as quais nossos clientes devem lidar publicamente, porque o caminho para a verdadeira mudança é menos óbvio do que uma lista ou alguns marcos; sem certa profundidade à nossa indagação, nosso pensamento nunca mudará, e nos encaminhamos para correções apressadas e para o que é moda. E se um consultor não puder colocar essas perguntas, quem poderá?

O *INSIGHT* CONSISTE EM MOMENTOS DE TENSÃO

Valorizar a luta, fazer perguntas malucas e viver com o paradoxo para alimentar um modo de pensar diferente é difícil. Realmente difícil. Nosso instinto é procurar assuntos confortáveis, buscar a maneira habitual de trabalhar. Se nós consultores propomos perguntas sobre o sentido e exigimos um período extenso de reflexão, seremos culpados por não sermos práticos, voltados para a ação e por pensar em etapas.

Se vemos esta tensão como uma falha no processo, saltaremos do barco no primeiro sinal de perigo e nos acomodaremos em nosso conforto. Muitos de meus erros ocorreram quando eu me senti ansioso com o processo e voltei aos planos de ação e listas, que me davam mais segurança. Uma vez que as ações eram listadas, dávamos um longo suspiro de alívio e sorríamos ao sentimento de termos os pontos principais em nossas mãos. Eram boas notícias.

Quando me lembro daqueles tempos, no entanto, vejo que as mudanças decorrentes daqueles esforços eram sempre decepcionantes. As ações tomadas eram fracas, o otimismo desaparecia rapidamente e até o esforço de impulsionar mudanças deixava a maioria das pessoas sentindo que nada havia mudado. Só tínhamos realizado mais ações. Eu decepcionei aqueles clientes ao ceder facilmente à tensão. Se eu persistisse com perguntas difíceis, pedisse que os dados básicos fossem repensados, teria feito uma consultoria melhor.

Outra fonte de tensão poderia simplesmente ser as relações desgastadas entre os presentes na reunião. Se resolver essa tensão fosse fácil, eles teriam feito isso antes de chegarmos lá. Com frequência, enfrentávamos uma tensão histórica e persistente. Todos sentem isso, mas ninguém quer apontá-la. Nós a abafamos ou a contornamos?

Aqui está um exemplo que continua em minha memória. Fui facilitador de uma reunião de onze agências que se juntaram para colaborar melhor umas com as outras. Era uma boa causa, e um grande evento, para todos estarem juntos na sala. No meio da reunião, depois das apresentações e de ouvir algumas ideias sobre possíveis interesses mútuos, o *momentum* para ação e para um acordo começou a se construir. Eu tinha planejado um diálogo mais aberto, mais discussão sobre diferenças, mais reflexão, mais tempo para grupos mistos se conectarem.

Senti a pressão crescer, os coplanejadores colocados contra a parede, comigo, e abri mão de meu plano original. Dividimos as pessoas em equipes que se formavam naturalmente e pedimos para voltarem em uma hora, com ideias sobre o que o grupo todo poderia fazer junto que suas organizações não seriam capazes de realizar separadamente. Parecia algo razoável; e era por isso que estávamos lá, afinal. Completada uma hora, as equipes se apresentaram. Cada representante de equipe relatou o que a equipe poderia fazer para seguir sua agenda. Eles não estavam preparados para derrubar fronteiras, abrir mão das posições que assumiam na reunião ou confiar uns nos outros de outras maneiras. Um grupo que tinha sido convocado a buscar nova forma de cooperação retomou sua história das fronteiras da empresa e de negociação.

A tensão que foi expressa no desejo de chegar a um plano de ação na verdade era uma defesa contra uma conversa mais profunda sobre por que eles estavam tão distantes uns dos outros e sobre a cautela que sentiam em abrir mão de suas posições, o que seria exigido para que um movimento significativo ocorresse. E a pior parte foi que eu fui conivente com eles por ansiedade em ser prático e útil. Tentei recobrar na manhã seguinte, mas era tarde demais; o momento tinha passado e a energia que poderia ter sido canalizada para uma mudança tinha se perdido.

A porta para novos modos de pensar não se abre facilmente, e é a tensão na sala que realmente se torna fundamental. A tensão aponta para onde a resistência ou a dúvida reside. Discutir a tensão torna o discernimento e a solução possíveis. Se consideramos a tensão como energia e a enfrentarmos, grandes *insights* seguirão. Se a contornarmos, arriscamos perder tudo, como eu fiz.

Quando a tensão aflora, ela precisa ser apontada, discutida e reconhecida. O consultor precisa levar a discussão para áreas difíceis. Precisamos nos perguntar quando estaremos em melhor posição para ir em frente. Qual será o melhor momento para discutirmos o fracasso, o conflito entre indivíduos e grupos, sentimentos superficiais e de dúvida? Nesses momentos o mais necessário não é ter mais estrutura; é a coragem que está faltando. Ao identificar a tensão e apoiar a discussão sobre seu significado, adquirimos certa aprendizagem sobre a parte emocional do trabalho.

É isso que a aprendizagem requer e o que os clientes precisam de nós. É a cultura patriarcal que quer refrear os sentimentos, e isso significa fugir da tensão. A chave é entender que a expressão em si é o que vale, e não a resposta ou a solução. Se podemos dar apoio a ambos os lados para expressarem coisas que acham difícil de discutir, então a natureza das decisões tomadas depois será diferente.

AS CAPACIDADES DÃO MAIS FRUTOS QUE AS DEFICIÊNCIAS

Outro fator de mudança envolve escolher se nos concentraremos no que está faltando ou no que existe. Certa vez pensei que meu trabalho como consultor fosse identificar problemas, e por isso tentei imaginar o que estava faltando. Depois de capitalizar as fraquezas durante anos, mudei meu foco para ver quais eram os talentos existentes e onde residiam as capacidades.

Essa escolha tem um lado prático. Devemos aceitar que cultivamos um rendimento disponível no campo da deficiência. Por que perseguir uma trajetória de diminuir retornos marginais? Já temos o produto de uma vida toda de trabalho sobre deficiências. Muito mais esforço levará a poucos resultados adicionais.

Em termos de trabalho estratégico com clientes, John McKnight, que contribuiu para esclarecer a natureza da comunidade, articulou um *case excelente* que afirmava que se concentrar em deficiências ou necessidades só reforça o poder do especialista à custa do cliente ou do funcionário. Na linguagem dele, isso transforma cidadãos, pessoas com direitos e poderes em consumidores, pessoas com fraquezas e necessidades. Ele acredita que nessa transformação de cidadão para consumidor, quem se beneficia é o provedor do serviço — em nosso caso, o consultor.

Concentrar-se nas deficiências também é uma questão de como tratamos o espírito humano.

Estamos aqui para lembrar uns aos outros do que está faltando ou do que é possível? Se o que você vê é o que você recebe, então procure a força e a encontrará. O problema em olhar para os pontos fortes é que não estamos acostumados a isso, e não sabemos o que dizer, então ficamos constrangidos. E lidamos com as fraquezas durante anos, logo é fácil para nós decidirmos não mudá-las. Mas buscar o divino em cada um de nós, ou em nossas comunidades, nos confrontaria de maneira que a maioria de nós não está preparada.

Finalmente, se persistimos em olhar para as necessidades e fraquezas, isto se torna um jogo político, uma expressão de poder. Aquele que define a conversa e as necessidades é o que está no comando. Quando institucionalizamos a conversa sobre as fraquezas nos outros, é uma forma de manter controle sobre o que estamos falando. Nós nos posicionamos acima das rixas, com uma capacidade incomparável para ver o que está errado. Quando olhamos para o que está faltando em outras pessoas ou em outras organizações, nós as colocamos em uma posição inferior, mesmo que façamos isso alegando só querer ajudar. Nossa atitude implica que eles têm um trabalho a fazer e nós não. Somos os pais que olham afetuosamente para o filho.

Essa se torna uma posição confortável para o consultor, pois podemos nos colocar ao lado dos críticos, e nos juntar à posição deles. É uma forma de buscar a proteção deles. Além de tudo, afirma que somos necessários. Mas o conforto é só a maneira mais fácil, e não a mais frutífera. É melhor estarmos presentes pela virtude da escolha e não pela necessidade, e deixar que nosso talento seja afirmar o melhor no que vemos.

SOMOS RESPONSÁVEIS PELA APRENDIZAGEM UNS DOS OUTROS

Achar que tudo o que acontece na reunião é da conta de todos é um pensamento radical. Por quê? Porque temos uma história de competição que se tornou tão introjetada quanto o ar que respiramos. Em nossa exposição à vida institucional, na escola, nosso sucesso veio à custa dos outros. Eu precisava tirar um D para alguém tirar um A. Se eu tirasse A, então esse conceito precisava ser contrabalançado com o fracasso de outro aluno. Se você não acredita nisso, pense no que aconteceria se um professor desse A para todos. O professor teria um problema. O que acontece se um chefe pensa que todos têm um desempenho excelente? Pense bem, chefe.

Esta não é uma postura moral contra a competição; é uma questão de como a competição afeta a aprendizagem. Competir com nossos pares gera isolamento e leva a nos apegarmos ao que temos. Se a aprendizagem requer risco e não saber, ela não acontecerá se virmos os outros como estranhos, com seus próprios problemas — problemas estes não compartilhados por nós. O fato de a competição individual ser a chave para a motivação em nossa cultura, é uma medida do quanto nosso pensamento foi definido por uma mentalidade de marketing e seu amor à escassez.

Fico sempre surpreso quando ouço gerentes falarem pelo bem-estar de todos e então os vejo ajudando a estimular a competição entre as partes. O desafio da vida organizacional é unir pessoas em um esforço comum. Entender minha interdependência com todos os outros me liga com o todo. E quando cada um é responsável pela aprendizagem do todo, então cada um compartilha de uma noção mais profunda da finalidade com todos os membros. Aceitar esse desafio exige a colaboração e a disposição para reconhecer nossa capacidade de nos ligar aos outros. Não é pouca coisa, mas vale a pena tentar, pois é uma maneira significativa de assegurar uma aprendizagem duradoura. Se o nosso objetivo como consultores é a aprendizagem e a mudança, precisamos agir como se todos fôssemos responsáveis por isso. Essa transformação simples no pensamento nos leva a sermos mais inclusivos e a ver que a aprendizagem precisa vir de todas as direções. Se estamos trabalhando em sistemas que respiram competição, podemos não ser capazes de mudar isso, mas no mínimo podemos recusar reforçá-la.

MUDANÇAS CULTURAIS ATUAIS

Esta é uma ideia ardilosa e potencialmente muito forte. Em todo encontro com o cliente, ouvimos preocupações com o que acontecerá amanhã. Raramente encerramos uma reunião sem que alguém expresse dúvidas, perguntando se os acordos durarão e se o otimismo continuará. Na primeira hora de nossas sessões de treinamento, alguém perguntará se o mundo será diferente quando sairmos da sessão.

Minha resposta é que se queremos ver mudanças, é melhor não esperar até a sessão acabar para que elas aconteçam. Como podemos ter esperança no amanhã se hoje nada está diferente? Cada momento tem que conter um elemento do destino. É por isso que a maneira como nos reunimos é tão importante. Ela oferece esperança — neste minuto — sobre como o futuro poderia parecer. Leva-nos a dar mais atenção a como planejamos este momento, esta reunião.

O momento também nos instrui sobre os métodos. Se aprendemos a observar o que está acontecendo agora, essa reflexão nos levará ao que funciona e ao que não funciona. Como um método de descoberta, consiste em entender o universo em um grão de areia. É entender a cultura organizacional na natureza desse encontro ou conversa. Se você não vê nada acontecendo, ou não está observando ou talvez não haja "nada" acontecendo. Testemunhar a ausência de vida, ou de ação, ou de diálogo é tão descritivo de um sistema quanto notar a presença de alguma coisa. Se confiássemos no agora, entenderíamos a força da reflexão.

Também veríamos que podemos implementar o futuro sem ter que esperar por ele. Quanto tempo a mudança levará? Bem, estamos prontos para iniciá-la, neste exato momento? Queremos trazer confiança, honestidade, mais ou menos estrutura, colaboração entre as unidades, um foco mais claro, alinhamento à organização? Agora é hora de começar. Nosso plano de ação é o que faremos na próxima hora. Não é o que dizemos, mas o que faremos juntos. Esta reunião se torna a tábua sobre a qual o futuro será escrito. Cada intenção de mudança cultural precisa encontrar expressão no presente, ou perde sua credibilidade.

O momento só nos leva ao fracasso quando o que temos em mente é uma mudança em outra pessoa. Os "outros" não podem ser mudados no momento se não estiverem presentes. Se não estiverem ali, não podem fazer parte da mudança. Logo, por que estamos nos concentrando neles? Por que sempre pensamos que algum outro grupo é o problema? Por que em todos esses anos de treinamento, eu nunca tive o grupo certo presente? Seja quem for que estiver presente, é sempre a pessoa errada. Quem receber treinamento vai perguntar se os outros ainda não o receberam. Se eu digo que eles receberam, então eles dizem que não era necessário. Se eu digo que eles não receberam, eles perguntam: "Por que você espera uma mudança de nossa parte se eles não vão mudar?".

Tratar esse momento como um exemplo do que buscamos no futuro exige renunciar o passado, abrir mão de nossa culpa ou ressentimento. As vítimas não reagirão bem no momento e todos nós ficamos magoados. Criamos pouco espaço na vida organizacional para perdoar — a nós mesmos e aos outros. Talvez esta seja uma das razões para estarmos tão voltados para nossas fraquezas; elas nos lembram de nosso negócio inacabado com nossa própria história. Se não perdoamos o passado, continuaremos tentando resolvê-lo. Mudar esse momento, dar importância a ele, honrá-lo como uma previsão do futuro pode ser a forma de curar as feridas e nos levar a optar pelo otimismo.

SE AS MUDANÇAS SÃO TÃO MARAVILHOSAS, POR QUE NÃO SER O PRIMEIRO A FAZÊ-LAS?

Outra noção fundamental é que a mudança, a transformação e a esperança são autoinfligidas. A mudança nos enfrenta com perguntas humanas, e lidar com elas depende de certo tipo de integridade e disposição para participar do que escolhemos para o sistema mais amplo. Colonizamos uns aos outros quando definimos os outros como o problema. E quanto mais ascendemos na instituição, mais nos desvencilhamos de nossa própria necessidade de mudar.

Quando dirigimos uma organização ou alcançamos um grande sucesso, começamos a achar que somos um produto acabado. A instituição espera tanto dos dirigentes, e os funcionários se projetam tão fortemente neles, que eles começam a acreditar no que eles mesmos comunicam. Começam a achar que precisam ser os donos do saber e assumem a posição da certeza. Quando isso ocorre, a fé enfraquece.

Eles se tornam os chefões, e sua função é agir com justiça, e não ser aqueles que lutam pela justiça dentro de si mesmos.

Se você olhar para os grandes líderes através da história, verá uma consciência de suas próprias limitações que era essencial para sua grandeza. De Confúcio, Buda e Cristo a Lincoln, Gandhi e Martin Luther King Jr., todos tocaram a vida dos outros devido à sua presença, mais do que à sua posição. Eles se tornaram arquétipos do uso correto do poder, e uma fonte de seu poder era a própria humildade.

O poder que é usado para nos distanciar de nossas prescrições é abuso de poder. Ao buscar uma parceria com os diretores de escola e comunidades, Robert Chase, ex-presidente da National Education Association, muitas vezes disse que a união precisa ser a primeira a piscar. É uma observação que deveríamos prezar. Ela nos tornaria dignos de crédito e ofereceria um antídoto para o patriarcado existente em nossas estratégias de mudança.

Mas não pense que os líderes são os únicos a pensar que quem deveria mudar são os outros. O amor ao patriarcado é tão forte nos funcionários quanto na alta gerência. Como consultores, pensávamos que assim que a alta gerência mudasse, os funcionários também mudariam. Não necessariamente. Os funcionários criam chefes. Se criamos chefes altamente controladores, nós nos consideramos no direito, e o direito significa que não somos o problema. Algo nos é devido e nós não devemos nada. Nós nos apegamos à segurança de nossa dependência, assim como o chefe, e cada um de nós pensa que o outro precisa ser corrigido.

A PERGUNTA FINAL É SOBRE A FÉ

Todas essas crenças confiam que existe um movimento para a aprendizagem que tem sua própria energia e intenção. O mundo propiciará os eventos que forçarão movimento. A vida provê o distúrbio. Não temos que induzir mudança, dirigi-la, ou guiá-la. Só temos que aderir a ela. O consultor é aprendiz, tanto quanto qualquer cliente. De fato, com frequência mudamos mais com nossa consultoria do que o cliente, e é assim que deve ser.

No final, é nossa autenticidade, a maneira como nos conduzimos, e nossa ligação com nossos clientes que é nossa metodologia, nossa estratégia de marketing e o fruto de nosso trabalho. O fato de aparecermos com uma pasta, um currículo e um esquema conceitual é mais uma função de hábito do que de necessidade. Bastará se simplesmente nos apresentarmos. Isso requer um ato de fé. E este pode ser o ponto fundamental.

LEITURAS ADICIONAIS

Visite www.flawlessconsulting.com para mais leituras, ferramentas, atualizações e comentários sobre o processo de consultoria.

Alexander, Christopher. *The Timeless Way of Building*. Nova York: Oxford University Press, 1979.

Argyris, Chris. *Knowledge for Action: A Guide to Overcoming Barriers to Organizational Change*. San Francisco: Jossey-Bass, 1993.

Argyris, Chris. *Flawed Advice and the Management Trap: How Managers Can Know When They're Cetting Good Advice and When They're Not*. New York: Oxford University Press, 2000.

Axelrod, Richard H. *Terms of Engagement: Changing the Way We Change Organizations*. San Francisco: Berrett-Koehler, 2000.

Axelrod, Emily M. e Axelrod, Richard H. *Collaborating for Change: The Conference Model*. San Francisco: Berrett-Koehler, 2000.

Bellman, Geoffrey M. *The Consultant's Calling: Bringing Who You Are to What You Do*. (Ed. revisada) San Francisco: Jossey-Bass, 200l.

Biech, Elaine. *The Business of Consulting: The Basics and Beyond*. (2ª ed.) San Francisco: Jossey-Bass/Pfeiffer, 2007.

Blake, Robert *R.* e Mouton, Jane S. *Consultation*. (2ª ed.) Reading, Mass.: Addison-Wesley, 1983.

Block, Peter. *The Empowered Manager: Positive Political Skills at Work*. San Francisco: Jossey-Bass, 1991.

Block, Peter. *Stewardship: Choosing Service over Self-Interest.* San Francisco: Berrett-Koehler, 1993.

Briskin, Alan. *The Stirring of Soul in the Workplace.* San Francisco: Berrett-Koehler, 1998.

Brown, Juanita. *The World Café: Shaping Our Futures Through Conversations That Matter.* San Francisco: Berrett-Koehler, 2005.

Bunker, Barbara Benedict, and Alban, Billie T. *Large Group Interventions: Engaging the Whole System for Rapid Change.* San Francisco: Jossey--Bass, 1996.

Bunker, Barbara Benedict, e Alban, Billie T. *The Handbook of Large Group Methods: Creating Systemic Change in Organizations and Communities.* San Francisco: Jossey-Bass, 2006.

Clapp, Neale. *Work Group Norms: Leverage for Organizational Change. Part I: Theory. Part II: Application.* Plainfield, N.J.: Block Petrella Associates, 1979.

Dannemiller, Kathleen e Dannemiller Tyson Associates. *Whole-Scale Change: Unleashing the Magic in Organizations.* San Francisco: Berrett-Koehler, 2000.

Dannemiller, Kathleen, Dannemiller Tyson Associates e Badore, Nancy. *Whole-Scale Change Toolkit.* San Francisco: Berrett-Koehler, 2000.

Gallwey, W. Timothy. *The Inner Game of Tennis.* (Ed. revisada) New York: Random House, 1997.

Henning, Joel P. *The Future of Staff Groups: Daring to Distribute Power and Capacity.* San Francisco: Berrett-Koehler, 1997.

Illich, Ivan, e outros. *Disabling Professions.* New York: Marion Boyars Publishers, 2010. (Publicado originalmente em 1977)

Koestenbaum, Peter. *Leadership: The Inner Side of Greatness: A Philosophy for Leaders.* (2ª ed.) San Francisco: Jossey-Bass, 2002.

Maurer, Rick. *Beyond the Wall of Resistance: Why 70% of All Changes Still Fail - and What You Can Do About It.* (Ed. revista) Austin, Texas: Bard Press, 2010.

McKnight, John. *The Careless Society: Community and Its Counterfeits.* New York: Basic Books, 1995.

McKnight, John e Block, Peter. *The Abundant Community: Awakening the Power of Families and Neighborhoods.* San Francisco: Berrett-Koehler, 2010.

Oshry, Barry. *Seeing Systems: Unlocking the Mysteries of Organizational Life.* (2ª ed.) San Francisco: Berrett-Koehler, 2007.

Owen, Harrison. *Open Space Technology: A User's guide.* (3ª ed.) San Francisco: Berrett-Koehler, 2008.

Palmer, Parker J. *The Courage to Teach: Exploring the Inner Landscape of a Teach- er's Life.* (10ª ed. aniversário) San Francisco: Jossey-Bass, 2007.

Pascale, Richard, Sternin, Jerry e Sternin, Monique. *The Power of Positive Deviance: How Unlikely Innovators Solve the World's Toughest Problems.* Boston: Harvard Business School Press, 2010.

Schein, Edgar H. *Process Consultation Revisited: Building the Helping Relationship.* Reading, Mass.: Addison-Wesley /Longman, 1998.

Steele, Fritz. *Consulting for Organizational Change.* Amherst: University of Massachusetts Press, 1975.

Walton, Richard E. *Interpersonal Peacemaking: Confrontations and Third--Party Consultation.* Reading, Mass.: Addison-Wesley, 1969.

Weisbord, Marvin. *Discovering Common Cround: How Future Search Conferences Bring People Together to Achieve Breakthrough Innovation, Empowerment, Shared Vision, and Collaborative Action.* San Francisco: Berrett--Koehler, 1992.

Weisbord, Marvin e Janoff, Sandra. *Future Search: Cetting the Whole System in the Room for Vision, Commitment, and Action.* (Ed. rev.) San Francisco: Berrett-Koehler, 2010.

Wheatley, Margaret J., e Kellner-Rogers, Myron. *A Simpler Way.* San Francisco: Berrett-Koehler, 1996.

Whitmore, John. *Coaching for Performance: Growing Human Potential and Purpose – the Principles and Practice of Coaching and Leadership.* (4ª ed. rev.) London: Nicholas Brealey, 2009.

SOBRE O AUTOR

Peter Block nasceu em Chicago e passou a maior parte de seus primeiros anos de vida em Midwest. Após a faculdade, foi para Nova Jersey e se envolveu no início da criação da área de desenvolvimento organizacional. Isso o levou a passar alguns anos na Exxon Research And Engineering Company e então a formar a empresa de consultoria Block, Petrella, Weisbord.

Em 1980, Block deu início a Designed Learning, uma empresa de treinamento que continua a oferecer *workshops* com base nas ideias de seus livros. Ela prospera e trabalha para ajudar profissionais de suporte em organizações a ter mais influência e impacto. Os produtos básicos são Flawless Consulting Workshops (Workshops de Consultoria Infalível) baseados neste livro.

Block escreveu mais sete livros, inclusive *The Abundant Community* (com John McKnight), *The Empowered Manager, Stewardship, Freedom and Accountability at Work* (com Peter Koestenbaum), *The Answer to How Is Yes*, e *Community: The Structure of Belonging.*

Seu trabalho atualmente é centrado em Cincinnati, Ohio, onde Block é cidadão desde 1998. Ele participa do desenvolvimento de uma rede de engajamento civil chamada A Small Group, mais uma série de outros projetos dedicados a construir a capacidade dessa comunidade urbana de valorizar seus talentos e ver suas próprias possibilidades.